KB110235

김창룡 특무대장
암살사건 해부

김창룡 특무대장 암살사건 해부

발행일   2022년 11월 25일

지은이   정주진
펴낸이   손형국
펴낸곳   (주)북랩
편집인   선일영   편집   정두철, 배진용, 김현아, 류휘석, 김가람
디자인   이현수, 김민하, 김영주, 안유경   제작   박기성, 황동현, 구성우, 권태련
마케팅   김회란, 박진관   감수   이덕환
출판등록   2004. 12. 1(제2012-000051호)
주소   서울특별시 금천구 가산디지털 1로 168, 우림라이온스밸리 B동 B113~114호, C동 B101호
홈페이지   www.book.co.kr
전화번호   (02)2026-5777   팩스   (02)3159-9637

ISBN   979-11-6836-604-6 03910(종이책)   979-11-6836-605-3 05910 (전자책)

(주)북랩 성공출판의 파트너

북랩 홈페이지와 패밀리 사이트에서 다양한 출판 솔루션을 만나 보세요!

홈페이지 book.co.kr   •   **블로그** blog.naver.com/essaybook   •   **출판문의** book@book.co.kr

작가 연락처 문의 ▸ ask.book.co.kr

작가 연락처는 개인정보이므로 북랩에서 알려드릴 수 없습니다.

김창룡은 **왜** 암살당했나?

육군 특무대장과 참모총장의 암투, 그 내막을 파헤친다

김창룡 특무대장
암살사건 해부

정주진 지음

🌀 북랩

머리말

　이 책은 김창룡 특무대장 암살사건에 대해 분석한 책이다. 1956년 1월 30일 발생한 그의 암살사건에 대해 그 사건의 배경과 전후 맥락을 신뢰성 있는 자료를 바탕으로 추적해 나간다. 그의 암살은 이승만 정부 내부의 역학관계를 근본적으로 뒤흔들어 놓았다.

　역사적으로 보면 권력의 변동은 권력 핵심부의 충돌에서 시작된다. 최고 권력자에 충성을 보이던 측근들이 권력에 도전하는 세력에 대응하는 문제 혹은 더 큰 권한을 가지기 위해 갈등을 보이다 마찰을 일으키고 급기야 권력의 종말로 치닫게 된다.

　김창룡 특무부대장 암살사건은 이러한 명제를 입증해주는 대표적 사건이다.

　정부수립 직후부터 군내 좌익수사로 이승만 대통령의 신임을 얻은 김창룡은 6·25전쟁 중인 1951년 5월 특무부대장에 취임했다.

　육군 특무부대는 육군편제상 육군참모총장의 지휘를 받는 부대였으나 이승만 대통령이 통치에 필요한 정보와 수사를 김창룡 특무부대장에게 직접 지시하고, 김창룡 부대장이 복명하는 관행이 정착되면서 육군 수뇌부와의 갈등이 심해졌다.

　그 갈등은 정일권이 1954년 2월 육군참모총장에 취임하면서 표면화됐다. 김창룡이 1955년 7월 정일권의 최측근이었던 공국진 헌병사령관이 탄피를 부정으로 일본에 수출하려 했다는 첩보를 수집해서 대통령에게 보고하자, 대통령이 '공국진을 포살(砲殺)하라.'라는 지시를 내렸다. 하지만 이 첩보는 조사 결과 사실과 차이가 있는 것으로 드러났다.

이처럼 육군참모총장의 지휘권을 위협하는 사실이 축적되자 정일권은 대통령을 찾아가 김창룡을 특무부대장에서 해임하도록 건의하여 승낙을 받았다.

그러나 이러한 움직임이 곧 대통령 측근에 심어놓은 김창룡의 심복에 의해서 김창룡에게 알려지자 이번에는 김창룡이 대통령을 찾아가 충성심을 읍소하면서 살려달라고 건의하여 해임을 모면했다.

그 후 정일권에 대한 보복을 노리던 김창룡에게 기회가 찾아왔다. 1956년 5월 15일부로 예정된 정·부통령 선거를 앞두고 국방부 원면 사건이 터졌다.

미국으로부터 월동용 군복과 군용 이불을 만들기 위해 원조받은 미화 약 50만 달러어치의 미국산 원면(原綿, 솜)을, 군 수뇌부가 군용으로 쓰지 않고 민간업자들에게 팔아 그 돈을 여당인 자유당에 선거자금으로 헌납했다는 의혹이 야당에 의해 제기됐다.

이것이 사실이라면 김창룡으로서는 정일권을 비리 혐의자로 몰아 육군참모총장 직에서 배제할 절호의 기회였다. 사실 여부를 철저히 수사하라는 대통령의 지시도 있었다.

그러나 조사 결과를 대통령에게 보고하러 가는 1956년 1월 30일 아침 김창룡은 자기의 집 앞에서 총격을 받고 숨졌다. 그의 손에는 원면 사건 조사보고서가 들려져 있었다.

그 후 1여 년간의 수사와 재판 결과 정일권과 측근들이 김창룡 저격자들을 배후에서 사주한 것으로 드러났다.

5·16 정변과 12·12 사건에 대해서도 많은 논리가 동원되어 그 정당성과 부당성을 논하고 있으나 그 근저에는 권력 핵끼리의 충돌이 중요한 요인으로 작용했다.

군부권위주의 시대 많은 권력을 가지고 있었던 군부 내에서, 특정 세력이 다른 세력을 배척하려는 인사를 시도하다 물리적 충돌로까지 치달은 사건들이다.

5·16을 보면 5·16이 일어나기 직전인 1961년 1월 12일 육군본부에서 「개인보안심사위원회」가 열렸다. 장면 정부의 군 수뇌부가 군 개혁을 명분으로 과거의 사상이 의심스럽거나 근무 실적이 나빠 군인으로서 부적격한 자를 판정하는 회의였다.

육군 방첩대에서 작성한 153명의 숙청명단에는 박정희도 포함되어 있었다. 박정희는 그해 5월 하순경 군복을 벗도록 결정되어 있었다.

이러한 사실은 그 당시 육군본부에서 근무하며 심사과정을 지켜본 김형욱 전 중앙정보부장이 죽기 전에 남긴 그의 회고록에 기록되어 있다.

이 사실은 5·16 주체세력 중 한 명으로 5·16의 경과를 기록한 담당자였던 이낙선 전 상공부 장관도 증언을 남겼다. 이낙선은 "이날 비밀회의에서 박정희 소장에 대해 좌익 전력자로서 비밀취급 인가를 받기엔 부적절하다고 판단하여 예편시키기로 결의했으며, 이 사실이

혁명주체들에게 알려지는 바람에 혁명 촉진의 자극제가 되었다."라고 주장한 바 있다. 이낙선의 기록은 월간조선에서 발굴하여 2016년 7월호에 보도했다.

박정희가 강제 예편될 경우 정변 자체가 무산될 수 있다는 심리가 5·16 주체세력들의 심리에 내재되어 5·16 정변을 촉진하는 동기가 되었음을 알 수 있다.

1979년 12월 12일 전두환 국군보안사령관 겸 합동수사본부장이 직속상관인 정승화 육군참모총장 겸 계엄사령관을 대통령의 사전 결재도 받지 않고 체포한 것 역시 정승화의 전두환 배척 시도에 대한 역공이라는 설이 유력하다.

1979년 10월 26일 박정희 전 대통령이 김재규 중앙정보부장에 의해 시해된 후 이 사건을 수사하기 위해 설치된 합동수사본부(합수부)의 본부장에 전두환 보안사령관이 취임했다.

계엄사령부는 10·26직후인 10월 27일 새벽 계엄공고 제5호를 통해 합수부 설치를 공고하면서 합수부가 중앙정보부의 모든 기능을 인수한다고 공표했다.

이후 합수부에 정보수사 권한이 집중되어 합수부가 정국을 주도해 나가자 그해 11월 하순경부터 전두환 장군이 실력자로 떠오르고 있다는 기사들이 해외에서 나오기 시작했다.

10·26 당일 대통령 시해 장소 근처에 머물러 시해사건 연루 의혹을 받고 있던 정승화 사령관으로서는 자연히 전두환의 세력 확대를 의식하지 않을 수 없었다.

이러한 상황에 직면하자 12월 9일 정승화는 태릉골프장에서 노재현 국방부 장관과 함께 골프를 치면서 "이러한 시기일수록 군이 정치적 중립을 지키면서 정치적 혼란을 수습하기 위해 뒷받침을 해야 하는데도 전두환 소장이 합동수사본부장직을 이용해서 정권에 욕심을 내는 듯하니 전역을 시키든가 동방사령관(동해안지역 방위사령관)으로 전임시킬 것"을 건의하자 노 장관도 이에 동의했다고 한다.

노 장관이 이 같은 사실을 국방차관에게 알렸으나 국방차관이 곧 전두환 사령관에게 제보함으로써 12·12사건의 직접적 도화선이 되었다고 강창성 전 보안사령관은 보았다.

강창성의 주장은 전두환 정부 실세였던 장세동 전 안기부장이 언급함으로써 그 신빙성이 높다. 장세동은 김영삼 정부 출범 후 '역사바로세우기' 명분으로 12·12사건 재평가가 추진될 즈음인 1995년 10월 26일 정승화를 공개 비판하는 성명을 한국논단에 발표했다.

1995년 11월호 한국논단에 실린 성명 내용 가운데 1979년 11월 13일 김재규에 대한 수사가 마무리되어 계엄사령관 관할의 육본 계엄보통 군법회의로 김재규 사건이 송치되자, 계엄사령관인 정승화가 군 수뇌부와 수도권 주변 부대 지휘관을 육참총장 계열로 교체하면서 합수본부장 교체까지 시도했다는 주장이 포함되어 있다.

정승화와 대척점에 서 있었던 전두환 측에서 전두환에 대한 정승화의 배척인사 계획을 인지하고 있었다는 사실을 보여준다.

이와 같은 세 번의 역사적 사례는 권력 핵 사이의 충돌로 권력이 변동되는 모습을 잘 보여주고 있다.

특히, 12·12사건의 원천이 된 보안사의 육군참모총장을 능가하는 위세가 이승만 정부 시기 창설된 특무부대에서 시작됐다는 점에서 특무부대의 핵심 축이었던 김창룡 특무부대장, 그리고 그가 암살된 배경에 대한 고증과 분석이 요구된다. 이 책은 그러한 요구에 부응하기 위해 기획되었다.

책이 나오기까지 많은 도움을 주신 연세대 국가관리연구원, 국가안보통일연구원, 21세기전략연구원 동료들과 북랩 출판사 관계자들에게 감사드린다.

차례

1장

두 번 사형선고 받고 탈북한 사나이

대소·대공전선의 최전방

김창룡은 1916년 7월 18일 함경남도 영흥군 요덕면 인상리에서 태어났다. 공문서에는 1920년생으로 기록되어 있으나 본인의 기록에는 1916년생으로 되어 있다. 일제가 한국을 강제병합(1910.8.29.)하고 4년이 지난 뒤 함경도의 산골짝에서 빈농의 아들로 태어났다.

고향 영흥의 덕성사립보통학교(초등학교)를 거쳐 영흥공립농잠학교를 졸업했다. 졸업 후 일본인이 경영하는 직물회사에서 2년여 일하다가 만주 신경역 철도직원으로 자리를 옮겼다. 2년이 지난 뒤에는 다시 관동군 헌병 군속으로 취직했다.

김창룡이 대소·대공전선의 최전방이었던 소만 국경지역 하이라루(海拉爾)에 배치받은 것은 1941년.

관동군 헌병 군속으로 1937년 입대해 3년간 일하다 신경에 있는 관동군 헌병교습소에서 교육을 받고 1940년 1월 헌병 이등병이 된 김창룡은 소속 부대를 따라 전선을 전전하다 하이라루에 배치됐다.

그의 임무는 소만국경에서 암약하고 있는 소련 공산당과 중국 공산당의 스파이를 색출하는 것이었다. 방첩의 임무였다. 그는 하이라루에서 일제가 망할 때까지 근무하다 해방을 맞았다.

그가 하이라루에 배치받은 1941년은 그보다 앞선 1939년 9월 독일의 폴란드 침공으로 시작된 2차 대전이 전선을 넓혀나가는 시기였다. 1940년 6월 프랑스까지 함락시킨 독일군은 1941년 6월 독소 불가침 조약을 일방적으로 파기하고 소련을 기습했다.

유라시아 대륙의 서쪽 끝에서 독일과의 전쟁에 말려든 소련은 대륙의 동쪽 끝에서 일본이 협공해올 경우 존립이 위태로운 지경에 빠졌다. 1931년 만주사변을 일으켜 만주로 진출한 일본 관동군은 1937년 중국본토를 공략하는 중일전쟁까지 일으켰다.

중국 관동지방인 만주지역에 배치되어 관동군으로 통칭되던 관동군은 최전성기 80만 명까지 팽창하는 등 소련에는 큰 위협이었다. 실제 그 당시 일본과 동맹을 맺고 있던 독일은 일본에 소련침공을 요구하고 있었다. 그에 따라 소련은 만주에 주둔한 관동군의 동향을 파악하는 데 많은 노력을 기울였다.

1937년 소만 국경 근처 소련영토에 살던 한인들을 중앙아시아로 강제 이주시키고 한인 2,500명 이상을 일제의 간첩 혐의로 체포한 것도 일제의 기습을 우려한 선제적 조치였다. 일본과 내통할 것을 우려해 한인들을 강제 이주시키는 한편 만주지역에 대한 군사정보를 수집하는 정찰 활동도 강화했다.

소만 국경 인근에 정찰학교를 세워 정찰요원을 양성, 만주·한국지역으로 침투시켰다. 처음 소련에서 태어난 한인 2세를 뽑아 정찰요원으로 양성했다. 그러나 이들이 오랫동안 소련에서 자랐기 때문에 현지 실정에 어두웠고 일본어를 하지 못해 번번이 관동군에게 체포되고 말았다. 그에 따라 소련군 정찰국에서는 일본 관동군의 토벌에 쫓겨 소련령으로 넘어온 한인과 중국인을 정찰요원으로 투입하기 시작했다. 그들이 재소 한인이나 중국인보다 만주·한국의 지리와 실정에 훨씬 밝았기 때문이다.

소련의 정보수집 활동에 맞서 관동군 특무기관도 소만 국경에서 소련의 동향을 파악하는 정보활동을 적극 전개하고 있었다. 소련에서 넘어오는 스파이를 잡는 역할은 헌병대에서 맡았다.

관동군 참모장으로 근무했던 도조 히데키(東條英機)는 전쟁이 끝난 후 전범 재판에서 '하얼빈 주재 특무기관이 소련과 전쟁을 벌일 경우 후방을 교란하고 시베리아 철도를 폭파하기 위해 백계 러시아인을 대상으로 비밀공작을 벌인 사실이 있다'고 진술했다(아사히신문, 1983: 155).

김일성이 소만 국경을 넘어 소련으로 달아난 것도 이즈음이다. 일본 관동군의 추격을 피해 소련령으로 넘어갔다. 만주 훈춘에서 '메이리'라는 삼림지대를 경유해 두만강변을 따라 블라디보스토크의 서쪽 지역에 도달한 것으로 알려져 있다.

김일성이 소만 국경을 넘은 정확한 시점에 대해서는 1940년 8월이라는 설도 있고 1941년 3월이라는 설도 있다. 오늘날 북한의 교과서에는 김일성이 소련으로 넘어가지 않고 해방이 될 때까지 만주에서 싸우다 귀국한 것으로 기록되어 있다. 그의 항일투쟁을 미화하려는 조작이다. 그러나 김일성도 자신의 우상화에 앞장섰던 한재덕에게 1941년 소련으로 들어갔다고 토로한 바 있다(한재덕, 1965: 90). 한재덕은 1959년 남으로 내려와 『김일성을 고발한다』라는 책을 남겼다.

친소·친공 전위대 88여단

김창룡이 대소·대공 전선에 선 비슷한 시기 김일성은 친소·친공노선에 가담하게 된다. 소련군은 당시 소만국경을 넘어 만주에서 퇴각해오는 빨치산들을 남쪽 블라디보스토크와 북쪽 하바롭스크 근처에 모아 수용했다.

1941년 6월 독소전쟁이 일어나자 소련군은 이들에 대해 긴급훈련을 실시했다. 일본이 침입해올 경우 일본군 후방에 침투해 일본군 기지, 보급로를 차단하는 등 게릴라전을 벌이는데 훈련의 초점을 맞췄다. 낙하훈련, 스키행군, 대전차 훈련, 사격 등이 중심훈련이었다.

1941년 12월 일본의 진주만 기습으로 태평양 전쟁이 일어난 뒤에는 남북에 흩어져있던 빨치산들을 하바롭스크 근처로 집결시켰다.

1942년 6월에는 일제와의 전쟁에 대비해 독립부대를 창설하라는 스탈린의 지시가 떨어졌다(김국후, 2008: 56~57). 스탈린의 지시에 따라 극동 소련군은 만주에서 넘어 온 빨치산들을 모아 제88 특별정찰여단(약칭: 88여단)을 창설하고 중국인 빨치산 저우바오중(周保中)을 여단장에 앉혔다.

1942년 8월 1일 여단 창립식을 열고 이날부터 소련군복과 소련군 계급장이 주어졌다(김찬정, 1992: 230). 친소·친공 노선의 전위대가 탄생한 것이다. 총 1,345명으로 편성된 이 부대는 러시아인(462명), 중국인

(373명)이 가장 많았고 한인은 103명이었다.

중국인들은 이 부대를 교도여단(敎導旅團)이라고 불렀다. 김일성은 한인으로 구성된 제1대대 대대장으로 임명되고 대위 계급장을 달았다. 이때부터 그는 해방 후 북한정권이 들어서고 6·25전쟁이 일어날 때까지 철저히 소련의 이해를 대변하는 붉은 전사 역할을 충실히 수행했다.

이 부대는 소련군이 지휘권을 가지고 있었고 1945년 8월 일본이 패망할 때까지 한 번도 전투에 참가하지 않고 훈련만 받고 있었다. 김일성은 밤늦게까지 소련어 단어를 외우고 아침 일찍 발음과 회화를 연습하는 등 소련어 공부에 열심이었다고 동료들은 회고했다(김찬정, 1992: 264).

소련 공산당사, 러시아 혁명사, 마오쩌둥의 신민주주의론과 지구전론 등 정치학습과 스키훈련, 낙하산 훈련, 폭파, 사격 등이 중심훈련이었다. 해방후 김일성은 자신을 우상화하는 데 앞장섰던 한재덕에게 "평양 부근에 낙하해서 한 번 멋지게 해보려던 것이 일본군의 너무나 빠른 투항으로 실현 못 된 것은 섭섭한 생각도 든다."라고 자랑삼아 실토했다(한재덕, 1965: 107).

88여단을 창설하는 과정에서 일부 빨치산들은 소련군 정찰국 직속으로 남았다. 정찰업무가 매우 위험한 일이었기 때문에 빨치산들은 정찰요원보다는 88여단에 편입되기를 원했다.

저우바오중과 김일성은 자신들과 친밀한 빨치산 중심으로 부대를 편성하고 나머지는 정찰요원으로 빼돌렸다. 그들은 88여단에 들어오지 못한 빨치산들에게 "정찰임무가 가장 중요한 임무이니까 명예라고 생각하고 임무를 수행해야만 한다."라며 달랬다고 한다(김찬정, 1992: 232).

　정찰요원 가운데는 정찰활동에 실패해 징계 차원에서 88여단으로 보내지는 요원들도 있었다. 북한 정권 창립 후 부주석을 지낸 박성철, 6·25전쟁 당시 북한군 작전국장을 지낸 유성철 등이 정찰활동에 실패해서 88여단으로 전출된 사람들이다.

해방 직후 북한을 장악한 소련군 경무사령부

소련군은 북한을 점령하자마자 북한 전역에 경무 사령부를 설치했다.[1]

경무 사령부의 기본 임무는 관할지역의 치안질서를 유지하고, 반소(反蘇)·반적군(反赤軍) 활동을 억제하며, 소군정에 협력하는 인물을 물색하는 한편 소련의 정책을 선전·홍보하는 것이었다.

협력자는 일제에 의해 억압당한 자, 일제에 협력하지 않은 민주인사, 소련군의 대일 전투에 호응한 유격대원 등이 선발 기준이었다(기광서, 1998: 140).

1945년 10월 12일 소련 점령군 사령관 치스차코프가 하달한 명령서에는 경무 사령부의 실질적인 권한을 엿볼 수 있는 내용이 들어있다. 이 명령서에는 다음과 같은 조문이 있다.

(제4조) 반일 정당과 민주주의적 단체들은 자기의 강령과 규약을 가지고

---

1 영어로 뵈나야 코멘다투라(Voennaya Komendatura)로 표기되는 경무사령부는 해방 직후 소련군이 발행한 한국어 문헌과 북한의 문헌에는 '경무사령부'로 번역되어 있으나 남한과 일본의 문헌에서는 '위수사령부', '군(軍) 경무사령부' 등으로 번역해서 사용하고 있다. 소련을 연구하는 사학자들 역시 경무사령부란 용어를 사용하고 있는 점을 감안, 여기에서는 경무사령부로 표기한다.

와서 반드시 지방자치기관과 소련군 경무 사령관에게 등록하여야 하며 동시에 자기의 지도기관의 인원명부를 제출할 것.

(제5조) 북조선지역 내에 있는 모든 무장부대를 해산시킬 것. 모든 무기·탄약 및 군용물자들을 소련군 경무 사령관에게 바칠 것. 평민(平民) 중에서 사회질서를 유지하기 위하여, 임시 도(道) 위원회들은 소련군 사령부와의 협의하에 규정된 인원수의 보안대(保安隊)를 조직함을 허가함(김창순, 1961: 49-50).

이 명령서에서 평민이란 그 후 공산주의자들이 계급의식을 강조하기 위해 즐겨 사용한 인민(人民)과 같은 용어이다.

명령서에서 보다시피 경무 사령부가 공산주의자들로만 구성되는 보안대 창설을 허용함으로써 인민의 손에 의해 '인민의 적'인 반동분자들을 척결할 수 있는 제도적 장치가 갖춰졌다.

이처럼 경무 사령관은 점령지역에서 행정·사법의 전권을 행사했다. 법령의 효력을 지닌 명령과 지시를 발동하고 이에 불응하는 세력을 처벌할 수 있었다. 통행시간 제한, 우편과 전신 검열, 거주이전 제한 권한 등이 경무 사령관에게 주어졌다(전현수, 1995.12: 357).

경무사령부가 그 권한을 적절하게 행사하기 위해서는 해당 지역에 대한 자세한 정보가 필요했다. 그에 따라 각 경무 사령부 조직은 요원들이 직접 정보를 수집하거나 협력자를 통해 정보를 수집했다.

부사령관에는 김일성(평양), 김책(함흥) 등 88여단 출신 조선인들을 임명해서 경무 사령관을 보좌하는 임무를 맡겼다. 북한에 들어온 김일성이 처음 맡은 공식 직책도 평양시 경무사령부 부사령관이었다.

경무사령부가 정기적으로 파악해서 보고한 정보보고를 대별해 보면, '지역주민의 민심동향', '인민위원회와 정당·사회단체의 현황 및 활동', '농업 및 산업 상황', '경무 사령부 사업보고' 등이다.

소련 정책을 주입하는 방법으로는 소련 영화를 상영하고 소련 음악 공연회를 여는 방법을 애용했다. 영화는 그 당시로서는 광범위한 대중에게 소련에 대한 우호적 인식을 심어줄 수 있는 첨단의 미디어였다.

경무 사령부의 운영체계를 그림으로 표시하면 아래와 같다. 소 25군 민정청 산하 6개 도(道)·7개 시(市)·85개 군(郡)에 설치됐다. 각급 경무 사령부에 근무하는 총인원은 1948년 3월 16일 기준으로 1,262명에 이르렀다.

군 이하 면·리 단위 지역은 따로 상설조직을 두지 않고 사령부요원을 파견해서 업무를 처리했다. 도 단위 기구에서 시·군을 통해 말단 면·리까지 이어지는 수직적 위계질서를 통해 업무가 이뤄졌다.

도 경무 사령부는 시·군 경무 사령부에서 올라오는 각종 보고를 취합하거나 도 차원의 상황과 사업에 대해 평양 주둔 25군 산하 민정청에 보고했다.

경무 사령부는 소 25군 민정청의 통제를 받았다. 민정청은 소련군의 대민업무를 지원하기 위해 만들어진 기구다. 1945년 11월 50명의 장교로 구성된 민정담당 부사령관 직제를 만들어 35군 군사위원 로마넨코를 임명했다.

그 후 민정담당 부사령관 직제는 1947년 5월 민정청으로 개편됐다. 로마넨코는 1947년 1월 30일까지 근무하고 민정청이 출범한 이후에는 레베데프가 책임을 맡았다(전현수, 1995.12: 358-359). 부책임자는 이 그나찌예프였다. 그는 정치담당 부청장겸 총무부장을 겸직하면서 민정청 업무전반을 실무적으로 관리했다.

6개 도 경무 사령부의 책임자들은 전투부대 출신자들로서 정치와 군사 문제가 혼합되어 움직이는 군정 수행에 미숙한 점이 있었다. 그에 따라 25군 사령부는 정치장교들을 도 경무사령부의 고문으로 배치했다. 도 고문은 각 도에서 소련군 사령부를 대표했으며, 민정청의 지도 아래 각급 경무사령부의 활동을 지도했다.

25군 군사회의 위원이었다가 로마넨코 후임으로 민정청 책임자를 맡은 레데데프는 도 경무사령부에 배치된 군인들이 25군 군사회의에서 함께 일했던 사람들로서 서로 잘 알고 있었기 때문에 일하기가 편리했다고 회고했다.

정치장교제도는 스탈린 군대에 독특한 인사제도였다. 스탈린은 군 내 정치장교들을 통해 군부를 장악했다. 정치장교들은 정치선전과 선동에 잘 훈련되어 있었다. 군대 내부는 물론 주민들의 감시와 통제에 전문적 기술을 지니고 있었다.

군사위원이라고 불린 이 정치장교들은 일선에서 전투군인들을 통제하고 지휘하기도 했다. 정치교육과 정치공작이 그들의 주임무였다. 북한을 점령할 당시 점령정책을 주도한 스티코프(T.F.Stykov) 연해주 군관구 군사위원, 레베데프(N. G. Lebedev) 등도 모두 군사위원이었다.

회령군의 경무 사령관이었던 치플렌코프(S. G. Tsyplenkov)의 회고에 따르면 경무사령부 직원들은 그 당시 정치적 대중공작에 많은 노력을 기울이고 있었다. 그 수단으로 소련영화를 상영하고 소련음악 공연회를 여는 방법도 동원됐다.

　말하자면 정치공작과 정보정치에 밝은 군인들이었으며 '우리 요원들이 모든 것을 결정한다'라는 스탈린의 구호에 따라 행동하고 있었다(김학준, 2008: 720).

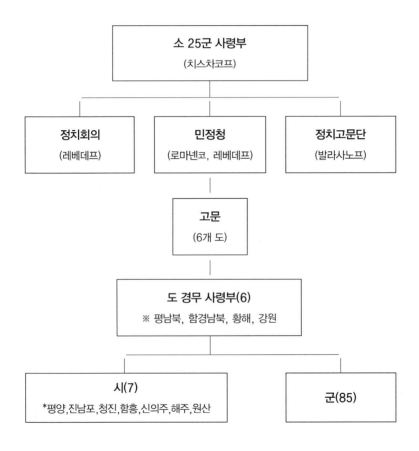

김창룡 특무대장 암살사건 해부

KGB 북한지부와 서울 주재 소련 총영사관

KGB 북한지부가 평양에 설립된 것은 1945년 9월이었다. 당시 소련정부의 최고 집행기관인 인민위원회의는 1945년 9월 21일 발라사노프(G.M.Balasanov)를 KGB 북한지부 책임자로 결정했다(기광서, 1998:122). 이 조직은 대외적으로 정치고문회의 혹은 정치고문기관이라고 위장명칭을 쓰고 있었다. 발라사노프 역시 소련 외무성 소속 외교관으로 신분을 감추고 있었다.

1917년 레닌 공산혁명과 함께 창립되어 반혁명세력을 제거하는 임무를 맡았던 CHEKA(반혁명-태업처단 특별위)가 KGB의 전신이다. CHEKA는 GPU(국가정치보안부, 1922-1923), MGB(국가보안부, 1946-1953) 등 다양한 이름으로 불리다가 1954년부터 KGB(1954-1991)란 조직명칭을 사용했다. 북한지부를 설치할 때의 명칭은 NKGB(국가보안인민위원회, 1943-1946)였다. 북한 주둔군 소속으로 편제되어 있었으나 실제로는 독립적으로 활동했다.

발라사노프는 평양에 부임하기 직전 일본 도쿄 주재 소련대사관에서 일하고 있었다. 일본에서 일할 때 정치군사 동향 분석에 탁월한 능력을 보여 '극동전문가'라는 평가를 받았으며 평양에 들어와서도 능력을 보여 모스크바로부터 인정받고 있었다. 그는 서울에서 열린 제1, 2차 미소 공동위원회에 소련 대표로도 참석했다.

KGB는 해방후 평양에 북한지부를 설치하기 이전 서울에 요원을 파견시켜 놓고 있었다. 서울 주재 소련 총영사관 부영사라는 위장 직함을 가지고 있던 샤브신(A. I. Shabsin)이다. 샤브신은 1939년에 서울 주재 소련 총영사관에 배치됐다.

해방직후에는 총영사가 이임함에 따라 사실상 총영사의 역할을 맡고 있었다. 총영사관 도서실장의 직함을 맡고 있던 피냐 샤브시나는 샤브신의 아내였다. 샤브신은 KGB 북한지부가 설치된 이후에는 본부 지시와 함께 발라사노프의 지휘를 받고 있었다.

1946년 5월 하순 조선정판사 위조지폐사건을 계기로 미군정은 조선공산당을 불법화시켰다. 제1차 미소공동위원회가 결렬된 직후였다. 샤브신과 그의 아내는 이 조치에 반발해 1946년 7월 2일 서울을 떠나 평양으로 넘어갔다.

평양으로 넘어간 샤브신은 KGB 북한지부 부책임자를 맡아 대남공작을 계속했다. 1948년 9월 북한에 공산정권이 들어서고 소련군이 1948년 12월 철수를 완료할 즈음 샤브신도 소련으로 돌아갔다.

샤브신이 서울에서 활동할 때 그의 영향력이 남한의 공산주의자에게 잘 알려져 있었기 때문에 남한의 많은 공산주의자가 그를 만나려고 애썼다. 그 가운데 샤브신은 박헌영을 지원하고 있었다. 박헌영의 탄탄한 공산주의 이론, 일제에 굴복한 일이 없는 투쟁경력을 높이 평가했다.

샤브신의 아내는 1992년 중앙일보와의 인터뷰에서 샤브신과 박헌영의 관계에 대해 자세히 회고했다. 그녀는 당시 샤브신과 박헌영이 비밀리 나눈 대화내용을 정리해 모스크바 본부에 보고하는 역할을 맡고 있었다. 그녀의 증언을 바탕으로 둘 사이를 정리해 보면 이렇다.

'샤브신은 서울에 부임하기 이전부터 박헌영에 관해 많은 정보를 갖고 있었다. 박헌영이 1941년부터 전남 광주에서 위장취업하고 있을 때도 샤브신이 비밀 메시지를 보냈었다. 이런 관계로 박헌영은 일제가 패망하자 곧바로 서울로 상경해 제일 먼저 샤브신을 찾아왔다. 샤브신은 해방 직후부터 1946년 10월 박헌영이 월북할 때까지 매일 한두 차례 만났다(중앙일보 특별취재반, 1992: 285).'

박헌영은 1946년 10월 미군정의 체포령을 피해 북으로 넘어갔다. 샤브신 부부가 북으로 넘어간 후 3개월 정도 지난 시점이었다.

샤브신은 서울에서 활동하면서 박헌영과의 접촉사실이 노출되지 않도록 이를 비밀로 유지하는 데 많은 애를 썼다. 시민들이 많이 모이는 공원 같은 곳에서 만나 승용차 뒷좌석에 태운 뒤 모포로 뒤집어 씌워 영사관 밀실로 데리고 가는 수법을 썼다.

이런 과정을 통해 샤브신은 이승만·김구 등 우익진영과 미군정의 동향을 수집해 모스크바에 보고하고 모스크바와 평양의 지부로부터 내려오는 비밀지령을 박헌영에게 전달했다(김국후, 2008: 87).

서울 주재 소련 총영사관은 샤브신이 떠난 후에도 계속 운영되어 오다 1948년 8월 하순 공산분자들을 지원해준 사실이 드러나 1948년 9월 27일 이북으로 추방됐다(선우종원, 1993: 56~59).

KGB 북한지부는 1946년 7월 샤브신이 합류하고 김 이노겐치, 남세명 등 모스크바 본부에서 근무하던 고려인 2세들이 파견되면서 한반도 공작의 중심축으로 부상한다.

김 이노겐치는 1946년 3월부터 1949년 5월까지 북한지부에서 근무했는데 "당시 조선 문제는 하바롭스크에 있는 KGB 극동본부에서 지휘했으며 나를 비롯해 남세명 등 소련 거주 한인 출신 KGB 요원들은 발라사노프 대좌의 지시에 따라 서울 등지에 밀파되어 조선 공산당과 중도·좌익 정당단체를 상대로 공작활동을 했었다."라고 증언했다(중앙일보 특별취재반, 1993: 400~401).

해방 직후 북한을 움직인 소련의 최고 실력자는 소련군 연해주 군관구 군사위원이었던 스티코프(T. F. Stykov)였다. 스탈린은 시급한 사안에 대해서는 중간 지휘단계를 거치지 않고 직접 스티코프에게 지시를 내리고 보고받기도 했다(기광서, 1998: 115).

중앙일보 현대사연구소가 1995년 발굴한 스티코프 비망록에는 발라사노프와 샤브신의 이름도 등장한다. 1946년 10월 22일 비망록에 '발라사노프와 샵쉰을 호출해 남조선 정세에 대한 그들의 정보 보고를 청취했다.'고 기록되어 있다(《중앙일보》, 1995.5.9.: 10면). 발라사노프와 샤브신이 당시 소련의 한반도정보활동을 주도하고 있었다는 것을 엿볼 수 있는 대목이다.

김창룡 특무대장 암살사건 해부

김창룡의 1차 체포와 사형선고

　김창룡은 죽기 전 비밀수기를 남겼다. 이백 자 원고지 천여 장에 이르는 방대한 양이었다. 암살당하기 몇 년 전 심복을 시켜 틈틈이 자신의 과거를 적어둔 것이다.

　암살당하던 1956년 경향신문에 일부가 소개됐고 기자 출신 박성환이 1965년 쓴 책에도 일부 기록이 실려 있다. 2022년에는 유족이 단행본으로 출간하기도 했다. 박성환이 남긴 기록을 중심으로 해방 후 그가 귀국하는 과정과 소련군에 체포되는 경위를 살펴본다.

　김창룡이 해방을 맞은 곳은 소만 국경의 통화(通化)였다. 해방 직전인 8월 7일 오랫동안 근무해오던 하이라루에서 통화로 옮기라는 전출 명령을 받았다. 8월 9일 소련군이 대일 선전포고를 한 것으로 미루어 소련과의 전투를 앞두고 부대원들을 재배치하는 작업의 일환이었던 것으로 보인다.

　김창룡은 소련군이 쳐들어오고 일본군이 해산된 후 약혼녀가 살던 황해도 남천을 거쳐 고향인 함경도 영흥에 도착했다.

　고향 집에서 약식으로 결혼식을 올린 후 앞으로의 진로를 고민하던 김창룡은 하이라루에 근무할 때 자기의 협조자였던 김윤원을 찾아나서게 된다. 살아갈 일을 서로 상의하는 데 제일 믿을 만한 사람이라고 생각했기 때문이다.

김윤원의 어머니도 하이라루 적십자 병원 간병부에서 근무한 인연으로 김창룡과 잘 아는 사이였다. 김윤원이 사는 강원도 철원을 방문해서 머물다 그는 소련군에 체포된다. 1945년 11월 김윤원의 밀고로 체포됐다.

김창룡은 비밀수기에서 게페우에 체포되었다고 쓰고 있으나 그 당시 반소·반공세력을 탄압하던 주무기관이 경무사령부인 점으로 미루어 경무사령부에 붙잡힌 것으로 보인다. 그의 수기는 체포되는 순간을 이렇게 묘사하고 있다.

나는 집에서 빈둥빈둥하는 것도 싫증이 나서 11월 초순경에 한 친구를 찾아가서 구회나 풀어볼까 했습니다. 철원에 있는 김윤원이 생각나서 그를 찾아갔던 것입니다. 그는 하이라루에 근무할 때 내가 스파이로 썼던 자입니다. 나는 북어를 선물로 백 마리를 등에 메고 복계에서 내려 철원까지 만 하루를 걸어갔습니다. 그런데 김은 나를 보고 그다지 반가와하지 않는 것이었습니다. 그러나 먼 길을 왔으니 하루 자고 가라고 하기에 다음 날 아침 일찍 떠날 양으로 잠들었습니다. 그런데 새벽 세 시경 나는 소련 게페우에게 잠자다가 검거되었던 것입니다. 김은 소련 게페우 대원에게 나를 밀고했던 것입니다. 내가 소만 국경에서 일본군 특무대원으로서 소련 간첩들을 잡는 일을 해왔다는 사실을 일일이 밀고하여 새벽에 검거된 것인데 나는 즉시 철원에 유치되었습니다. 나에 대한 소련 게페우의 가혹한 보복은 더 말할 나위 없었습니다. 요강에다가 밥을 담아 주었고 취조한답시고 꽁꽁 묶어서 유치장 앞마당에 있는 우물 속에 풍덩 집어넣어 두었다가 몇 시간 있다가 끄집어내는가 하면

몰매를 치는 등 가혹한 것이었습니다. 유치장 속에는 우익인사들이 많이 있어 나를 격려해 주었습니다. 중순이 되는 어느 날, 밥을 갖다 주던 우익인사 한 사람이 '내일 김창룡 외 두 명에게 사형을 집행하며 장소는 철원의 일본신사 자리'라고 알려주는 것이었습니다. 그리고 이 사실은 이미 공고되었다는 것이었습니다. 다음 날 아침 호출되어 나가 보았더니 사형집행을 구경하러 천여 명의 시민이 경찰서 앞에 모여들어 있었습니다. 나는 죽을 것을 각오했습니다(박성환, 1965: 146~147).

1차 탈출과 2차 체포

철원에서 사형집행장으로 끌려 나온 김창룡은 목숨을 건질 수 있는 새로운 국면을 맞게 된다. 사형집행관이 김창룡은 최고 전범이므로 함흥으로 이송시켜 사법처리한다고 명령한 것이다.

김창룡은 장총을 든 두 명의 호송원과 함께 철원역까지 호송됐다. 호송원들은 열차 중간쯤에 연결된 화물칸에 김창룡 등 세 명의 사형수를 태웠다. 호송원들은 들고 있던 장총을 너무 믿었던 때문인지 사형수들을 묶지 않은 채 열차에 태웠다.

화물차를 타고 가며 김창룡은 계속 탈출할 기회를 노렸다. 마침 화물칸에 공기가 통하도록 만든 네 개의 창문 가운데 하나가 열려 있었다. 창문의 높이가 자신의 키와 비슷한 위치에 놓여있어 여차하면 뛰어넘을 수 있을 것 같았다.

그러나 탈출할 기회는 좀처럼 오지 않았다. 기차가 달릴 때는 뛰어내리기에 속력이 너무 빨랐고 기차가 중간중간 역에 서면 호송원들이 신경을 곤두세우며 노려봐 꼼짝할 수가 없었다. 초조한 김창룡은 고향인 영흥을 지날 때 벌떡 일어나 문밖을 내다봤다.

갑작스러운 그의 행동에 호송원이 "왜 그래!" 하고 소리쳤다. "고향을 지나는 것 같은데 이왕 죽을 몸이니 고향하늘을 마지막으로 한번 보고 싶어 일어났습니다." 김창룡은 풀이 죽은 듯 대답했다. 풀죽은 듯한 김창룡의 말에 호송원들은 동정이 가는지 서서 밖을 내다보는 것을 묵인했다.

열차는 종착지인 함흥을 한 정거장 앞둔 흥상역에 다가가고 있었다. 바깥에는 어둠이 깔려 있었다. 죽음의 정거장이 가까이 온 것이다. 그 순간 김창룡은 계속 주시하고 있던 창문틀을 잡고 몸을 솟구쳐 열차 밖으로 뛰어내렸다. 이 순간을 그의 비밀수기는 이렇게 써놓았다.

기차는 원산·영흥·정평을 지나 흥상에 다다르려고 했습니다. 멀지 않아 함흥이 되는 것이었습니다. 나를 감금한 화물차의 조그마한 창이 깨어져 있었습니다. 기차는 다음 역에 가까워졌다는 신호로 기적을 울렸습니다. 그 순간 나는 창에서 죽어라 하고 뛰어내렸습니다. 쓰러지고 뛰고 또 쓰러지고…. 뒤에서는 따발총 소리가 계속 들려 왔습니다. 나는 산중으로 죽을힘을 다하여 달렸습니다. 이윽고 나는 얼굴에서 뜨거운 것이 흘러내림을 알았습니다. 땀이 아니라 피였습니다. 나의 얼굴 왼쪽 눈 밑에 지금도 뚜렷이 남아 있는 푹 파져 있는 상처는 이때에 입은 것입니다. 3일 동안 산중을 헤매다가 영흥 친척 집에 도달했으며 나의 형 김창헌을 은밀히 불러 시체인 양 달구지를 타고 밤중에 집에 이르렀습니다. 집에서는 헛간에 숨어서 한의사를 불러다가 상처를 치료했습니다. 내가 탈주할 때 입은 상처는 중상이었습니다. 나는 헛간에 숨어 한의사의 치료를 받으면서 무진 고생 끝에 상처도 아물었습니다(박성환, 1965: 148).

영흥 형님 집에서 숨어 지내던 김창룡은 이번에는 가까운 친척의 배신으로 다시 붙잡히게 된다. 그를 잡아간 것은 그의 이종사촌인 김영조였다. 김영조는 그때 영흥군 요덕면 보안서장으로 있었다. 그는 김창룡의 집에서 초등학교를 다닐 만큼 김창룡 집안과 가까운 사이였다. 그런 그가 김창룡을 체포한 것이다.

요덕면 보안서 감방에서 겨울을 지낸 김창룡은 다음 해 봄 정평 고등재판에 넘겨져 거기서 두 번째 사형선고를 받는다. 1946년 4월 11일이었다.

나의 이모의 아들 외사촌인 김영조는 영흥군 요덕면 보안서장으로 있었습니다. 나의 어머니는 그를 지극히 사랑해 주었으며 초등학교도 나의 집에서 다니고 같이 자랐던 사이입니다. 그의 처가 4, 5차 집에 왔다 간 사실과 김영조가 몇 번 들린 일 이외에 집에 나타난 타인이라고는 하나도 없었던 것입니다. 그는 적극적으로 소련기관에 아부하던 자이었으나 어느 날 나는 그를 보고 '소련 놈을 없애야 하며 그 앞잡이들은 씨도 남겨서는 안 된다'라고 호통을 친 일이 있었습니다. 얼마 후 나는 그의 손에 체포되었습니다. 그는 나를 체포하기 얼마 전 수 차에 걸쳐 보안대에 호출되어 취조를 받던 도중에 돈 오만 원을 요구하며 무사히 해결해 주겠다고 말한 일이 있습니다. 나는 단호히 거절했습니다. 이를 거절한 어느 날 새벽 두 시 그는 수 명의 보안대원들과 같이 잠자는 나를 체포해 갔던 것입니다. 이때의 나의 취조관은 공교로운 인물이었습니다. 그는 여관 보이를 하던 자로서 이 자는 내가 군복을 입었던 모습을 직접 본 일이 있는 자이었습니다. 내가 관동군에 근무하던 시절 잠시 귀향했을 때 군복을 입고 영흥의 여관에 투숙한 일이 있었습니다.

이때 여관에서 보이를 하던 자이었습니다. 그는 나를 전범자로 규정하고 무진 고문을 했습니다. 여기에서 고문당하던 일은 생략하겠습니다. 앞으로 쓸 기회가 있을 것입니다. 감방에서 한겨울을 지냈습니다. 감방 창살문에서 복숭아꽃을 볼 수 있는 계절이 왔습니다. 4월 어느 날 나는 영흥에서 정평 게페우에 압송되는 몸이 되었습니다. 정평 고등재판에서 나는 사형 언도를 받았습니다. 4월 11일이었습니다. 나는 이날을 한 평생 잊을 수가 없을 것입니다(박성환, 1965: 149~150).

소련군을 죽이고 2차 탈출

가장 믿었던 동료와 친척의 배신으로 두 번이나 사형선고를 받은 김창룡은 다시 살아날 궁리를 찾게 된다. 그 방법으로 김영조로부터 오만 원을 강요받은 사실을 법정에서 폭로했다. 우선 사형집행일을 연기시켜보자는 꿍꿍이속이었다.

예상대로 다시 영흥으로 압송되어 금품 강요의 진상을 조사하기 위한 심문이 시작됐다. 두 번째 사형선고를 받은 4월 11일로부터 8일이 지난 4월 19일. 김창룡에게 소련군 조사관과 단둘이 앉아 심문받는 기회가 왔다. 그때 그는 심문관이 졸고 있는 틈을 이용해 앉아있던 의자로 그의 머리를 내리쳐 죽이고 도망쳤다.

탈옥에 성공하자 그는 지체 없이 38선을 넘어 남으로 내려왔다. 그는 비밀수기에서 이날이 자기의 운명을 결정한 날이라고 썼다.

4월 19일이라고 기억됩니다. 이날은 나의 일생에 있어서 운명을 결정한 날이기도 합니다. 아침 10시경 나는 게페우의 감방에서 호출 받고 취조실로 나갔는데 거기에는 소련군 게페우 총위가 나를 취조하려고 앉아 있었습니다. 사형수인 나는 그 책상에 마주 앉아 소련군 총위의 취조를 기다리고 있었습니다. 일요일이라 통역이 아직 출근하지 않아 사동을 시켜 불러오도록 명령하는 것이었습니다. 통역이 오기를 기다리는 총위와 나의 두 사람만이 앉아 있는 조용한 방이었습니다. 아침 햇볕은 유리창을 통하여 총위의 뒷등을 따사롭게 쪼여주고 있었습니다. 총위는 눈을 감고 명상에 잠겨 있었습니다. 조용한 순간이 흘러갔습니다. 그 순간이었습니다. 나는 앉아 있던 동그란 조그마한 의자를 번쩍 들어 죽을힘을 다하여 내려 갈겼습니다. 그는 훅! 하고 소리를 내며 의자에 거꾸러지는 것이었습니다. 나는 도주했습니다. 어떻게 달렸는지 모르겠습니다. 이윽고 사이렌이 요란하게 들려 오는 것을 느끼며 나는 산중으로 도망했습니다. 산을 타고 맹산을 거쳐 처가인 평양으로 향했습니다. 처가의 따뜻한 비호 아래 나는 남천, 금곡을 거쳐 송악산을 넘어 월남하였던 것입니다. 내가 꿈에도 잊을 수 없던 자유대한이었습니다. 후일 영흥에서 월남한 사람의 이야기를 들어보면 총위는 그때 즉사하였다는 것이었습니다. 서울에 온 나에게는 갈 곳도 없었고 아는 사람도 없었습니다만 자유대한에 왔다는 기쁨만으로 흐뭇했습니다(박성환, 1965: 150-151).

남북분단과 미소 정보기구의 대립

특무대는 오늘날 국군방첩사령부의 전신이다. 그 기원은 해방 후 남한에 유입된 미군 방첩대(CIC, Counter Intelligence Corps)로 거슬러 올라간다. 제2차 세계대전이 끝난 후 남북이 분단되면서 남과 북에 미군과 소련군이 진주했다. 이에 따라 한반도에는 미군의 정보기구와 소련군의 정보기구가 새로 들어와 서로 대립하는 구조가 만들어졌다.

미국 전쟁성 정보참모부에서 종전 직후인 1945년 8월 18일 작성한 '한국에서의 전쟁성 정보목표'를 보면 첩보수집의 우선순위를 1·2·3등급으로 나누고 있는데, 1등급 목표는 '일제가 비밀요원으로 채용한 한국인 명부', '한국공산주의자들의 조직과 활동에 관한 자료' 등이다.

2등급 목표는 '한국·중국·만주지역의 반일 한국인 관련 자료', '한국 독립운동의 성격·강도·활동에 관한 자료' 등이 포함되어 있으며, 3등급에는 '한국의 식민지시대 행정에 관한 보고서', '한국·만주지역의 석유 매장량과 정유시설현황' 등이 예시되어 있다.[2]

즉, 일제시대 비밀활동 관련 자료와 공산주의자들의 동향 파악을 중점 수집목표로 설정하고 있다.

---

2 War Department G-2, "WAR DEPARTMENT INTELLIGENCE TARGETS IN KOREA(18 August 1945)," 日本 國會圖書館 소장.

해방 후 3년간 미군정 시기를 주도한 미 24군단의 기구는 정보참모부(G-2)와 산하 방첩대였다. G-2는 군사작전에 필요한 전투정보를 수집·처리하는 기구이고, CIC는 군 내부의 보안과 방첩을 관리하는 정보기구였다.

종전 직후 미 전략정보국(OSS, Office of Strategic Services)이 해체됨으로써 해외정보 전담기구가 없었던 미국으로서는 남한의 미군정을 관리하는 데 소요되는 정보를 24군단 G-2와 산하 CIC에 의존할 수밖에 없었다.

당시 24군단 G-2의 상급부대인 일본 도쿄의 미 극동군사령부 G-2는 산하에 보안방첩기구로서 441 CIC를 두고 있었다.

441 CIC는 운영국(Operations Branch), 정책 및 보고담당국(Policy and Reports Branch), 훈련국(Training Branch), 행정국(Administrative Branch) 등 4개국으로 편성되어 있었는데, 운영국 산하에는 미군정체제를 위협하는 세력을 색출하여 사법처리하는 수사과, 상부에서 명령한 수사를 전담하는 특별조사과를 두고 있었고, 정책 및 보고담당국은 관할지역의 방첩대 활동 결과를 매월 종합해서 보고하는 기능 등을 가지고 있었다. 훈련국과 행정국은 부대 관리에 필요한 인사, 조직, 훈련 문제를 담당하는 조직이었다.[3]

미국의 중앙정보국(CIA)이 창설된 것은 1947년 9월이었다. 그에 따

---

3   G-2 SCAP and FEC, "Organization Functions,"(GHQ, Far East Command, Military Intelligence Section, General Staff, 1 Apr 1948), 日本 國會圖書館 소장.

라 OSS가 해체된 1945년 10월 1일 이후 2여 년간 미국의 해외정보기구는 공백 상태로 남아있었다.

OSS가 해체된 후 활동부서 직원들은 전쟁성으로 전속됐다. 전쟁성은 OSS에서 넘어온 OSS요원을 모아 전략정보대(SSU, Strategic Services Unit)를 편성했다.

그에 따라 OSS 중국지부는 SSU 중국지부로 전환됐다. SSU 중국지부는 웨드마이어 중국전구사령부가 본부를 중경에서 상해로 옮기자 본부를 상해로 옮겨 활동하다가 CIA가 출범하면서 CIA 중국지부로 전환됐다(Maochun Yu, 1996: 259-262).

CIA는 창설 이후 동아시아지역 가운데 중국 이외 지역의 교두보를 마련하는 데 많은 곤란을 겪고 있었다. 맥아더는 전쟁 기간 중 OSS를 견제했던 것처럼 CIA가 자신의 관할에서 독자적으로 활동하는 것을 허용하지 않았다. 그에 따라 일본 국내에 거점을 마련해야 했던 CIA는 6·25전쟁이 일어나기 직전에야 맥아더의 승낙을 받아냈다.

일본 거점이 구축되기 전에는 1948년 초부터 부산 동래에 요원 몇 명이 들어와 은밀히 남한지역 활동을 전개하고 있었다(하리마오, 1999: 172).

미국이 전후 전시체제를 평화체제로 전환하며 군비감축의 일환으로 OSS를 해체하고 병력도 급속히 감축해나간 데 비해, 소련은 전쟁 때 구축된 시스템을 유지하며 중국, 한반도에서 친소 공산정권을 세우는 데 주력했다.

한미일 정보협력체계의 형성

전후 한반도를 둘러싸고 미국과 소련이 대립하는 정보구조가 형성되면서 남한지역은 일본 도쿄의 맥아더 사령부가 지휘하는 정보체계로 편입됐다.

트루먼 미 대통령은 1945년 8월 13일 맥아더 미 극동군 총사령관을 연합국 최고사령관(SCAP, Supreme Commander for the Allied Powers)으로 임명했다. 연합국 대표들과 상의해서 일본의 항복을 처리하는 것이 연합국 최고사령관의 임무였다(Truman, 1955: 439). 맥아더는 미 극동군사령관과 연합국 최고사령관을 겸임했다. 전쟁 중 필리핀 마닐라에 주둔하고 있던 미 극동군사령부는 맥아더가 연합국 최고사령관을 겸임하게 되자 본부를 일본 도쿄로 옮겼다.

연합국 최고사령관의 임무를 수행하기 위해 맥아더 사령관 휘하에 미 극동군 총사령부의 편제와는 별도로 민간정보과(Civil Intelligence Section), 공공보건과, 민간통신과 등의 참모부서가 설치됐다. 이 가운데 민간정보과는 일본 국내의 치안 정보를 관리하는 파트였다. 미 극동군 총사령부 정보참모부 윌로비(Charles A. Willoughby) 부장이 민간정보과 책임자를 겸임했다.

윌로비는 정보참모부 요원들을 민간정보과에 배치해서 일본 국내 정보 분석업무를 맡겼다. 또한, 정보참모부 산하에는 전쟁 기간 중 방첩업무를 수행하던 441 방첩대가 활동하고 있었다.

월로비는 441 방첩대에게는 미군 점령정책에 저항하는 세력을 색출해서 검거하는 임무를 맡겼다. 미군정사령부와 미군 시설의 안전을 확보하는 것이 441 방첩대의 중요한 임무였다. 일본 내 주요 지역에 441 방첩대의 지역조직이 설치되어 나갔다. 월로비는 441 방첩대가 미국 연방수사국(FBI)과 비슷한 기능을 수행했다고 밝혔다(Willoughby, 1954: 322).

한국에 주둔한 24군단 정보참모부는 일본 도쿄 맥아더 사령부 G-2의 산하기관으로서 월로비의 지휘를 받고 있었고, 24군단 G-2 산하 방첩대들은 도쿄 441 방첩대의 지휘를 받았다. 일본 도쿄와 서울이 맥아더 사령관의 단일 지휘권 아래로 결속된 것이다.

24군단 G-2는 미 방첩대, 한국경찰, 통신정보 부대인 민간통신정보대(CCIG-K, Civil Communication Intelligence Group-Korea)에서 보고하는 첩보를 분석해서 하지 사령관에게 보고하고, 도쿄에 보고할 가치가 있는 정보는 맥아더 사령부에 보고하는 방식으로 정보보고체계가 형성됐다.

남한에 들어온 방첩대들은 1946년 2월 13일과 4월 1일 두 번에 걸쳐 개편됐다. 1차 개편 때는 서울의 24군단 본부에 배속된 224 방첩대가 서울에서 전국의 모든 방첩대 활동을 통제하는 방식으로 정비됐다.

2차 개편 때는 전국의 모든 방첩대를 971 방첩대라는 단대호(單隊號) 아래 상하 단일지휘체계를 갖추는 방식으로 재정비됐다. 이때 971 방첩대는 24군단 G-2 산하로 편입되었지만 일부 행정기능은 그대로 도쿄의 441 파견대에 남겨졌다. 441 파견대로부터 병력을 충원받았고 미국 CIC 본부로 보내는 보고서도 모두 도쿄의 441 방첩대를 거쳐 보고했다.

971 방첩대에 근무하는 요원들도 441 방첩대에서 선발해서 한국에 보냈다. 971 방첩대의 신분증도 441 방첩대가 발행했다. 윌로비의 증언을 중심으로 맥아더 사령부의 지휘체계를 그림으로 표시하면 아래와 같다.

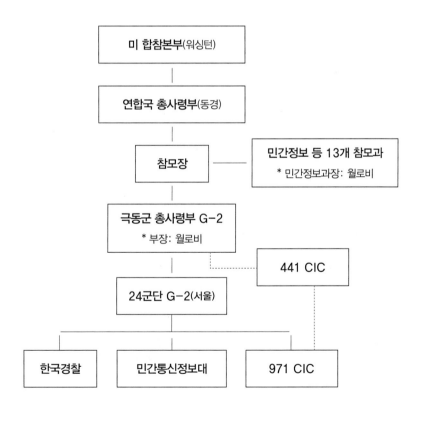

극동군 총사령부 G-2는 441 방첩대 이외 소련 및 중국의 정보를 수집하기 위해 다양한 정보기구를 운영하고 있었다. 방첩대가 군정체제를 보호하기 위한 FBI 성격의 정보기구였다면 공산권 동향을 수집하는 첩보기구들은 2차대전 때 활동했던 미국의 해외정보기구인 전략정보국(OSS)과 유사한 성격의 기구였다.

특히, 극동군 총사령부 G-2는 중국에서 전개되고 있던 국민당과 공산당의 내전에서 모택동이 이끄는 공산당의 승세(勝勢)가 굳어지며 극동지역의 정세가 긴박해지자, 한국에 '주한연락사무소(KLO, Korea Liaision Office)'를 설치하여 공산권 동향 수집활동을 강화했다. 백의사(白衣社), 양호단(養虎團) 등 민간차원에서 활동해오던 남한의 대북첩보조직을 1948년 8월 24일 하나로 묶어서 설립했다.

당시 남한에는 KLO 이외 공군특별첩보부대(ASIS, Air Special Intelligence Service)가 들어와 있었다. ASIS는 서울 오류동에 본부를 두고 있었고 미 해군 정보조직들도 인천에서 활동하고 있었다.

이처럼 6·25전쟁 이전 극동지역에는 미국 육군·해군·공군의 정보부대가 각각 설치되어 독자적으로 활동함에 따라 업무가 서로 중복되고 업무효율도 떨어지는 혼란한 상태에 있었다.

극동군 총사령부 G-2가 6·25전쟁이 발발한 직후 극동지역의 각 군 정보부대를 통합·조정하는 합동특별운영본부(JSOB, Joint Special Operations Board)를 급히 설치한 것도 그러한 문제점을 개선하려는 노력이었다. JSOB이 설치된 후 정보기관 상호관계를 그림으로 표시하면 아래와 같다(C.A.윌로비-, 2011: 257).

김창룡 특무대장 암살사건 해부

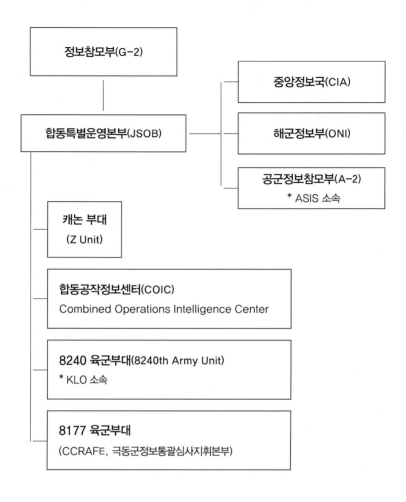

2장

민족 군대로의 편입

정일권의 시베리아행 열차 탈출

정일권도 김창룡과 비슷한 시기 월남한 인물이다. 함경도 출신으로 김창룡과 동향이었던 그는 해방되던 때 만주군 대위의 신분이었다. 관동군이 세운 꼭두각시 국가 만주국 군대의 대위였다.

그는 만주군이 해체되자 한때 만주 신경지역 교민을 보호하는 모임을 운영하다 소련군에 체포됐다. 그가 쓴 자서전에는 KGB에 붙잡혔다고 쓰여 있다. 소련군은 그에게 모스크바에 가서 6개월 교육을 받고 북한군 창설에 나서줄 것을 요구했다. 정일권이 이를 거절하자 소련군은 그를 시베리아 수용소로 가는 열차에 태웠다.

시베리아로 호송되는 도중 김창룡이 그랬던 것처럼 그도 달리는 열차에서 감시병을 죽이고 뛰어내린다. 100여 명씩 탄 화물차에 감시병은 한 명이었다. 정일권은 차를 타고 가며 감시병의 동태를 주시했다.

감시병은 술주정뱅이었다. 신경역을 출발하면서부터 계속 술을 마셔대다 마침내 꾸벅꾸벅 졸기 시작했다. 그 순간 정일권은 열차 안 난로에 쌓여있던 석탄 덩어리로 감시병을 내리쳐 쓰러트렸다. 그리고 곧 출입문을 열어 화물차 밖으로 몸을 던졌다. 다행히 아무 상처도 입지 않았다.

어두운 밤 눈보라 치는 만주벌판에 혼자 떨어진 정일권은 민가를 찾아 헤매다 초라한 농가 하나를 발견했다. 한 노파가 홀로 사는 집이었다. 마음씨 좋은 중국인 노파의 도움으로 허기와 추위를 면한 정일권은 하루를 걸어 하얼빈에 도착했다.

　하얼빈에서 같은 고향 출신을 만나 그의 도움으로 평양을 거쳐 서울로 내려왔다. 서울에 도착한 것이 1945년 12월 29일(정일권, 1996: 108 ~112). 김창룡보다 4개월 빠른 시점이었다.

김일성 군대 창설과 반공청년들의 월남

이 무렵 훗날 육군참모총장을 지낸 백선엽, 주월 한국군사령관을 지낸 채명신, 1군단장을 지낸 김백일 등도 북에서 남으로 내려왔다.

만주군 간도 특설부대에서 근무하다 백두산 근처에서 해방을 맞은 백선엽은 걸어서 고향인 평양까지 내려왔다. 평양에 돌아와 있던 백선엽은 어느 날 고당 조만식 선생의 비서실장으로 일하던 이종사촌 형을 만났다. 그는 일손이 모자란다며 백선엽에게 조만식 선생의 비서실에서 일할 것을 권유했다.

그 형의 주선으로 백선엽은 조만식 선생의 비서실에서, 동생인 백인엽은 조만식 선생의 경호대장으로 일했다. 그러다 북한지역이 공산당 쪽으로 대세가 기울었다고 판단한 백선엽은 김백일, 최남근 등과 함께 1945년 12월 28일 남쪽을 향해 평양을 떠나 하루만인 12월 29일 서울에 도착했다(백선엽, 2010: 37). 정일권이 서울에 도착한 그날 백선엽도 서울 땅을 밟았다.

김백일과 채명신은 김일성으로부터 북한군 입대를 권유받았으나 이를 거부하고 남으로 내려왔다. 그 시기 이들은 김일성이 이미 스탈린으로부터 차기 지도자로 내정되어 있는 사실을 모르고 있었다. 김일성이 스탈린을 만나 지도자로 낙점받은 사실은 소련 극동군 총사령부 내에서도 군사위원 등 극히 일부만 알고 있는 극비사항이었다.

김일성이 스탈린 면접을 마치고 원산항을 통해 비밀리 북한에 들어온 1945년 9월 19일 다음 날인 9월 20일 북한에 위성정권을 세우라는 스탈린의 비밀지령이 떨어졌다(이정식, 2006: 178).

김일성은 이 스탈린 지시를 충실히 따르기 위해 군대를 조직하는 데 분주했다. 고당 조만식 선생 집무실에서 우연히 만난 정일권에게 '내가 곧 북조선인민군을 만들 테니 함께 일해 봅시다.'라고 제의했다.

김백일이 만주군 출신인 것을 알고는 자기 집으로 불러 이틀간 재우며 북한군 가입을 회유했다. 김백일이 쉽게 응낙하지 않자 권총을 빼들고 협박하기도 했다. 김백일은 김일성이 잠에 빠진 틈을 타 겨우 도망쳐 나왔다(정일권, 1996: 123~125).

평남 진남포 근처 용강군의 덕해초등학교 선생으로 일하던 채명신이 김일성을 만난 날은 1946년 2월 8일이었다. 소련군이 평양에 들어오자마자 군간부 양성소로 세운 평양학원의 개교식이 있는 날이었다.

그 학원이 개교하기 이전부터 채명신은 그 학원의 원장이었던 김책과 교분이 있었다. 사회주의에 대한 상식적 수준의 지식에도 김책은 놀라워했다. 개교식 날 다과회에서 김책은 김일성에게 채명신을 공산주의에 통달한 일꾼이라고 소개했다.

김일성은 곧바로 채명신에게 정권 수립에 참여해 줄 것을 종용했으나 채명신은 확답을 주지 않고 얼버무렸다(채명신, 1994: 18~19). 그 후 독실한 기독교 신자였던 채명신은 기독교에 대한 공산당의 탄압이 심해지자 신앙의 자유를 찾아 남하하게 된다.

서울에 가서 우리 민족의 군대를 만들라

소련군이 북한을 점령한 후 스탈린 체제를 구축해 나가자 이에 대한 민족진영의 반소·반공활동도 다양한 형태로 전개됐다.

특히, 고당 조만식 선생은 자신을 찾아오는 청년들에게 공산당 학정을 피해 38선 이남으로 내려가 민족국가 건설에 매진하도록 권유하고 있었다. 그러면서도 자신은 38선 이북의 2,000만 동포를 버리고 자기만 서울로 갈 수 없다며 평양을 떠나지 않고 있었다.

조만식 선생은 일제 강점기에 조선일보 사장을 지냈으며 일본 메이지 대학을 졸업한 인텔리였다. 조선물산장려회를 중심으로 반일운동을 전개했고 동아일보 송진우 사장 등과 함께 반일 민족운동을 주도했다.

조만식은 해방 직후 자신을 찾아온 정일권에게도 하루빨리 서울로 가 민족군대를 만드는 데 노력하라고 재촉했다. 정일권은 자신의 회고록에 당시 조만식의 당부 내용을 다음과 같이 소개했다.

자네나 여기 있는 백 군(백선엽 지칭)처럼 젊은 인재들은 38선이 더 굳어지기 전에 빨리 서울로 가야 하네… 소련은 승리국으로 득세한 여세를 이용하여 제3 인터내셔널을 되살리게 될 것이며, 그로 인해 전세계가 공산세력 팽창에 직면하게 될 것(이네) … 그 첫 목표가 우리 한반도라는 사실을 절대로 잊어서는 안 되네. 소련은 지금 미국을 비롯한 서방국가들이 세계대전 후의 긴장 풀린 상태를 틈타서 동북아시아에서 두 가지 음모를 꾸미고 있네. 하나는 중국 모택동의 공산세력을 적극 지원하고 있고, 다른 하나가 바로 이 북조선에 공산세력, 공산당 정권을 뿌리박으려는 것일세. 그러고 나서 어떤 야로를 부리겠는가? 불 보듯 너무나 뻔하네, 모르긴 해도 5년 이내에 남조선을 곱게 두지는 않을 것이네. 코민테른의 하는 짓이 바로 그것이니까. 공작침투로 안 되면 전쟁, 무력을 써서 남조선마저 삼키려 할 것일세. 해서, 정군 같은 젊은 인재를 만나기만 하면, 빨리 서울로 가라고 하는 까닭이 바로 여기에 있는 것일세. 서울에 가서 하루 속히 우리 민족의 군대를 만드는 데에 합심 노력해야만 하네. 자네들이 만주군에 가서 군사학을 연마한 것도 바로 이때를 기약해서가 아니었겠나?

(정일권, 1996: 144~145).

평양에 남아있던 조만식은 신탁통치 찬반 문제를 둘러싸고 소련군정 측과 정면 대립했다. 조만식은 신탁통치에 대해 단호한 입장을 보였다. 소련군의 집요한 회유에도 불구하고 반대 입장을 확실히 밝혔다.

소군정 사령관은 1945년 12월 30일 조만식을 불러 모스크바 삼상회의 결정은 신탁통치가 아닌 후견제라며 조선민주당에서 지지 성명을 낼 것을 촉구했다. 그러나 조만식은 이를 거절하고 1946년 1월 2일 조선민주당 중앙위원회를 소집해 '신탁통치를 절대 찬성할 수 없다'는 결의문을 채택했다. 그와 반대로 그다음 날 공산당은 신탁 지지

행진을 평양에서 벌였다.

1946년 1월 5일 소군정은 평남 인민위원회를 소집했다. 신탁 문제를 논의하기 위한 자리였다. 평남 인민위원회는 소련군이 북한에 진주한 직후 만든 지도기구였다. 민족 진영과 공산 진영을 아우르는 조직으로 조만식이 의장을 맡고 있었다.

이날 회의에서도 조만식은 반탁 입장을 밝히며 공산당 측의 설득을 뿌리치고 의장 직을 사퇴했다. 이후 조만식은 소련군 측에 의해 연금 상태에 빠지게 된다.

이날 회의에서 조만식이 언급한 내용은 그날 통역을 맡았던 박 왈렌친이 남겼다. 박은 당시 소군정 제7호 정치부 소속 통역관이었으며 북한에서 외무성 부상 등을 지내다 모스크바로 망명한 인물이다.

(공산당 위원들이 의장인 조만식에게 찬탁 지지결의를 요구하자) 조만식은 '나는 조선민주당 소속이기 때문에 반대한다. 나의 민족적 양심이 이 문제를 경솔히 다루는 것을 허락하지 않을뿐더러, 충분히 토의하기 전에는 절대 표결에 부칠 수 없다.'라며 단호히 거부하더군요. 그 순간 소련군정 지도부석에서 '그러면 의장직을 사임하라.'라는 살기 띤 고함이 터져 나왔습니다. 조만식은 이미 작심한 듯 의장석에서 일어나 구두로 사의를 표했습니다. 그리고 그는 '신탁을 찬성하든 반대하든 모든 의사는 우리 조선인의 자유여야 한다. 신탁에 찬성만 하라는 것은 무슨 뜻인가? 아무리 군정이라도 언론이나 의사표시를 제한하는 것은 민주주의 원칙에 벗어난다. 무슨 구실을 붙이더라도 신탁통치하라는 것은 남의 나라 정치에 간섭하는 것이다. 우리가 우리의 주권과 이익을 주장하는 것은

김창룡 특무대장 암살사건 해부

당연하다.'라는 요지의 사임사 겸 최후의 반탁 발언을 했습니다(김국후, 2008: 144).

박 왈렌친은 조만식의 최후에 대해서도 증언했다. 유엔군의 반격으로 북한 지도부가 평양을 버리고 후퇴할 즈음인 1950년 10월 하순 소련파 총수 격인 허가이 노동당 제1 서기 사무실에 최용건 민족보위상 등 몇몇이 모여 대화를 나누고 있었다.

그때 한 사람이 허가이에게 "평양 감옥에 조만식을 비롯한 반동분자가 여럿 있는데 이들을 어떻게 해야 좋겠는가."라고 묻자 허가이는 "명령을 못 받았는가? 지시는 이미 내렸다. 후퇴하면서 이들을 끌고 갈 수 없는 형편이니, 정치범들의 목을 따 버리라고 지시했다."라고 답변했다.

그 후 박왈렌친은 '10월 18일 밤 평양형무소에서 조만식을 비롯한 정치범 500명을 총살했다.'라는 얘기를 평북 강계에서 들었다고 한다 (김국후, 2008: 156~157).

강문봉의 여운형 군대 가담

김창룡이 스탈린 체제에서 죽음의 문턱까지 다가갔다가 살아난 반면 강문봉은 공산 체제를 경험하지 못한 채 해방을 맞았다. 해방이 될 때 강문봉은 일본 본토에 있었다. 일본 본토 후지산 근처에 있는 한 부대에서 훈련하고 있었다. 일본 귀족들의 자녀가 많이 배속된 보병부대였다.

전쟁이 종료되자 일본 육군성은 일본 육사에 재학 중이던 한국인 학생 17명을 인솔하고 귀국하라는 명령을 강문봉에게 내렸다. 1945년 9월 5일이었다. 강문봉은 그들을 데리고 부산으로 귀국했다. 일본 군복과 총, 칼로 무장한 상태였다. 부산에 도착하자 귀환하는 동포를 환영하는 단체에서 그들의 무장을 해제시켰다.

그는 만주 용정에서 부유한 은행가의 맏아들로 태어났다. 김창룡이 함경도 심심산골에서 가난한 집안의 둘째 아들로 태어난 것과 대비해보면 출생부터 달랐다. 강문봉은 부잣집 옥동자로 태어나 당시로서는 최고 수준의 교육을 받았다. 함경북도 부령군에서 이주해온 아버지는 동만은행을 설립하고 동만임업, 간도인쇄 등의 사업도 일으킨 은행가였다.

돈이 많았던 아버지의 도움으로 초중등학교를 일본인 학교에서 마친 그는 신경에 있던 만주군관학교에 입학했다. 그의 아버지는 자신의 사업을 이어가도록 그를 동경제대에 보내려 했다. 그러나 그는 아버지의 뜻을 어기고 군사학교에 들어갔다.

그 이유에 대해 강문봉은 일제의 제1차 징병령으로 대학생도 모두 군대에 가야 했기 때문에 어차피 군에 갈 바에야 장교로 군 생활하는 것이 낫겠다는 판단에서였다고 밝혔다《신동아》, 1983. 5월호).

만주군관학교를 졸업한 후에는 일본 육사에 편입했다. 일본 육사 59기생이었다. 박정희 전 대통령과 같은 길을 걸었다. 박정희의 2년 후배였다. 만주군관학교에서는 전통적으로 한국 사람이 1등을 하는 전통이 있었는데, 만군 1기에서는 박임항, 2기에서는 박정희, 5기에서는 강문봉이 1등 졸업했다.

귀국 후 서울로 들어온 강문봉은 먼저 이응준을 찾아갔다. 이응준은 일본 육사 26기 동기인 신태영, 유승렬 등과 함께 일본군 대령 출신이었다. 일본군 출신 가운데 가장 계급이 높았기 때문에 일본 육사 출신 중심의 장교들이 그를 찾아왔다.

당시 서울에는 30여 개 사설 군사단체가 난립하고 있었다. 이응준이 이끄는 장교클럽은 당시 경기여고 터에 자리를 잡고 일본 육사 27기 출신인 김석원이 대표를 맡고 있었다. 그 당시 사설 군사단체 가운데서는 가장 영향력이 큰 집단이었다.

그러나 이 조직을 실제로 움직이는 사람은 만주군 항공대위 출신인 박승환이었다. 그는 좌경성향을 지난 인물이었다. 그 당시 건국준비위원회(건준)의 여운형이 일본군 출신 군사경험자들을 포섭하고 있었는데 박승환은 여운형에 동조하고 있었다.

강문봉은 박승환의 지시에 따라 건준에서 1945년 9월 6일 조선인민공화국 수립을 선포하는 날 행사장 경비를 맡기도 했다(《신동아》, 1983년 5월호). 그 후 박승환은 북한으로 넘어갔다.

강문봉은 1970년대 말 일본 군사학자 사사키하루와의 인터뷰에서는 스스로 건준에 가담했다가 탈퇴했다고 언급했다. 이응준, 김석원이 이끄는 군사단체와 여운형이 이끄는 건준을 놓고 가입 문제를 고민하다 여운형의 덕망과 젊은이들이 많이 모여 있는 점이 마음에 들어 건준에 가입했다고 밝혔다.

그러나 가입 후 건준의 이념이 좌익 사회주의라는 것을 알고 탈퇴했다는 것이 그의 설명이다(사사키하루 저, 강창구 역, 1978: 66). 박승환에 이용당한 것이 아니라 스스로 건준을 선택했었다. 자의에 의하든 오판에 의하든 강문봉은 해방후 좌익의 군사 활동에 가담했었다는 경력을 남기게 된다.

미군정 초기 경무부장을 역임한 조병옥은 건준이 소련군의 지령을 받아 설립된 단체라고 단정했다. 1945년 8월 9일 대일선전을 포고한 소련군이 8월 12일 나진에 상륙하고 8월 15일 밀사를 여운형에게 보내 조직을 지령했다는 것이다.

소련군은 건국준비위원회가 민족주의자들의 단체인 양 가장하기 위해 중앙책임자와 각 부서 책임자는 민족주의자들에게 맡기고 그 부책임자에 공산주의자들을 앉혀 실권을 좌익이 장악하고 있었던 사실을 예로 들어 건준을 좌익으로 봤다(조병옥, 1986: 141).

여운형이 그 당시 소련군에 조종당하고 있었다는 사실은 1995년 중앙일보에서 스티코프 비망록을 입수해 보도함으로써 진실로 드러났다. 미군정은 건준이 세운 조선인민공화국을 한민족의 자유독립을 방해하는 조직으로 규정하여 1945년 12월 12일 해산시켰다.

한 줄 위로 올려주세요

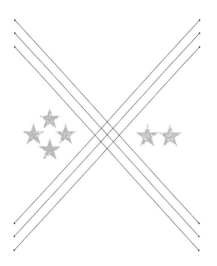

군사영어학교와 조선 경비사관학교

누가 얼마나 빨리 스탈린 체제를 벗어났느냐 하는 시점은 그 후 그 체제를 탈출한 사람들의 운명을 갈라놓았다. 김창룡이 소련군에 붙잡혀 죽음의 문턱을 오르내리던 시기 정일권, 백선엽, 강문봉 등은 이미 서울에 도착해 있었다. 서울에 도착한 몇 개월의 차이가 그들의 노선을 달리 걷게 했다.

군사영어학교가 설립된 1945년 12월 5일이 그 분수령이 됐다. 남한에 진주한 미군은 통역을 담당할 인적자원을 양성하기 위해 군사 경력자 대상으로 이 학교를 세웠다. 교육내용은 중대, 대대 같은 단위부대 이름과 작전 및 훈련용어, 간단한 일상 생활용어를 가르쳤다.

일제 강점기 준사관 이상의 군사 경력과 중학교 이상의 학력을 지닌 군사 경력자로 제한했기 때문에 군사훈련 같은 과정은 거의 생략되었다.

설립목적은 통역장교의 배출이었으나 이 학교 출신들이 정부수립 시기 군을 창설하는 주역으로 부상함으로써 창군 세력의 모태가 됐다. 이 학교가 세워지기 전 월남한 청년들은 대부분 이 학교를 거쳐 군의 간부로 성장하게 된다. 정일권, 강문봉, 이형근, 이후락 등이 모두 군사영어학교 출신들이다. 백선엽, 김백일, 최남근 등도 20여 일간 교육받고 부위(지금의 중위)로 임관했다.

이 학교는 1946년 4월 30일 폐교되었는데 총 200명이 입교하여 중도 퇴교자를 제외한 110명이 졸업과 함께 초급장교로 임관됐다. 임관자 110명을 일제강점기 소속 군별로 분류하면 일본군 출신 87명, 만주군 출신 21명, 중국군 출신 2명이었다.

주한미군은 처음 일본군, 만주군, 광복군 출신을 균형 있게 선발하려 했으나 광복군 주력이 1946년 6월에야 귀국함에 따라 일본군, 만주군 출신들이 대부분을 차지했다.

이들은 졸업 이후 창군의 주역으로서, 6·25전쟁을 지휘한 군간부로서 우리나라 군의 중심축을 이루게 된다. 졸업자 110명 가운데 78명이 장성으로 승진했다. 유고자를 제외하고 장성으로 승진하지 못한 자는 5명에 불과했다. 94%의 승진률이었다(한용원, 1984: 73~74).

군사영어학교가 1946년 4월 30일 문을 닫은 직후인 그해 5월 1일 태릉에 조선 경비사관학교가 설립됐다. 정식 명칭은 조선경비대훈련소(Korean Constabulary Training Center)였다. 정부수립과 함께 1948년 9월 1일 조선경비대가 대한민국 국군으로 편입되어 육군사관학교로 개칭될 때까지 6개 기수에 걸쳐 1,254명을 배출했다.

서울로의 귀국이 빨랐던 군사경력자들은 대부분 군사영어학교에 입학했으나 귀국이 늦었던 사람들은 경비사관학교에 입교했다. 김창룡은 경비사관학교 3기, 박정희는 2기로 입교했다.

제5기부터는 순수 민간인으로서 5년제 중학 졸업 이상인 자를 입교 자격으로 설정했다. 민간인에게 입교 자격이 개방됨에 따라 홀로 북에서 내려와 민생고를 해결하기 어려웠던 청년들이 많이 입교하기 시작했다. 제5기의 2/3, 제8기의 절반 등 제5기에서 제8기까지 입교생 대부분이 이북 출신이었다.

　제8기부터 교육 기간이 6개월로 늘어났으나 1-7기까지는 평균 3개월에 불과했다. 그에 따라 1기에서 8기까지 평균 연령차가 2-3세에 불과했다. 그 이전 군사영어학교 출신자들과도 4-5세에 지나지 않았다(한용원, 1984: 87). 이처럼 나이가 엇비슷한 데도 진급 차이가 큰 것이 군내 큰 갈등을 만들었다. 군사영어학교 출신은 20대에 장군이 되고 30대에 참모총장, 군사령관 등 군 수뇌부를 장악했다.

　그에 비해 경비사관학교 5기생은 전쟁 직후 대령으로 승진하여 1960년까지 7-8년간 진급이 정체되고 제8기생은 소령에서 중령으로 진급하는 데 평균 8년이 소요되는 등 진급 정체현상이 심했다. 이러한 갈등은 5·16 정변의 주요한 원인이 됐다.

김창룡의 노숙자 생활과 이등병 입대

연고자가 전혀 없는 남한에 내려온 김창룡은 서울역 앞에서 노숙자 생활에 들어갔다. 그 시기 월남한 청년들이 대부분 그랬던 것처럼 앞으로 살아갈 연명책에 골몰하며 거기서 나날을 보냈다.

서울역 앞에서 잠을 자고 용산역 앞에서 김밥을 사 먹으며 지냈다. 용산역 앞 김밥이 양도 많고 쌌기 때문에 용산역까지 걸어가 사 먹었다. 그때까지는 아직 남북이 일제 강점기 화폐를 같이 쓰고 있었기 때문에 북한에서 준비해온 돈으로 김밥을 사 먹을 수 있었다.

그러던 어느 날 거적을 쓰고 누워 있다가 기적적으로 관동군 시절의 상관 박기병을 만났다. 박기병은 관동군 헌병대에서 헌병조장으로 근무할 때 김창룡을 헌병보(군속)로 데리고 있었다.

관동군 하사관 출신인 박기병은 그때 군사영어학교장 원용덕의 부관이었다. 군사영어학교를 졸업한 그는 소위 계급장을 달고 있었다. 군사영어학교를 졸업하고 지방으로 전출되어가는 장교들을 서울역에서 전송하고 돌아가는 길이었다. 군사영어학교 폐교일이 4월 30일인 점으로 미루어 4월 말쯤으로 추정된다.

박기병은 거지나 다름없는 행색을 하고있던 김창룡을 데려가 목욕을 시키고 옷을 갈아입혔다. 김창룡은 북한을 탈출한 과정을 얘기하며 공산당을 때려잡는 것이 소원인데 어떻게 하면 좋겠느냐며 살아나갈 길을 호소했다.

그에 대해 박기병은 공산당을 때려잡으려면 군에 입대해야 하는데 장교 출신이 아니므로 우선 사병으로 입대하는 수밖에 없다는 점을 설명했다(동아일보사, 1975: 176).

박기병은 부산의 제5연대가 병력을 모집 중인 사실을 알고 원용덕에게 부탁해 입대 추천서를 하나 써주어 입대시켰다. 국방부 전사편찬위에서 발간한 책자에는 김창룡이 박진경, 노재현 등과 함께 제5연대 제1기생 사병으로 입대한 것으로 기록되어 있다(국방부 전사편찬위, 1967: 292).

그 당시 부산에서 제5연대 창설 책임을 맡고 있었던 인물이 백선엽이었다. 1946년 2월 27일 중위에 임관되자마자 5연대 창설요원으로 배치됐다. 백선엽은 먼저 부산에 내려와 200여 명의 사병을 모아놓은 미군들과 함께 점차 부대 규모를 늘려갔다.

당시 5연대는 울산, 진주, 통영 등 경남 전역을 관할했다. 그 시기 부산은 좌익노조가 드센 곳이었다. 좌익노조가 주도한 1946년 9월의 총파업도 부산 철도노조에서 시작됐다. 5연대는 군대 본연의 군사훈련보다는 좌익들이 주도하는 폭동, 데모를 진압하는 데 많은 시간을 보내고 있었다. 경찰력으로 제압하기 어려운 소요사태를 지원하는 일이었다(백선엽, 2010: 43). 경찰예비대 성격으로 출발한 창군 초기의 우리 군 모습이다.

이등병에서 장교로

　5연대에서 얼마간 복무하던 김창룡은 1946년 어느 날 전북 이리에 주둔하고 있던 제3연대의 박기병을 다시 찾아갔다. 박기병은 그때를 그해 가을로 기억했다. 박기병은 중위로 승진해 3연대 중대장으로 근무하고 있었다.

　다시 박기병을 찾아간 김창룡은 부산에서 공산당을 타도하는데 뜻을 이루지 못해 미안하다고 사죄하면서 제 3 연대에서 근무할 수 있도록 주선해줄 것을 부탁했다. 박기병의 배려로 김창룡은 다시 제3연대에 이등병으로 입대해서 정보요원으로 일했다. 한국군에서 그가 처음 맡은 정보업무였다.

　그가 연대 정보요원으로 배치되자 그의 과거를 알고 있던 좌익들은 스스로 다른 부대로 전출하기도 했다. 그 가운데는 오일균도 있었다. 훗날 김창룡이 주도한 숙군 과정에서 처형된 인물이다. 그는 김창룡이 3연대 정보요원으로 배치되자 경비사관학교로 자진 전출했다.

　이등병에 만족하지 못하던 김창룡은 얼마 있다 박기병에게 경비사관학교에 입학할 수 있도록 주선해줄 것을 호소했다. 박기병은 연대장을 설득해 사관학교 입학 추천서를 얻어주었다.

　김창룡이 사관학교 입학시험을 치를 때 다시 오일균과 만났다. 구두시험 시험관 세 명 중 한 명이었던 오일균은 김창룡을 떨어뜨리기 위해 답변하기 어려운 질문들을 골라 던지고 조금만 어물어물하면 편잔을 주었다고 한다(동아일보사, 1975: 179). 이런 난관을 뚫고 김창룡은 1947년 1월 조선경비사관학교 제3기에 입교했다.

서울역 앞에서 우연히 만나 사병을 거쳐 사관학교에 입교시키기까지 박기병에게 많은 신세를 졌다. 박기병 소위가 처음 김창룡을 알게된 것은 관동군 시절이었고 그로부터 9년 만에 서울역에서 다시 만나 김창룡의 앞길을 인도해준 것이다.

1917년 서울에서 태어난 박기병은 일본 육군에 특별 지원하여 전쟁이 끝날 때 준위 계급장을 달고 있었다. 태백산지구 전투사령관, 제2사단장 등을 역임하다 1961년 예편했다.

김창룡은 그의 수기에서 부산 5연대 시절의 이등병 생활은 기록하지 않고 이리 3연대에서 이등병 생활을 시작한 것으로 기록하고 있다. 서울역에서 만난 박기병이 대뜸 자기와 같이 가지 않겠냐고 말함에 따라 그의 호의에 감루하며 즉시 그를 따라 3연대로 가는 기차를 탔다고 했다.

그러나 국방부 기록에는 김창룡이 5연대에 사병으로 입대한 것으로 기록되어 있다. 이로 미루어 아마 5연대에 잠시 근무하다 장교의 꿈을 이루기 위해 박기병을 찾아갔던 것으로 보인다.

김창룡과 함께 5연대에 이등병으로 입대했던 박진경, 노재현 등도 모두 경비사관학교에 입교해 장교의 길을 걸었다. 김창룡은 그의 수기에 경비사관학교에 입교할 당시의 인상을 다음과 같이 썼다.

경비대 안에는 좌익분자들이 우글거렸습니다. 이것을 볼 때 나의 결심은 더욱 굳어졌던 것입니다. 이등병으로 근무하다가 나는 1947년 경비사관학교 제3기생으로 입교하였습니다. 경비사관학교 속에도 좌익이 우글대는 것을 보았을 때 나의 타공(打共)의 피는 끓었습니다. 생도대장이 공산주의자였으니까 말입니다. 오일균 대위가 바로 그였습니다. 뿐만 아니라 교수부장 조병건 소령, 중대장 김학림 소령 등도 모두 다가 공산당원이라는 것을 알았으며 수많은 푸락치가 군대 속에 있다는 사실을 알아냈습니다(박성환, 1965: 152).

공산국가를 꿈꾸는 자들의 피난처

김창룡이 목격했던 것처럼 당시 군에는 좌익성향의 군인들이 많았다. 그들이 군에 들어갈 수 있었던 데는 미군정의 모병 방식에 있었다. 미군정은 군인들을 뽑으며 사상을 검증하는 절차를 밟지 않았다.

그 이유에 대해 경비대 창설을 주도했던 하우스만(James H. Hausaman)은 미군정이 공산주의 처리에 명확한 방침을 가지고 있지 않았던 점, 전문인력의 부족으로 공산주의자를 가려낼 방법이 없었던 점 등을 들고 있다(짐 하우스만/정일화, 1995: 157).

미군정은 정교한 사상검증이 어려운 현실을 감안, 선서의 방법을 사용했다. 그 당시 국방경비대에 입대하는 모든 사람은 '미군정 당국 및 장차 수립될 정부에 충성을 다하겠다.'라는 내용의 선서를 했다.

이 선서라는 의식만 거치면 좌익이든 우익이든 과거 경력을 불문하고 충성스러운 군인으로 간주했다. 이 때문에 당시 경찰에 쫓기고 있던 좌익 성향 인물들이 군을 도피처로 삼아 입대했다. 그에 따라 좌우대결이 노골화될 때 경찰은 늘 군을 '빨갱이 소굴'이라고 비난했다.

창군 당시 군이 제대로 자리를 잡지 못한 데는 태생적 한계도 있었다. 조선경비대는 처음 군으로서 육성된 것이 아니라 경찰을 지원하는 예비대(police constabulary)로서 출발했다. 경찰 지원이 주임무였다.

미군정은 처음 미 국방부에 군의 창설을 건의했으나 묵살 당했다.

당시 미국은 2차 대전이 끝남에 따라 국방 규모를 대폭 줄여나가는 단계에 있었다. 그러한 상황에서 한반도에 군을 창설할 예산을 지원받기는 어려웠다. 소련이 북한에 위성정권을 수립하고 군을 창설하는 등 그 세력을 확대해 나간 것과는 대조적인 행보였다. 이러한 허점을 이용, 좌익들은 군으로 숨어들었다.

스탈린의 좌익 정당 통합 지령

　김창룡이 남한에 내려와 공산당을 때려잡겠다며 이등병 생활을 하고 있을 때 남한의 공산당은 미군정에 정면 대응하는 새로운 전술로 활동노선을 전환했다.

　이른바 박헌영의 신전술이다. 테러에는 테러로, 피에는 피로 보복하겠다며 폭력 대응을 천명했다. 1946년 5월의 조선정판사 위조지폐 사건을 시발로 시작된 좌익의 난동은 조선노동조합전국평의회(전평)가 주도한 9월의 총파업, 10월의 영남지역 소요 등으로 이어졌다.

　해방정국에서 좌와 우의 구분이 정착된 것은 모스크바 삼상회의(1945.12.28)에서 결정된 신탁 문제를 둘러싸고 민족진영과 공산세력으로 나눠지면서부터이다. 그 이전까지만 해도 '민족 대 반민족'이라는 정치적 대립구도가 보다 주요한 기준이었고 미군정 내에서는 '급진주의자 대 보수주의자(민주주의자)'의 구분법이 일반적이었다. 1946년 초의 반탁-찬탁운동을 거치면서 좌우 대립은 '찬탁=친소=공산주의자, 반탁=반소=민주주의자'라는 등식이 성립됐다. 그 후 모스크바 삼상회의 이행문제를 협상하기 위해 1946년 3월 20일 서울에서 시작된 제1차 미소공동위원회가 아무런 성과도 없이 그 해 5월 8일 무기 휴회된 이후 좌익의 폭력성이 노골화되기 시작했다.

　제1차 미소공동위원회가 휴회된 후 2여개월 뒤인 1946년 7월 초

스탈린이 김일성과 박헌영을 모스크바로 불러 지도자로서의 자질을 면접하던 그 날. 스탈린은 한국 현대사에 큰 영향을 미치는 또 하나의 중요한 지시를 내리게 된다.

김일성에게 북조선 공산당과 조선신민당의 합당을 지시했다. "단일한 혁명적 정당이 없이는 북조선에서의 사회주의 건설에 대해 아무것도 생각할 수 없다."라는 이유였다(김학준, 2008: 344).

이 지시에 따라 북한에서는 양당의 합당이 급속히 추진됐다. 1946년 8월 7일 두 당은 합당준비위원회를 구성하고 그해 8월 28일부터 30일까지 양당 합당의 새로운 이름인 북조선노동당을 창립하는 대회를 열었다. 스탈린의 지시를 이행하기 위한 전광석화와 같은 조치였다.

그 시기 남측에서는 박헌영이 주도하는 조선공산당, 여운형의 조선인민당, 백남운의 남조선신민당 등 3개 좌익 정당이 활동하고 있었다. 북쪽의 정당들이 재빨리 북로당으로 통합된 후 남쪽의 좌익 정당들도 통합작업을 서둘렀다.

박헌영이 스탈린을 만나고 서울로 돌아온 직후인 1946년 7월 12일 여운형에게 갑자기 좌익 3당 통합문제를 통보하면서 시작됐다. 이로 미루어 스탈린이 김일성에게 북쪽 공산당의 통합을 지령한 날 박헌영에게도 남쪽 공산당의 통합을 지령한 것으로 보인다. 이 소식을 들은 여운형도 7월 말 소군정의 진의를 파악할 목적으로 평양을 방문했다.

박헌영을 반대하는 세력의 사회노동당(사로당) 창당과 해체 등 분열과 대립을 거듭하던 통합작업은 1946년 11월 23일 서울 종로구 견지동의 시천교당에서 남조선 노동당(남로당) 결당대회를 여는 것으로 완료됐다. 남로당 결성 직후 스티코프는 평양의 로마넨코 군정 사령관에게 '성공적으로, 그러나 어렵게 성취된 합당 사업에 대해 박헌영에게 축하할 것'이라는 지령을 내렸다(《중앙일보》, 1995. 5. 16.).

남쪽 좌익 3당의 합당은 연해주 군관구 정치위원 스티코프가 시종일관 지휘했다. 스티코프는 3당 합당의 세세한 사항까지 지시했고 합당이 지연되자 이를 방해한 좌익인사를 호출하여 질책하는 등 3당 합당을 실질적으로 총괄했다.

이 같은 사실은 스티코프의 장남이 1995년 중앙일보 현대사연구소에 기증한 일기형식의 스티코프 비망록 1-2권을 통해 밝혀졌다. 그 이전까지 남쪽 좌익 3당의 합당에 대해서는 북로당 결성에 영향을 받은 남한 좌익계 정당의 자발적 움직임이라는 것이 통설이었고 소련이 배후에 관여했을 것이라는 추정만 있었다.

스티코프 비망록에 따르면 1946년 9월 10일 스티코프는 김두봉을 호출, 남한 3당 합당 문제 및 지원대책에 대해 의견을 교환했고 9월 19일에는 모스크바로 보낼 '남조선 좌익 3당의 남조선 노동당으로의 합당진행상황' 보고서를 직접 작성했다(《중앙일보》, 1995. 5. 11.).

1946년 9월 24일 자 스티코프 비망록에는 '스탈린 동지 앞으로 암호 전문을 보내 여운형에게 어떠한 답변을 주어야 하는지에 대한 지령을 요청했다.'라고 쓰여 있다. 당시 좌익 지도자들이 스탈린의 지시 아래 움직이고 있었다는 사실을 보여주는 증거이다. 9월 23일부터 30일까지 여운형은 평양을 방문하고 있었다(《중앙일보》, 1995. 5. 11.). 좌익노조의 철도파업으로 남한이 대혼돈에 빠져드는 시기 여운형은 평양에 있었다.

조선정판사 위조지폐 사건

박헌영이 스탈린을 만나러 가기 위해 비밀리 방북하기 직전 남한에서는 좌파 세력을 궁지로 몰아넣는 사건이 일어났다. 조선정판사 위조지폐사건이다. 조선공산당이 당 자금을 조달하고 남한의 경제를 교란시킬 목적으로 치밀하게 준비한 사건이었다. 그 당시까지 남북은 아직 별도의 화폐를 쓰지 않고 일제 때 통용되던 조선은행권을 쓰고 있었다.

김창룡이 서울에 도착해 며칠 지난 1946년 5월 15일 미군정청은 그 사건의 개요를 발표했다. "조선공산당 총무부장 겸 재정부장 이관술과 중앙집행위원장 겸 기관지 '해방일보' 사장 권오직 등이 조선정판사에 지폐의 원판이 있음에 착안하여 조선정판사에 근무하는 조선공산당원들로 하여금 1,100만 원에 해당하는 조선은행권을 만들어 당내 자금으로 쓴 증거를 잡아 그 관련자들을 5월 4-5일에 이미 검거하고 수사 범위를 넓혀갈 것"이라는 것이 요지였다.

미군정은 5월 18일 자로 조선공산당 본부를 압수수색하고 해방일보를 정간시키는 한편 조선정판사도 폐쇄했다. 얼마 지나지 않아 서울 주재 소련 총영사관 철수 문제가 생겼다. 소군정은 평양에 미국의 총영사관을 개설하겠다는 미군정의 요청을 거부해오다 6월 24일 서울 소련총영사관 직원 철수를 발표했다.

1946년 7월 2일 샤브신 부영사 일행은 북으로 넘어갔다(김학준, 1996: 152). 평양으로 넘어간 샤브신은 KGB 북한지부 책임자였던 발라사노프 밑에서 부영사로 일하며 1947년 5월 하순 서울에서 열린 2차 미소공위에 소련 대표단 일원으로 참가하는 등 한반도 문제에 계속 개입하다 1960년대 초 하얼빈 주재 소련 총영사관 총영사로 전근했다.

스탈린을 비밀리 만나고 다시 서울로 돌아온 박헌영은 1946년 7월 24일 기자회견을 가졌다. 이 자리에서 박헌영은 조선공산당 위폐사건은 미군정의 조작이라는 입장을 되풀이했다.

수사가 마무리되고 재판이 처음 열리던 7월 29일. 이날 새벽부터 정동 일대와 법원 청사 주변에는 공산당이 동원한 수천 명의 시민과 당의 행동대원으로 꽉찼다. 청년 당원들은 군중 속에 파고들어 항쟁가와 만세를 외치며 기세를 올리는가 하면 일부 극렬분자는 법정 내외에서 소란을 피웠다.

폭동 사태는 결국 경찰의 발포로 폭도 한 사람이 사망하고 50여 명의 난동자가 검거되는 사태를 빚었다. 공산당의 방해로 난관을 거듭하던 재판은 그해 11월 28일 선고공판에서 이관술 등 주모자에게 무기징역을 선고함으로써 종료됐다.

이 사건은 어느 미장이의 제보에서 단서가 잡혔다. 서울 중부경찰서 벽에 페인트칠을 하던 미장이 박순석은 이를 옆에서 지켜보던 형사부장에게 "시중에 지폐원판이 나돌고 있다."라며 자기도 어떤 사람에게 원판 살 돈을 꾸어주었는데 돈을 돌려주지 않는 걸 보니 아무래도 착취를 당한 것 같으니 돈을 찾아달라고 했다. 이 말을 들은 형사부장은 반신반의하다가 수사주임에게 보고했다.

보고를 받은 수사주임은 요즘 그런 소문이 나돌고 있으니 잘 확인해서 성과를 올려보라고 격려했다. 용기를 얻은 형사부장은 박순석의 말을 근거로 탐문수사에 나서 지폐원판인 징크판을 가지고 있던 사람을 찾아내고 이 사람을 추궁한 끝에 조선정판사 인쇄 기술자 김창선의 부탁을 받아 보관하고 있었다는 자백을 받아냈다.

곧이어 체포한 김창선을 수사한 끝에 공산당 지령에 따라 백 원권 지폐를 다량 인쇄, 공산당에 제공한 사실을 알아냈다(조선일보사, 1982: 248). "천하의 어려운 일은 반드시 쉬운 것에서 시작되고 천하의 큰일도 반드시 미세한 일에서 시작된다."라는 노자의 말이 실감 나는 대목이다. 어느 미장이의 제보 하나가 공산당의 실체를 벗기는 단서가 됐다.

원래 조선정판사는 일제 강점기 인쇄소 건물이었다. 그런데 여기서 조선은행권이 인쇄되고 있었고 해방 후에도 계속 지폐가 인쇄되고 있는 사실을 안 공산당이 재빨리 이 건물을 접수하여 조선정판사라는 간판을 내걸었던 것이다.

스티코프의 총파업 지령

역사는 사료에 의해서 늘 다시 평가받게 된다. 1946년 9월 좌익계 노조인 조선노동조합 전국평의회(약칭: 전평)가 주도한 총파업 역시 냉전이 종식된 후 구소련의 자료들이 발굴되면서 재조명되었다. 전평은 조선공산당 산하 노조였다.

1946년 9월 23일 자정 부산 철도 근로자 7천여 명이 일급제(日給制) 반대 등을 요구하며 파업에 들어갔다. 당시 경부선은 미국에서 지원되는 물자가 수송되는 국가 기간산업이었다. 부산 철도 근로자들이 파업에 들어간 다음 날 서울을 비롯한 전국의 철도 종업원 4만여 명, 출판노조, 전선노조 등 전평 산하 노조들이 모두 파업에 들어갔다.

구소련 측 자료가 발굴되기 전까지 이 총파업은 조선공산당의 단독행동이라는 것이 통설이었다. 그러나 1995년 발견된 스티코프 비망록은 이 파업에 소련이 직접 개입한 사실을 보여준다.

1946년 9월 9일 자 비망록을 보면 박헌영이 스티코프에게 '당이 사회단체들을 어떻게 지도해야 하는지'를 문의하고 있다. 미군정이 박헌영에 대해 체포령을 내린 9월 7일 직후였다. 미군정의 공산당에 대한 불법조치가 강화되자 스티코프에게 지침을 요구한 것으로 보인다.

스티코프는 박헌영의 문의에 대해 9월 11일 '테러와 압제에 반대하는 항의집회를 조직할 것'이라고 써 놓았다. 전평 지도부가 총파업을 논의하기 위한 회의를 9월 10일 소집한 것으로 미루어 9월 9일 박헌영의 문의에 대해 곧바로 파업 지시를 내리고 9월 11일 그의 비망록에 지시 사실을 메모한 것으로 보인다.

파업이 진행 중이던 9월 28일에는 북한 주재 소군정 사령관 로마넨코가 총파업 지원비로 5백만 엔의 자금지원을 요청하자 2백만 엔을 지원하도록 지시한 사실을 기록해 놓았다(《중앙일보》, 1995.5.9.).

전평은 처음 1946년 7월 박헌영의 신전술에 따라 10월에 파업을 벌일 예정이었다. 농민들의 추수기에 맞추어 노동자와 농민을 결합시킨 동맹파업을 일으키려 했다. 그러나 9월 6일 인민보, 현대일보 등 좌익계 3개 신문이 포고령 위반으로 정간 조치되고 9월 7일 박헌영 체포령이 하달되는 등 미군정의 공산당 불법화 조치가 가속되자 스티코프가 박헌영에게 파업을 앞당기도록 지령한 것이다.

★

전평 총파업의 첫 단추를 누른 백남억

9월 총파업과 관련해서 훗날 드러난 새로운 사실 하나는 3공화국 시절 실세였던 백남억 공화당 의원이 이 사건에 직접 관련되어있다는 증언이다. 대구 매일신문 기자를 역임했던 정영진은 1990년 '폭풍의 10월'이란 책자를 발간했다.

이 책자에서 정영진은 부산 철도 근로자들이 파업을 시작할 때 부산 철도노조의 최고위 간부 중 한 사람이 백남억이였다고 주장했다. 백남억은 파업 후 경찰에 쫓기는 몸이 되어 대구로 피신, 장인인 한민당 대구시당 간부 박노익(박준규 전 국회의장의 아버지)의 집에 몸을 숨겼다. 그 후 장인 집에 살며 영남대학교 전신인 옛 대구대학에서 법학을 강의하며 법학자로서 명성을 얻게 된다(정영진, 1990: 298).

백남억은 경북 김천 출신으로 파업 당시 32세였으며 1939년 일본 규슈대학 법문학부를 졸업한 직후부터 조선총독부 철도국 직원으로 일하고 있었다. 시골 역장으로 일하다 해방을 맞은 그는 부산 철도국 운수과장으로 옮겨 일하고 있었다. 그가 3공 시절 공화당 정책위 의장, 공화당 실세 4인 체제의 멤버 등 여당의 거물로 성장한 이력과는 대조되는 경력이다.

그가 대구대학에 머무르다 3공화국에 참여하게 된 것은 5·16 정변 주체세력이었던 이석제 전 감사원장과의 인연 때문이었다. 이석제는

1953년 초 대구에 있던 육군본부 인사참모부 기획과장으로 재직하면서 대구대학 법대에 다녔다. 그 당시 대구대 법대에는 백남억이 형법, 신현확이 헌법, 이재철이 민법을 강의하고 있었다.

이석제는 이때 자기와의 인연으로 백남억, 신현확, 이재철 등이 공화당에 입당하거나 정부에 참여했다고 자신의 회고록에서 밝혔다(이석제, 1995: 63).

오늘날처럼 치안과 행정, 정보통신이 발달하지 않았던 때라 백남억의 신분 세탁이 가능했던 것으로 보인다. 반공을 국시의 제일의로 표방했던 정변 주체세력이 백남억의 과거를 제대로 알았다면 그를 새 정부에 가담시키기는 어려웠을 것이다.

영남폭동 전말

부산에서 촉발된 파업이 잦아들 무렵 대구에서 새로운 사태가 일어났다. 근로자들의 파업에 시민들까지 가세, 경찰서를 습격하고 경찰을 잔혹하게 죽이는 양상으로 변질됐다.

시민들을 자극한 요인은 식량의 부족이었다. 경부선 파업으로 쌀의 수송이 원활하지 못해 식량난이 일어났다. 좌익이 이러한 시민 불만을 자극했다.

10월 1일 오전 대구 부녀동맹원 소속 부녀자 일천여 명이 대구시청으로 몰려와 "쌀을 주소.", "배고파 죽겠소."라며 고함을 지르기 시작했다. 근로자들의 파업이 부녀자층으로까지 번져나가는 소요 양상을 보이기 시작했다.

여기에다 기름을 부은 것이 대구의대 학생들이었다. 10월 1일 오후 대구 역전에서 경찰이 시위대에 발포하는 사고가 생겼다. 이 과정에서 근로자 한 명이 죽었다는 소문이 퍼졌다. 그러나 그 죽은 자의 신원은 물론 시신을 본 사람은 아무도 없었다.

그런데 그 이튿날인 10월 2일 흰 가운을 입은 대구의대 좌파 학생들은 어제 죽은 자의 시신이라며 흰 시트로 덮어 그 모습을 알 수 없는 시신 하나를 들것에 매고 시내를 휘저었다. 이에 격앙된 중학생, 대학생, 부녀자 등 시민 수만 명이 단숨에 대구경찰서 앞으로 몰려들었다. 현장에서는 '왜놈의 앞잡이들이 이제 애국시민을 죽였다.'라는 선동 연설이 계속됐다.

그 와중에 대구역 앞에 모인 군중들에게 경찰이 다시 사격을 가하는 일이 벌어졌다. 이 소식이 대구경찰서 앞에 몰려든 군중들에게 전파되면서 대구경찰서가 군중들에게 점령당했다.

대구경찰서가 손쉽게 점거된 데는 경찰 지휘부의 무장해제 명령이 발단이 됐다. 무장해제 명령을 누가 내렸는지는 아직 모호한 상태다. 군중이 흥분해있는 상태에서 무장해제 명령이 내려지자 대구 전역의 경찰관 사이에 순식간에 공포 분위기가 팽배해졌다. 곳곳에서 경찰관들이 사복으로 갈아입고 도망쳤다. 이때부터 대구를 비롯한 영천, 칠곡, 성주 등 경북 전역으로 폭동 사태가 번져갔다.

영천군에서는 시위군중들이 경찰서를 점령하고 경찰서장과 15명의 경관을 살해했다. 칠곡군에서는 경찰을 기둥에 붙들어 맨 다음, 낫과 도끼로 전신을 참살하는 끔찍한 만행을 저질렀다. 특히, 경찰서장은 머리로부터 밑으로 절반을 찢어 죽였다고 당시 지역 일간지였던 대구시보(1946년 10월 13일 자)는 보도하고 있다(정영진, 1990: 386).

11월 중순까지 경북 전역은 물론 경남과 강원, 전남으로까지 확산된 폭동 사태는 미군정이 계엄령을 선포하고 외부에서 투입된 경찰의 무력 진압으로 진정됐다. 이 사태에 대해 좌파에서는 '10월 인민항쟁', 우익에서는 '10.1 대구사태', '영남폭동', '10월 소요사태' 등으로 불러왔다.

그러면 이 당시 김일성, 박헌영 등 좌파 인물을 배후에서 조종하고 있던 스티코프는 이 사태를 어떻게 보고 있었을까?

9월 28일 자 기록에서 스티코프는 남쪽 공산당에 대한 지령을 다음과 같이 기록해 놓았다. '남조선 파업투쟁에 대해 다음과 같이 지시했다. 경제적인 재요구, 임금인상, 체포된 좌익활동가들의 석방, 미군정에 의해 폐간된 좌익신문들의 복간, 공산당 지도자들에 대한 체포령 철회 등의 요구가 완전히 받아들여질 때까지 파업 투쟁을 계속할 것. 이 요구가 충족될 때 파업 투쟁을 중지할 것.' 실제 그 당시 파업현장에서는 이러한 요구들이 그대로 제시되고 있었다.

스티코프는 박헌영이 미군정의 체포령을 피해 월북하는 과정도 기록해 놓았다. '1946년 10월 6일 박헌영이 남한을 탈출해 북한에 도착했다. 박헌영은 9월 29일부터 산악을 헤매며 방황했는데, 그를 관에 넣어 옮겼다. 박헌영이 휴식을 취하도록 지시했다(46년 10월 7일).'

경북지역 소요가 미군정과 경찰, 우익단체들의 진압 노력으로 진정되어갈 즈음에는 남측의 공산당이 스티코프에게 산으로 들어간 좌익들의 빨치산 투쟁에 대해 지침을 내려줄 것을 요청하고 있다.

'조선공산당 중앙위원 조두원은 향후투쟁을 어떻게 전개해야 할지 문의하고 있다. 그에 따르면 빨치산부대들이 존재하고 있으며, 반동진영과 민주진영 사이에 전투가 전개되고 있다. 그는 빨치산 투쟁을 본격적으로 개시해야 할지 혹은 자제해야 할지를 문의하고 있다. 박헌영. 파업투쟁은 폭동으로 성장 전화했다. 산으로 들어간 사람들은 식량과 탄약이 부족하다. 그들의 향후 투쟁방침에 대한 교시를 내려줄 것을 요청하고 있다.'(《중앙일보》, 1995. 5. 9)

영남폭동 주동자 김성곤

영남 폭동사태를 유발시킨 결정적 요인은 대구의대 학생들의 시체 시위였다. 들것에 실린 시신을 본 시민들이 군중심리를 일으키며 흥분했다. 그러나 시위에 쓰인 시신의 실체에 대해서는 무수한 추측만 낳았다. 들것에 실린 시신을 흰 천으로 계속 덮어놨기 때문에 그 시신의 얼굴을 본 사람이 없었다.

그런데 그 시신의 정체에 대해 조금 더 진실에 가까운 사실을 목격한 사람이 1994년 나타났다. 당시 대구사범 학생으로 폭동에 가담했다가 경찰에 쫓겨 북으로 넘어가 살다 탈북한 김계철이란 인물이다.

그의 증언에 의하면 1946년 9월 하순 한 좌익 선배가 김계철에게 쪽지를 봉투에 넣어 주면서 대구의대 학생 대표에게 갖다주라고 했다. 김계철은 봉투를 들고 가다가 쪽지를 펴보았다. '시체 네 구를 준비하라.'라고 쓰여 있었다.

쪽지를 전달받은 학생대표는 그 쪽지를 읽어보더니 옆에 있는 학생에게 "되는가." 하고 물었다. 그 학생이 김계철을 데리고 해부실로 가더니 약물에 담겨있는 시체와 붕대에 감겨있는 송장들을 보여주면서 '본 대로 전하라.'라고 했다(조갑제, 2006: 303).

이로 미루어 대구 의대 학생들이 시위에 써먹은 시신은 경찰의 총에 맞아 죽은 사람이라고 소문난 시신이 아니라 대구의대 해부실에 있던 시신일 가능성이 높다.

이 시기에 대한 또 하나의 충격적인 증언은 쌍용그룹 창업자 김성곤이 그 시기 대구에서 활동하던 좌익간부였다는 사실이다. 경북 달성 출신으로 고려대 전신인 보성전문 상과를 졸업한 김성곤은 1960년대 후반 백남억, 김진만, 길재호 등과 4인 체제를 구축해 공화당을 좌지우지하며 박정희에 반기를 들다 몰락한 인물이다.

김성곤의 좌익경력에 대해서는 김형욱 전 중앙정보부장이 자신의 회고록에서 처음 밝혔다. 1963년 7월 제4대 중앙정보부장에 취임한 김형욱은 당시 치안국 기록실에 보관되어 있던 김성곤 신분카드를 중심으로 김성곤의 좌파행적을 회고록에 남겼다.

치안국 기록에는 김성곤이 1936년 보성전문을 졸업하고 대구지방을 무대로 황태성, 박상희 등과 공산주의 운동을 하면서 대구 남로당 재정부장을 역임하던 중 영남 폭동을 주동한 것으로 존안되어 있었다.

그러면서 김형욱은 김성곤의 신분카드가 김종필이 중앙정보부장으로 재직하던 기간에 중앙정보부 요청으로 중앙정보부에 이관되었으나 중앙정보부 기록실에 김성곤 카드가 비치되어 있지 않았다고 강한 의혹을 제기하며 누군가에 의해 고의로 실종된 것으로 추정했다. 그러면서 다행히 치안국 관계자가 김성곤 카드를 마이크로 필름에 복사해 두었기 때문에 그 행적을 알수 있었다고 썼다(김형욱·박사월, 1985: 29~31).

김형욱이 제기한 의혹은 30년이 지난 후 김종필이 중앙일보와의 인터뷰에서 그 과정을 자세히 밝힘으로써 해명됐다. 김종필의 증언에 따르면 5.16 직후 중앙정보부장실로 김종필을 찾아온 김성곤은 치안국 기록실에 보관돼있는 자신의 좌익 경력을 말소해달라고 요청하며 기록을 말소해줄 경우 박정희에게 충성을 다하겠다고 약속했다.

당시 김성곤은 금성방직과 동양통신사를 운영하는 재력가로 성장해 있었다. 김성곤의 요청을 받아들여 김종필은 치안국의 김성곤 기록카드를 중앙정보부로 가져와 파기했다. 종이로 작성된 서류는 자신이 없앴지만 원형은 마이크로 필름 상태로 치안국에 남겨두었고 김성곤은 그 사실을 몰랐을 것이라고 증언했다(《중앙일보》, 2015.6.1.).

3장

김창룡의 대공수사권 장악

제1연대 정보소대장

김창룡이 3개월 과정의 조선경비사관학교 제3기를 졸업한 날짜는 1947년 4월 19일이었다. 남한의 좌파정당이 남조선노동당으로 통합된 1946년 11월로부터 5개월여 지난 시기이다. 이 시기는 북의 북로당, 남의 남로당으로 좌파 세력이 뭉쳐 좌우대립 전선이 완성되던 시점이다.

김창룡은 사관학교를 졸업한 후 실무부대에 배치되는 과정에서도 박기병의 도움을 받았다. 간부 교육훈련을 받기 위해 경비사관학교에 머물던 박기병은 가끔 교육생 김창룡을 만나기도 하면서 태릉에 함께 주둔해있던 제1연대의 이정일(뒷날 이성가로 개명) 연대장에게 김창룡이 유능한 정보장교로 성장할 수 있는 인물이라고 소개했다.

이성가 연대장도 그 당시 군에 잠입해있는 남로당 프락치들을 색출하는 문제에 고심하고 있었다. 이성가는 중국군 출신의 독립운동가 후손이었다. 1922년 만주 통화에서 태어난 이성가는 중국 남경군관학교를 졸업한 후 중국 왕정위 군대에 들어갔다. 독립운동가로 독립군 양성에 크게 공헌한 부친 이관석 장군의 유언에 따른 길이었다.

그 후 그는 중국군 소령으로 진급했고, 해방 무렵에는 중국정보기관인 남의사에 들어가 정보요원으로 활동하기도 했다. 그가 1연대장 초기 정보소대를 시급히 만든 것도 남의사에서의 활동 경험이 큰 영향을 미쳤다.

지하에서 움직이는 공산당의 비밀활동 기법을 잘 알고 있었기 때문에 거기에 맞대응할 수 있는 조직과 인물의 필요성을 다른 누구보다 절실히 인식하고 있었다. 새롭게 시작되는 이념전쟁의 성격을 이해하고 있었던 것이다.

이성가의 이데올로기 투쟁에 대한 선각자적 인식, 박기병의 권유 등에 힘입어 김창룡은 졸업 직후 제1연대에 배속됐다. 이성가 연대장은 김창룡 소위에게 군내에 침투한 남로당 세포들을 색출하는 업무를 전담하는 정보소대를 창설하도록 지시했다.

창설 당시 정보소대 인원은 20명에 불과했으나 얼마 지나지 않아 40명으로 늘어났다. 소대원들은 대부분 과거 군대에서 정보훈련을 받았거나 경찰에서 사찰 업무에 경험이 있는 사람들이었다.

김창룡 소위가 소대원들을 직접 선발했다. 이때 뽑힌 몇몇 소대원들은 김창룡 소위가 뒷날 특무대장으로 일할 때도 그의 심복으로 일했다. 제1연대 정보소대장이 김창룡이 남한으로 내려와 정보계통에서 처음 맡은 책임자 자리였다.

임관되자마자 정보 분야의 책임 있는 자리를 맡게 된 김창룡은 그 당시의 심경을 비밀수기에 감격스럽게 기록해 놨다. "하늘이 도와 나는 이곳에 배치되었다. 이 얼마나 이곳에 배치되기를 원하였던가. 나는 이제야 나의 하늘이 준 사명 즉 타공(打共)에 나의 전 생애를 바치게 되는구나."(박성환, 1965: 189).

김창룡 소위에게 부여된 첫 임무는 연대 내의 좌익분자 실태를 파악하여 보고하는 것이었다. 2개월여 지난 후 보고를 받은 이성가는

'김창룡의 보고내용이 자기가 내심 짐작하고 있었던 것과 비슷했었으며 김창룡은 과연 정보에 뛰어난 자질을 가진 사람이라고 생각했었다.'라고 회고했다(동아일보사, 1975: 180~181).

정보소대장 김창룡이 처리한 여러 사건 가운데서도 그의 존재감을 더욱 부각시킨 것은 태릉의 군사시설을 염탐하던 소련군 장교와 하사관 3명을 추방한 사건이었다.

제2차 미소 공동위원회가 열리던 1947년 5월 21일 김창룡은 소련 군인들이 태릉의 경비사관학교와 제1연대 일대를 사진 촬영하고 있는 움직임을 포착했다. 그는 곧바로 연대장, 육본 정보국장을 거쳐 총사령관 송호성에게 이 사실을 보고하고 체포하겠다는 처리 방침을 밝혔다.

그러나 보고를 받은 송호성은 제2차 미소공동위원회가 열리고 있는 시국을 의식해 "지금이 어느 때라고 소련군에게 손을 대겠다는 건가? 당장 계획을 중지하라."라고 호통쳤다.

하지만 김창룡은 소대원들에게 자기가 모든 책임을 지겠다며 소대원들을 데리고 가 총사령관 지시를 어기고 달아나는 소련 군인들을 추격했다. 오랜 추격 끝에 소련군의 사진기를 빼앗은 김창룡은 주한미군과 함께 사진을 현상해보니 경비사관학교 및 제1연대의 군사시설, 훈련광경들이 세밀하게 촬영되어 있었다.

주한미군 방첩대는 이 같은 소련군의 스파이 행위를 주한미군 사령관에게 보고하고 미국 측이 이 문제를 미소공동위원회에서 항의, 염탐했던 소련군 3명을 추방했다. 이 공로로 김창룡은 미군 방첩대로부터 표창장을 받았다. 김창룡의 정보소대가 첫 번째로 거둔 성과였다.

1947년 8월 15일 8·15 기념행사를 앞두고는 남로당의 사주를 받아 제1연대원들이 마시는 물에 독약을 집어넣으려는 음모를 꾸미던 사병을 체포하기도 했다.

대한민국 최초 국가정보기구의 창설과 해산

1948년 8월 15일 대한민국 정부가 수립됐다. 정부수립을 앞두고 미군정을 지원하던 정보기구였던 미 방첩대의 기능을 인수받기 위한 협의도 진행됐다.

이 인수과정에 대해서는 1951년 7월 7일 미 극동군 총사령부 군사정보과에서 미국 방첩대 본부에 보고한 「한국 CIC의 조직과 기능」이라는 보고서에 '한국 CIC 초기의 역사'라는 문건이 첨부되어 있는데, 여기에 자세히 기록되어 있다.

이 문건은 미 육군 정보센터에서 1959년 3월 발간한 「CIC 역사-한국점령기 CIC」에도 첨부되어 있다. 이 문건에 대한민국 최초 국가정보기구였던 대한관찰부가 창설되는 과정이 기록되어 있다. 이 문건을 보면 이승만과 미군정은 1948년 7월부터 미 방첩대 기능을 인수하는 문제를 협의하기 시작했다.

이승만 대통령과 24군단 정보참모부의 와팅턴(Thomas Wattington) 대령, 경찰 고문 에릭슨(H. G. Erickson) 중령은 여러 번 회의를 갖고 971 방첩대를 모델로 삼아 그 기능을 승계하는 한국 정보조직을 설립하기로 결정했다.

그리고 신설되는 한국 정보조직은 순수한 민간기구로 설립하기로 합의했다. 이승만 대통령이 순수한 민간인 기구로 정보조직을 만들어야 한다고 고집해서 민간인 기구로 만들기로 합의됐다. 당시 인수인계팀이 합의한 사항은 네 가지였다.

첫째, 새로 설립되는 민간 정보조직의 명칭은 대한관찰부(Korean Research Bureau)라고 정한다. 둘째, 1948-1949 회계연도 예산은 총 2억 3백만 원으로 책정한다. 셋째, 조직 정원은 본부 61명, 서울 60명, 부산·대구 각 20명, 기타 지방근무자 154명 등 총 315명으로 정한다 (정주진, 2019: 118).

넷째, 971 방첩대 본부는 각 지역 방첩대장에게 대한관찰부 직원이 미군 방첩대 임무를 인수받을 것이라는 사실을 알리는 공문을 발송한다. 971 방첩대장 명의로 보내는 공문의 주요 내용은 다음과 같다.

제목: 대한관찰부 요원 현장실습

수신: 각 지역 방첩대장

1. 971 방첩대의 임무와 권한을 인수하는 대한관찰부 요원들을 훈련시키고 있는 현재 계획에 따라 구체적 시한이 정해지면 업무 인수인계가 시작된다.

2. 방첩이론과 실무분야 기초교육을 받은 한국인 요원들은 현재 우리 조직의 본부와 지역 조직을 단계적으로 인수할 것이다. 한국인 요원들의 자질을 높이기 위해 현장 실습이 1948년 9월 15일경부터 시작될 것이다.

3. 귀하와 현장 실습생이 해결하기 어려운 일은 본부에 문의하라.

4. 각 지역 방첩대장은 한국인 관련 각종 사건들의 자료와 첩보를 현장실습생들이 유용하게 활용할 수 있도록 지원하라.

5. 인수인계 기간에 이 사람들과 성심성의껏 협력해야 한다.

이러한 합의를 이행하기 위한 후속조치들이 속속 진행됐다. 제3대 971 방첩대장 허킨스(Joseph Huckins)는 로버츠(Theodore Roberts) 소령과 폭스(Richard Fox) 대위를 업무 인계 책임자로 선임했다.

인계팀의 임무는 새로운 조직에서 일할 사람을 선발하고 조직해서, 훈련시킨 후 실무에 배치하는 것이었다. 인계팀은 한국경찰과 미 방첩대에 고용된 한국인 중에서 신규인원의 대부분을 뽑았다.

1948년 7월 중순부터 1기생 60명을 선발해서 6주간 일정으로 교육을 시작, 8월 말 1기 교육을 마쳤다. 1기생 졸업 후 곧바로 2기생 240명을 선발해서 교육했다. 2기생에 대한 교육까지 완료되자 1948년 10월 초부터 미 방첩대 사무실에 이들을 배치하여 인수인계를 시작했다.

초대 대한관찰부장에는 민정식이 임명됐다. 민정식은 미군정의 경무부 산하 수사국 범죄정보과장을 역임했던 인물이다(박성진·이상호, 2012: 81). 민정식은 부임한 지 얼마 되지 않아 비리 혐의로 해임되고 장석윤이 취임했다. 장석윤은 2차 대전 때 이승만의 추천으로 OSS에 선발되어 일하다 해방 후 귀국하여 24군단 정보참모부에서 일하고 있었다. 대한관찰부 본부에는 행정관, 공작과, 대간첩-사보타지과, 외사과, 보안과, 정치과, 보고분석과 등의 직제를 설치했다.

이처럼 대한관찰부를 출범시키기 위한 작업이 원활히 추진되고 있었으나 국회에서는 이 기관에 대한 인준을 반대했다. 이승만의 정적들을 사찰하기 위한 정보기관이라는 이유였다. 게다가 대한관찰부 요원들이 1949년 1월 수원의 청년들을 대통령 암살음모 혐의로 체포해서 고문하는 사건이 일어나 국회에서 1949년 1월 21일 대한관찰부 해산을 촉구하는 결의안을 채택했다.

이러한 반발에 따라 이승만은 1949년 1월 25일 국회에 대통령실 예산안을 제출하면서 대한관찰부 예산을 포함시켰으나 국회승인을 받지 못했다. 결국 대한관찰부는 미군정 시기 편성된 연간 예산이 만료되는 1949년 3월 이후의 예산을 확보하지 못해 1949년 3월 이후 자동 해체됐다(정병준, 1998: 165). 1948년 10월부터 1949년 2월까지 5여 개월간 짧게 존속했던 기구였다.

국회의 예산승인 거부로 1949년 3월 이후 대한관찰부의 활동이 중단되고 미 방첩대도 1949년 6월말 완전히 철수하자 미 방첩대의 기능은 한국군 방첩대로 이관됐다.

1948년 10월 대한관찰부로 인계된 미 방첩대 기능이 1949년 3월 이후 대한관찰부의 해체에 따라 다시 한국군 방첩대로 이관된 것이다.

한국군 방첩대 조직과 인물의 탄생

김창룡이 제1연대 정보소대장으로 시작하여 특무대장으로까지 성장하는 과정을 이해하기 위해서는 그가 몸담고 있었던 방첩대(CIC, Counter Intelligence Corps)라는 조직이 창설되고 확장되는 단계에 대한 이해가 필요하다.

남북분단 후 대한민국 군대가 만들어지고 그 몸집이 커가는 수순에 비례해서 김창룡의 계급도 올라가고 그 영향력도 확대되어갔기 때문이다.

오늘날 국군방첩사령부의 모체가 되는 방첩대는 1948년 5월 27일 창설된 특별조사과(SIS, Special Investigation Section)에 그 뿌리를 두고 있다. 이날 5월 27일은 조선경비대 정보처와 통위부(국방부 전신) 정보국이 통합된 날이다.

두 개의 기관이 통합과정에서 특별조사과가 신설됐다. 당시 통위부 정보국장을 맡고 있었던 백선엽은 조선경비대 정보처가 통위부 정보국에 흡수 통합되었다고 기록하고 있다(백선엽, 2010: 54). 통위부 정보국은 1948년 8월 정부수립과 함께 육군본부 정보국으로 이름이 바뀐다.

그리고 주한미군 방첩대 기록에는 특별조사과가 육군본부 정보국 제2과로 설치되었다고 기록되어 있다(김득중, 2010: 43). 이로 미루어 특별조사과는 통위부 정보국이 조선경비대 정보처를 흡수할 때 신설됐다.

통합될 당시 조선 경비대 정보처 책임자는 김안일 소령이었고 육본정보국 산하 조직으로 특별조사과가 신설된 이후에도 김안일은 특별조사과의 책임을 맡았다.

특별조사과는 그 후 특별정보대 → 방첩대 → 특무부대 → 방첩부대(1960) → 국군보안사령부(1977) → 국군기무사령부(1991) → 군사안보지원사령부(2018) → 국군방첩사령부(2022) 등 순으로 변천해왔다.

조직명	설립일	책임자	비 고
특별조사과 (Special Investigation Section, SIS)	1948.5.27.	김안일	통위부 정보국
특별정보대 (Special Intelligence Service, SIS)	1948.11.1.	김안일 김창룡	*김창룡, 1949.7.14 – 1949.9.30 재임
방첩대 (Counter Intelligence Corps, CIC)	1949.10.21.	문용채	
특무부대 (Special Operation Unit)	1950.10.21.	김형일 (초대)	육본 정보국

특별조사과의 임무는 정부 인사들에 대한 동향 파악, 남한 공산당 추적, 남한을 겨냥한 북한의 간첩활동 수사, 북한에 대한 첩보 수집, 이승만의 특별지시 등을 수행하는 것이었다. 주한미군 방첩대가 미

군정 시절 수행했던 임무를 인계받았다.

이 조직은 정부수립을 앞두고 주한미군 방첩대가 주한미군 철수 일정에 맞추어 철수할 계획을 수립함에 따라 이를 대체할 조직이 요구되는 시점에 만들어졌다.

주한미군 방첩대는 주한미군 철수계획에 따라 1948년 하반기 한국을 떠나기로 예정되어 있었다. 실제로 주한미군 방첩대는 1948년 12월 31일 파견대장과 16명의 기간요원만 남겨두고 대부분 남한에서 철수했다. 그리고 남아있던 17명의 요원도 1949년 5월 모두 한국을 떠났다(김득중, 2010: 35).

그에 따라 1948년 8월 15일로 예정된 대한민국 정부수립을 앞두고 우리 군으로서는 주한 미 방첩대가 도맡아오던 방첩수사기능을 원활하게 인계받고 대한민국 정부수립을 방해하는 좌익의 사회교란 활동을 저지하는 것이 시급한 과제였다. 그 당시 군 수뇌부가 정보, 수사, 방첩분야 조직과 인력을 늘려나간 것은 이러한 시대적 배경을 바탕으로 하고 있다.

1948년 5월 27일의 특별조사과 신설에 이어 그해 7월 1일에는 통위부 정보국으로 김점곤 대위와 김창룡, 빈철현 등 중위 10명, 김충량, 안영조 등 소위 13명, 총 24명을 인사 발령했다. 늘어나는 정보수사인력을 보충하려는 조치였다. 김창룡은 제1연대 정보소대장이면서 이제 통위부 정보국 소속 요원으로 정보국의 지휘도 받는 신분으로 바뀌었다.

새로운 방첩업무를 맡을 장교들에 대한 집체교육도 시행됐다. 주한미군 방첩대는 1948년 9월 27일부터 10월 30일까지 한 달간 서울

에 특별조사과 교육과정을 신설하고 김안일, 김창룡, 이세호 등 육군
장교 27명과 해군 장교 8명, 육사 후보생 6명을 소집해 교육했다. 교
육생들은 교육을 받고 소속 부대로 돌아가 특별정보대 조직을 만들
라는 임무를 받았다(김학재, 2007: 163).

이때 교육을 받은 41명 가운데 육군장교 및 육사 후보생의 명단은
아래와 같다(US Army Intelligence Center, 1959.3).

이름(영문명)	계급	군번
Shin Chi Ho	사관후보생	148
Moon Sang Hun	사관후보생	336
Kim Jai Sun	중위	10585
Wang Sei Il	소위	11095
Lee Han Chin	소위	10898
Kang Ung Sup	소위	11346
Yuk Keun Soo	중위	10584
Um Ja Myung	소위	10953
Kim Soon Ki	소위	11101
Cheung Jai Bong	사관후보생	209
Song Dai Hoo	중위	10651
Kim An Il	대위	10218
Lee Joo Hyo	사관후보생	218
HuhJun	중위	10561
Chang Chul	사관후보생	137
Kang Sung Chul	소위	11244
Lee Oo Cheung	중위	11210
Kim Pan Kyoo	소위	11290

이름(영문명)	계급	군번
Kim Choong Yan	소위	10660
Yoo Moon Il	소위	11422
Oh Bo Kyoon	소위	10824
Lee Hi Yeung	소위	1113
Kim Kwan Chin	소위	11370
Lee Sei Ho	대위	10253
Oh Sung Kyoo	중위	10543
Song Yun Am	사관후보생	21
Cheung Lam Teik	중위	10542
Huh Hyung Soon	중위	10448
Paik Oon Sang	중위	10422
Bin Chul Hyun	대위	10247
Yang Lim Suk	소위	10925
Kim Chang Young	대위	10579
Pak Pyong Nai	소위	11167

1948년 4월 3일 발생한 제주도 폭동사태에 따라 군내 방첩 수요도 많아졌다. 1948년 4월 3일 새벽, 소위 제주인민해방군은 제주도 내 15개 경찰지서 중 14개소를 급습하는 것을 시발로 폭동을 일으켰다.

새로운 정부수립을 위한 1948년 5월 10일의 총선거를 앞두고 이를 방해하기 위한 교란행위였다. 광복 직후 제주도에는 일본, 중국, 동남아 등지에 징용되어 일본군으로 복무하던 젊은이들이 대거 귀환한 데다 이들 중 상당수가 좌익사상에 감염되어 있었다. 특히, 남로당과 연결된 사람들도 많았다.

김창룡 특무대장 암살사건 해부

또한, 2차 대전 말 제주도에 주둔하던 일본군 3개 사단, 5만 병력은 미군과 싸우기 전에 항복해 버리는 바람에 상당수 무기를 버리거나 매장해 두고 제주도를 떠났다. 이 무기로 '인민해방군'이 무장하게 된 것이다(백선엽, 2010: 47).

이러한 반란 수준의 폭동 사태를 맞아 이 사태를 주도한 인물들을 찾아내고 그들의 범죄사실을 밝혀내는 것이 그 당시 군 정보당국으로서는 긴급한 일이었다.

뒤이어 1948년 10월 19일 여수·순천 사건이 일어났다. 그러한 현실에 직면하여 특별조사과는 여순사건이 일어난 직후인 11월 1일 특별정보대(Special Intelligence Service, SIS)로 이름을 바꾸고 그 조직을 확대해 나갔다. 대부분의 지역에는 파견대가 조직됐다.

주한미군 방첩대는 한국 방첩대에 관한 역사를 기술하면서 "미 CIC 장교들이 초기 한국군 CIC 조직과 훈련을 담당했고 1948년 말 주한 미 CIC가 철수할 때 문서의 대부분은 한국 CIC 조직으로 넘어갔다."라고 기록했다(김득중, 2010: 45).

육본 정보국 – 한국 국가정보의 모태

1948년 5월 27일 통위부 정보국이 조선경비대 정보처를 흡수 통합할 당시 정보국장은 백선엽이었다. 백선엽은 양 기관이 통합되기 한 달여 전인 1948년 4월 11일 부산에 주둔해있던 3여단 참모장으로 일하다 통위부 정보국장으로 발령받았다.

처음 통위부 작전교육국장으로 발령이 났으나 곧바로 정보국장으로 보직이 바뀌었다. 당시 통위부 정보국에는 미군 소령, 대위, 상사 등 3명의 정보전문가가 고문관으로 파견돼 있었다.

백선엽은 정보국장 부임 후 정보인력을 양성하는데 전력을 기울였다. 그의 회고에 의하면 그 당시까지 군에는 정보의 개념을 확실히 파악하고 있는 군인이 많지 않았다(백선엽, 2010: 51). 그에 따라 백선엽은 군의 정보활동을 이끌어갈 전문인력을 육성하는 데 많은 노력을 기울였다.

일제와의 강제병합으로 독자적인 군대를 운영해보지 않았던 신생 독립국인 대한민국으로서는 현대적 군을 운영하는 전문성을 새롭게 교육해야 하는 가장 기초적 단계에 있었다.

백선엽이 기울인 노력은 인력양성과 전문조직 신설로 구분된다. 먼저 인력양성 부문을 보면 그는 미군으로부터 정보 전문교육을 받기 위해 주한 미24군단 정보참모에게 협조를 요청했다.

그때 정보참모였던 화이트(Horton White) 대령이 우선적으로 교육이 필요하다고 권유한 분야는 신문(訊問)이었다. 정보요원들에게 제일 중요한 것이 신문방법이며 신문하는 방법부터 가르쳐야 믿을 수 있는 정보를 얻을 수 있다는 것이 화이트 대령의 시각이었다. 그러면서 화이트는 자신의 책장에서 미국에서 발행된 정보업무 매뉴얼을 여러 권 꺼내 백선엽에게 주면서 업무에 참고하라고 했다.

미국 정보장교가 건네준 이 정보 매뉴얼에서 우리 군의 정보교육이 시작된다. 경찰의 정보기관이 일제 강점기부터 내려오던 일본식 방법으로 정보활동을 전개했다면 한국군은 미군이 가르쳐준 정보의 방법으로 정보활동을 시작한 것이다.

화이트 대령은 정보매뉴얼을 지원해주면서 정보학교를 설립해 체계적으로 교육할 것을 제안했다. 그러면서 교관요원과 통역관 지원까지 약속했다. 백선엽은 이러한 제의를 받아들여 정보학교를 세우고 정보학교장을 겸임하면서 정보교육에 집중했다. 이 학교가 오늘날 육군정보학교의 모체가 됐다.

정보학교를 세우기 전 우선 급한 대로 통위부 회의실에서 자신을 포함해 각 연대의 정보장교들을 모아 미군 통역관 소상영(공군대령 예편)의 통역으로 정보교육을 받았다. 백선엽은 이때 교육받은 인물로 이세호(육군대장 예편), 이희성(육군대장 예편) 등이 기억난다고 기록했다 (백선엽, 2010: 51). 교육생이 각 연대 정보장교들이었던 것으로 미루어 김창룡도 당연히 거기에 포함돼 있었을 것으로 보인다.

통위부 회의실에서 출발한 정보교육은 그 당시 남산에 있던 박문사(博文寺)라는 절을 이용해 계속됐다. 박문사는 일제 강점기 때 이토

히로부미를 추모하기 위해 지금의 신라호텔 면세품 상가 자리에 세운 일본사찰이었다. 신문교육에 이어 전투정보 및 방첩에 관한 교육이 이어졌다.

백선엽은 정보교육과 함께 38선 정보수집팀을 만들었다. 이북에서 공산주의 체제를 피해 월남하는 우리 동포와 일본인 피난민들을 대상으로 정보를 수집하려는 목적이었다. 38선 정보수집팀은 황해도 옹진·청단, 경기도 의정부·동두천, 강원도 자은리, 주문진 등 열 곳이었다(백선엽, 2010: 52).

백선엽은 이 당시 정보국을 키워나가는 데는 정보국의 미군 고문관이었던 리드(John Reed) 대위의 협조에 힘입은 바 크다고 회고했다.

그가 미7사단 수색대장 출신으로 전투정보 수집에 관심이 많았기 때문에 정보교육과 정보조직 창설이 원활하게 이루어졌다고 봤다. 정보학교 이수생이 점차 늘어나면서 일선부대 정보부서도 충원되기 시작했다. 그 이전까지 일선부대 정보부서는 전문요원이 없어 겉돌고 있었다.

1948년 12월 7일 공포된 대통령직제(대통령령 제37호)는 육군본부 정보국의 임무를 '군사정보, 역정보 및 정찰에 관한 사항을 분장한다.'라고 규정하고 있다.

1949년 6월 1일 기준으로 육군본부 정보국은 1과(전투정보과), 2과(방첩과), 3과(첩보과), 5과(유격과) 등으로 편성되어 있었다. 이 당시의 편제를 그림으로 표시하면 아래와 같다(국군보안사령부, 1978: 33).

김창룡 특무대장 암살사건 해부

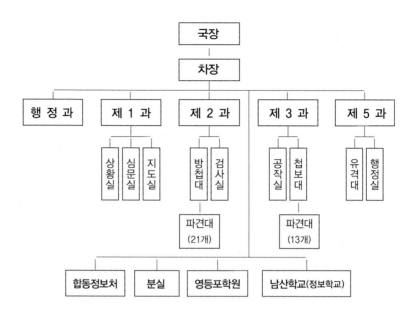

전투정보과는 남북한 정세를 분석하고 예측하는 것이 주임무였다.

방첩과는 간첩과 이적분자를 색출하여 사법처리하는 임무를 맡고 있었다. 방첩과는 특별조사과라는 이름으로 시작해서 특별정보대, 방첩대 등으로 불리다 특무부대로 독립했다.

첩보과는 대북첩보 수집, 유격과는 대북 게릴라 활동을 담당하고 있었다.

정부수립부터 6·25전쟁 때까지 육본 정보국은 새롭게 탄생한 국가를 이끌어가는 대표적 정보기구였다. 방첩대(CIC)와 첩보대(HID)를 직접 지휘하고 대한민국 정보비 전체의 반 이상을 육본 정보국에서 사용했다. 당시 대한민국에서 가장 큰 정보기관이었다(장도영, 2001: 181-182).

정보국장은 육본 정보참모로서 참모총장을 보좌하는 역할을 수행하면서도 육군 산하 각 정보부대를 직접 지휘하는 지휘관이었다.

초대 정보국장 백선엽(1948.4.11.-1949.7.30.)에 이어 이용문(1949.7.30.-1949.10.27.)이 잠시 업무를 수행하다 장도영(1949.11.13.-1950.10.24.)이 6·25 전쟁 전후 국장직을 수행했다.

5·16정변 후 3공화국까지 국가정보활동을 주도한 인물은 대부분 육본 정보국 출신들이었다. 박정희는 1948년 11월 11일 남로당에 가담한 혐의로 특별정보대에 체포되어 숙군작업에 협조하다 1948년 12월 전투정보과장으로 취임했다.

그러나 1949년 4월 사형 구형에 무기징역과 파면을 선고받은 후 전투정보과장에서 파면되고 민간인 신분으로 전투정보과에 근무했다.

박정희가 5·16을 주도한 육사 8기생들과 연결된 것도 육본정보국 전투정보과에서였다. 육군사관학교 8기생들은 정부수립 후 처음 선발된 사관생도로서 민간인들이 많았다. 미군정 시기 임용된 장교들이 광복군과 일본군, 만주군 등 일제 장교출신이었던 데 비해 새롭게 출발하는 정부의 신선한 장교라는 자부심을 가지고 단결력이 강했다. 입학시험 당시 10대 1의 경쟁률을 뚫고 합격했으며 다른 기수에 비해 교육 기간이 비교적 길었던 6개월이었던 점 등이 그들의 결속을 촉진했다(강창성, 1991: 349).

육사 8기생 졸업자 1,335명 가운데 성적이 우수한 6등에서 35등까지 30명이 1949년 5월 육본정보국에 배치되어 별도로 1개월간 정보교육을 받고 실무를 맡았다(이영근, 2003: 109-110).

이때 박정희와 인연을 맺은 김종필, 이영근, 서정순 등 육사 8기 출신은 5·16 직후 중앙정보부를 창설할 때 부장(김종필), 행정관리차장(이영근), 기획운영차장(서정순), 제1국장(총무, 강창진), 제2국장(해외, 석정선), 제3국장(수사, 고제훈), 제5국장(교육, 최영택) 등 국장급 이상의 요직을 모두 차지했다. 창설 당시 중앙정보부는 부장 아래 두 명의 차장과 4개국으로 편성되어 있었다(김종필, 2016: 136-137).

3공화국 시기 중앙정보부장을 역임한 이후락, 경호실장을 역임한 박종규 등도 6·25전쟁 전후 육본정보국에서 근무하고 있었다. 정보 인력의 측면에서 보면 중앙정보부 창설 이후 국가안전기획부(안기부), 국가정보원(국정원)으로 이어지는 국가정보기관의 역사에서 육본 정보국은 그 모태(母胎)였다.

겔렌의 행적과 닮은 김창룡의 행보

1948년 8월 15일 대한민국 정부수립을 앞두고 이를 저지하기 위한 좌익의 저항은 더욱 거세어졌다. 그해 4월 3일 제주도에서 5·10 총선거를 방해하는 폭동이 일어난데 이어 6월 18일 제주도에 주둔하고 있던 제11연대의 박진경 연대장이 연대 내부의 좌익분자에 의해 살해됐다.

정부수립 직후인 그해 10월 19일에는 군대 내부에서 반란이 일어났다. 제주 4·3사건을 진압하러 출동 예정인 여수 주둔 14연대에서 제주도로 출발하기 직전 폭동을 일으켰다. 김지회, 홍순석 등 14연대 내부의 좌익분자들이 일으킨 반란이었다.

그해 12월 30일에는 대구6연대에서도 좌익분자들이 반란을 일으켰다. 경찰에 쫓겨 군으로 잠입한 좌익분자들이 대한민국 체제를 부정하는 정부전복행위를 본격화하기 시작한 것이다.

새롭게 출발하는 대한민국 정부로서는 이제 체제를 지키기 위해 군 내부의 좌익을 색출해 격리하는 것이 최우선 과제로 떠올랐다. 이념과 이념이 부딪쳐 싸우는 이데올로기 전쟁의 시대가 현실화됐다.

자유진영은 이념 간의 갈등이 마침내 총칼을 들고 싸우는 폭력으로 나타난 후에야 그 심각성을 깨닫게 됐다. 이승만은 이념 검증 없이 좌익을 군에 받아들인 미군 지휘부에 강한 불만을 보였다.

군으로서는 이제 군 내부에 위장침투하고 있던 좌익을 걸러내는 것이 긴급한 현안이 됐다. 좌익의 생리에 정통한 정보장교들이 필요해진 것이다. 이러한 시대적 요구는 자연히 김창룡이란 존재를 부상시켰다.

일제 강점기 소만 국경에서 관동군 헌병으로 근무하며 소련공산당이 침투시키는 간첩을 검거하는데 많은 성과를 거두었고, 해방 후 북한에 스탈린 체제가 이식될 때 두 번이나 사형을 모면했던 김창룡으로서는 체험적으로 몸에 익힌 간첩을 잡는 실력을 발휘할 기회가 왔다.

이처럼 군 내부에서 정보장교의 입지가 부상하는 과정은 그 당시 한국과 똑같은 분단국가였던 서독에서도 유사한 모습을 보여준다. 독일 연방정보국(BND, Bundesnachrichtendienst)을 창설해 냉전 초기 동독과의 이념투쟁을 이끌었던 겔렌(Reinhard Gehlen)도 김창룡과 비슷한 행보를 거쳤다.

겔렌도 히틀러 치하에서 소련과 정보전쟁을 벌였던 정보장교 출신이었다. 2차 대전 시기 김창룡이 소만 국경에서 소련간첩들을 잡는데 몰두하고 있던 시기 겔렌은 독소전선에서 소련내부에 광범위한 정보망을 부식해 소련내부 정보를 캐는 데 열중하고 있었다.

겔렌 역시 그때 경험하고 축적한 첩보기법과 지식을 기반으로 서독 정부가 수립된 후 서독의 대표 정보기관인 연방정보국을 창설하고 동독과의 첩보전을 주도해 나갔다.

겔렌이 나치 독일 패망 후 자유 진영에 편입되는 과정도 극적이다. 그는 독일 패망 후 미군에 투항하면서 2차대전 중 동부전선에 개척

해놓은 첩보망과 수집자료를 미국 측에 제공해서 미국의 환심을 사게 된다.

그 후 그는 미군의 지원으로 1946년 겔렌기관(Organization Gehlen)을 만들어 대소 첩보활동을 다시 시작했다. 미국으로서는 소련의 팽창정책을 저지할 수 있는 정보자산이 시급히 요구되는 실정이었다.

겔렌이 히틀러 군대에서 근무했던 과거 흠집에도 불구하고, 미군의 신임을 얻을 수 있었던 것은 그가 독일군 근무 시 포섭했던 첩보망에 대해 미국 측으로부터 인정을 받았기 때문이다.

겔렌 기관은 서독 정부가 수립된 후 서독 정부의 공식기구로 편입되어 1956년 4월 1일 서독 연방정보국(BND)으로 출범했다. 겔렌은 BND 창설 이후 12년간 최고 책임자로 재임했다. 동서독 간 냉전이 극렬하던 시기에 서독 측 대공정보활동을 주도한 인물이다(정규진, 2013: 13).

이승만의 좌익 군인 색출 명령

정부수립 후 정부의 존립을 위협하는 반정부 폭동이 계속되자 초대 대통령 이승만은 군 내부에 침투한 좌익 색출에 나서게 된다.

그 이전인 1948년 12월 1일 국가보안법도 제정되어 있었다. 국가보안법은 그 후 수차례 개정되었으나 국가안전을 위태롭게 하는 반국가 활동을 규제하는 것에 근본 목적을 두고 있다.

군의 방첩 업무를 책임지고 있던 백선엽 육본 정보국장이 이 대통령으로부터 군내 좌익 색출을 명령받은 것은 1949년 2월 어느 날이었다. 이응준 육군 총참모장이 밤중에 갑자기 안암동 자신의 집으로 백선엽과 헌병사령관 신상철 중령을 불렀다.

"오늘 국회의원들을 모시고 개성 시찰을 다녀와서 로버트 미 군사고문단장을 만났는데 큰 보따리를 하나 줍디다. 김태선 치안국장이 이승만 대통령에게 보고한 서류 보따리라는데, 군 내 남로당 조직원 리스트가 들어 있답니다. 이 대통령은 로버트 단장에게 '당신네들이 미군정 때, 국방경비대 모집을 잘못해 군대를 이 지경으로 만들어 놨으니 책임지고 처리하라.'라며 이 보따리를 로버트 단장에게 맡겼답니다." 이렇게 두 사람을 부른 배경을 설명하고 이응준은 "당신 두 사람이 중심이 돼서 비밀리에 숙군작업을 진행시키라."라는 지시를 내렸다(백선엽, 2010: 63).

백선엽은 서류 보따리를 가지고 와 살펴보고 놀랐다. 군에 침투한 좌익세력이 거미줄처럼 얽혀있었다. 백선엽은 그 서류 보따리를 방첩과에 보내 수사를 맡겼다. 혐의자 체포는 헌병사령부가 책임을 졌다.

방첩과의 조사는 김안일 방첩과장과 김창룡 대위가 지휘했다. 백선엽 정보국장의 감독 아래 김안일 방첩과장이 주도하고, 1연대 정보소대장 김창룡 대위가 보좌하는 수사체계가 구축됐다.

백선엽은 그 당시 수사에 참여한 조사관들로 박평래, 이희영, 정인택, 노엽, 이진용, 이한진, 빈철현 등을 기억했다. 이 가운데 김창룡, 박평래, 이희영 등은 여순 사건 직후 광주에서 반란군 내부 주동자를 수사한 경험이 있었다.

광주에서의 수사는 빈철현 대위가 지휘했다(국방부 전사편찬위, 1967: 496). 이들 여순사건 조사반은 반란사건 다음 달 사건 관련자 505명을 체포해 대전에서 집단 사형시켰다(박성환, 1965: 142).

이렇게 시작된 숙군은 1949년 7월 말까지 5개월여간 진행됐다. 이 기간에 총 4,749명이 총살, 유기형, 파면 등으로 제거되었다고 국방부에서 편찬한 전사편찬위는 기록하고 있다.

김창룡 특무대장 암살사건 해부

남로당 군사 책임자들의 체포

군내 좌익을 색출하는 데는 경찰에서 제공한 좌익실태가 가장 기초적 근거가 됐다. 경찰의 자료는 일제 강점기부터 추적해온 내용이기 때문에 세밀하고 정확한 근거를 가지고 있었다.

거기에 김창룡이 좌익에 대한 원한을 품고 개인적으로 조사해온 자료가 첨가돼 짧은 시간 안에 상당한 실적을 거두게 된다.

특히, 수사성과를 올린 결정적 계기는 남로당 군사 책임자 이재복의 비서 김영식의 검거였다. 남로당 조직부장 이중업과 그 부하 이재복으로 연결되는 선에서 김영식은 이중업, 이재복의 지시를 군에 잠입한 세포들에게 전달하는 중간 고리 역할을 맡고 있었다.

사전 정보를 통해 이러한 관계를 알고 있던 군 수사당국은 김영식의 체포부터 시작했다. 신분을 변장한 채 은밀히 움직이던 김영식의 서울 집을 알아낸 수사진은 오랫동안 집주변에서 그가 나타나기만 기다리다 신변을 확보했다.

그의 집을 수색한 결과, 사진틀 뒤에서 비밀문건으로 보이는 서류를 다수 압수했다. 한글과 아라비아 숫자를 섞어서 만든 암호 문서였다. 이 암호 문서를 해독하는 데 성공하고 보니 그것이 군에 침투한 프락치들의 명단이었다. 북측과 송신하는 데 사용하던 무전기도 압수됐다.

수사진은 김영식으로부터 이재복이 '이일도'라는 가명을 쓰고 있는 사실을 알아냈다. 김영식의 진술에 따라 서울 시내 명함 인쇄소를 샅샅이 뒤진 수사진은 이재복의 은신처를 알아내 붙잡았다.

이재복의 집에도 공산당 기밀문서가 많이 감추어져 있었다. 특히, 이재복의 집에서 나온 기밀문서에는 군에 침투한 육군 장교 및 하사관 500여 명의 계급과 주소, 이력이 상세히 적혀있었다.

이 오백 명의 명단을 놓고 이들을 전부 불러서 조사할 것인지, 좀 더 연루 관계를 확인하고 부를 것인지 많은 논란이 일어났다. 그 당시 군의 규모로서는 너무나 많은 숫자였다. 논란의 핵심은 그 명단에 들어있다고 해서 전부 남로당에 포섭됐다고 볼 수 있느냐 하는 문제였다.

많은 논란 끝에 수사진은 오백 명 전원을 연행해 조사하는 방식으로 진행했다. 이재복이 체포된 후 이중업, 남로당 최고 책임자 김삼룡의 비서 김형육도 붙잡았다.

수사 과정에서 전향한 김형육은 오백 명의 명단을 작성한 경위에 대해 다음과 같이 진술했다. 그의 진술은 그 명단의 성격을 짚어볼 수 있는 부분이다.

접선할 새로운 군인들의 명단을 만들어 접선을 시도하고 한편으로는 우리가 광범위하게 접선하고 있다는 것을 (수사당국이) 안다면 (명단 속 인물들의) 검거선풍이 불 것이고 그렇게 되면 군대 내부의 분열은 자연적으로 일어날 것이라 생각했던 것입니다. 나는 명단을 만들었습니다. 나는 우리가 조사해 놓은 전 장교와 고급 하사관 명단을 근거로 성분을 조사해 농촌출신, 교제성이 없는 사람, 고독한 사람들을 마구 골라내어 명단을 만들어 조직부장 이중업에게 전달했습니다. 그 명단을 받은 이중업은 '(남로당의) 재건이란 이제 불가능한 것이고 (군을) 분열화시킨다면 그것은 또한 건설을 의미하는 것이니깐'이라고 말하면서 여하간 이재복에게 주겠다고 말했습니다(박성환, 1965: 193).

★

숙군을 통해 대공분야 핵심인물로 부상

숙군(肅軍)이란 육군본부 정보국 산하 방첩대 및 특무부대 주도로 군에 침투한 좌익을 색출해서 사법처리한 정책을 말한다. 1948년 10월부터 1950년 6·25전쟁 때까지 총 4회에 걸쳐 방첩대 주도로 실시되고, 특무부대가 창설된 이후인 1951년 8월부터 1954년 10월까지 3회에 걸쳐 좌익세력 조사가 이루어졌다. 7회에 걸친 수사를 통해 군인 1,120명, 민간인 526명, 군속 31명 등 1,677명이 사법조치됐다.

1948년 10월부터 1949년 3월까지 진행된 1차 숙군은 14연대 등 여순사건 관련 부대를 대상으로 실시되었는데, 김안일·김창룡·이세호·정인택·양인석·이희영·박평래·송대후 등 특별조사과학교 출신들을 중심으로 특별조사반을 만들어 전남 광주에 수사본부를 두고 수사에 착수했다. 수사결과 김지회, 최남근, 오일균 등 군인 324명, 군속 및 민간인 40명 등 364명을 국가보안법 위반 혐의로 사법조치했다.

2차 숙군은 백선엽 육본 정보국장이 경찰로부터 넘겨받은 군 침투 좌익명단을 바탕으로 1949년 5월부터 그해 9월까지 수사를 벌여 현역 215명과 민간인 30명 등 245명을 검거, 의법처리했다.

제3차 숙군은 1949년 10월경 북한이 남파한 공작원(최영추)을 검거하는 과정에서 관련자 군인 212명 등 532명이 체포된 사건이다.

제4차 숙군은 김일성이 직파한 성시백이 군과 정부에 침투시킨 프

락치 186명을 검거한 사업이다. 특무부대가 창설된 후 3차에 걸친 숙
군까지 포함해서 총 7차에 걸쳐 진행된 숙군을 도표로 정리하면 아
래와 같다(국군보안사, 1978: 66-67).

구분	기간	군법회의 회부		계
		군인	군속, 민간인	
1차	1948.10-1949.3	324	40	364
2차	1949.5-1949.9	215	30	245
3차	1949.10-1950.3	212	320	532
4차	1950.3-1950.6	50	136	186
5차	1951.8-1951.10	82	16	98
6차	1952.11-1952.12	167	15	182
7차	1954.10.1.-1954.10.31	70		70
계	1948.10-1954.10	1,120	557	1,677

숙군작업을 통해 김창룡이라는 인물이 대공활동의 중심인물로 부
상했다. 북측이 남파한 간첩과 남한의 반체제세력을 체포하는 데 김
창룡의 기지와 헌신적 노력이 두각을 나타냈다.

해방 직후 북한에서 일제 전범으로 소련군 경무사령부에 체포된
김창룡은 두 번에 걸쳐 사형선고를 받았으나 취조하던 소련군을 죽
이고 탈옥하여 월남했다. 이러한 개인적 체험이 그로 하여금 공산주
의자들에 대한 적대감을 고취시켜 숙군 과정에서 많은 성과를 올리
게 했다. 그는 조선경비사관학교 3기로 입대해서 교육받을 때부터

개인적으로 좌익세력을 조사하여 명단을 축적했고, 이 자료들이 군 내 좌익을 색출하는 데 많은 역할을 했다고 한다.

숙군작업을 통해 김창룡을 신뢰하게 된 이승만 대통령은 김창룡 중심의 군 보안방첩활동을 적극 지원했다. 2차 숙군이 마무리되는 1949년 10월 김창룡을 경무대로 불러 독대한 이승만은 숙군활동을 격려하며 경무대를 자유롭게 드나들면서 자신을 만날 수 있도록 조치했다(동아일보사, 1975: 187).

대통령을 단독으로 만나 보고할 수 있는 길을 튼 후 김창룡은 거의 2주일에 한 번씩 비밀리 경무대를 찾아가 대통령에게 중요정보를 보고했으며, 대통령과의 면담 사실을 노출하지 않기 위해 자신이 직접 지프차를 운전해서 경무대를 출입했다고 한다(동아일보사, 1975: 188).

이승만 대통령과 김창룡 부대장 사이에 형성된 이와 같은 인간적 신뢰가 김창룡 주도 방첩활동의 파급영향을 확산시키고 김창룡이 특무부대장에 부임한 이후 특무부대 중심의 정보활동을 더욱 강화시켜줬다.

죽음의 문턱에서 살아난 박정희

여순 10·19사건을 계기로 시작된 숙군 과정에서 박정희 전 대통령이 체포되어 수사를 받고 무기징역까지 선고받았다. 그러나 그는 주변의 도움으로 형 집행 정지로 풀려났다. 많은 군인이 형장의 이슬로 사라진 가운데 살아난 유일한 케이스였다.

그를 살린 과정에 대해 당시 수사 책임자였던 백선엽 육본 정보국장과 김정렬 육군 항공사관학교 교장, 육군 총참모장 고문이었던 하우스만(James H. Hausman) 등이 증언을 남겼다.

그러나 구체적인 구명 절차에 대해서는 다소 다른 뉘앙스가 있다. 특히, 백선엽은 숙군 수사 책임자였던 자신에게 아무도 박정희를 살려달라고 부탁하지 않았다는 입장을 보였다(조갑제, 2006: 57).

먼저 수사 책임자로 가장 가까이서 박정희의 수사 과정을 관리했던 백선엽에 의하면 숙군의 일 단계 작업이 완료될 즈음인 1949년 초 어느 날 김안일 방첩과장이 박정희 소령을 면담해줄 것을 건의했다고 한다.

그러면서 김안일은 박정희 소령이 조사과정에서 군내 침투 좌익조직을 수사하는 데 적극 협조했다는 점을 들어 꼭 만나봐 줄 것을 간청했다. 그의 건의에 따라 박정희를 면담한 백선엽은 어려운 처지에서도 비굴하지 않고 시종 의연한 자세로 "나를 한번 도와주실 수 없겠습니까."라고 말하는 박정희의 태도에 무심코 "도와드리지요."라는 답변이 나왔다고 증언했다(백선엽, 1990: 347).

구명을 결심한 백선엽은 정보국 고문관 리드 대위에게 부탁해 육군 총참모장 고문관 하우스만과 로버트 주한 미군사고문단장에게 양해를 구했다. 당시 이승만 대통령의 요청에 따라 로버트 군사고문단장이 숙군에 관여하고 있었다. 그에 따라 이들의 양해를 받아내는 것이 선결과제였다.

이런 과정을 통해 형 집행정지의 방법을 통해 박정희를 불명예 제대시킨 후 문관의 신분으로 정보국에 계속 근무하도록 조치했다는 것이 백선엽의 증언이다.

하우스만도 이승만 대통령에게 박정희의 형집행을 정지시켜줄 것을 건의했다. 그 과정에 대해 하우스만은 자신의 회고록에 이렇게 썼다.

나는 이승만 대통령으로부터 이 숙군 작업이 얼마나 잘 엄중하게 처리되고 있는가에 대해 1일 보고를 하도록 명령받고 있었다. 나는 그때 신성모 국방장관, 로버트 고문단장 등과 함께 수시로 이 대통령을 만나고 있었다. 박정희 피고의 형 집행을 면죄해 줄 것을 이 대통령에게 보고했다. 그 이유로 나는 그가 일본 육사 출신으로 모스크바 공산주의자는 아니며, 군의 숙군 작업을 위한 군 내부의 적색 침투정보를 고스란히 제공한 공로를 들었다. 내가 알기로는 백선엽·정일권은 채병덕 총장에게 박의 사형 집행을 면죄해 줄 것을 공식 건의한 외에 이승만 대통령에게 각각 개인적으로 찾아가 박의 면죄를 호소한 것으로 안다. 그러

　　　　　　　　김창룡 특무대장 암살사건 해부

나 백선엽이나 정일권이 서로 어떤 약속을 하고 이 대통령을 찾아간 것은 아닌 것으로 알며, 나도 어떤 개별 권고나 공식 건의에 의해 이 대통령에게 박을 변호하러 간 것은 아니었다(짐·하우스만/정일화, 1995: 34).

그러면서 하우스만은 김안일이 백선엽과 박정희의 면담을 주선해 준 것은 김창룡의 건의도 있었지만 박이 심문과정에서 군의 공산당 비밀조직을 소상히 불어 숙군작업을 손쉽게 진행할 수 있도록 도와줬던 점을 들었다. 박정희가 살아난 데는 그의 전향, 김창룡의 건의가 결정적이었다.

김창룡의 박정희 살리는 방법

박정희가 살아난 과정에 대해서는 김정렬 전 국방부 장관이 보다 자세한 증언을 남겼다. 김정렬은 숙군 당시 육군 항공사관학교 초대 교장으로 일하고 있었다.

어느 날 교수부장 박원석 대위가 방첩대에 잡혀갔다. 그 경위를 알아본 결과 남로당 군사조직의 박정희 세포로 암약한 혐의였다. 김정렬은 김창룡을 찾아가 박원석이 공산분자일리 없다며 석방을 요청했다.

대답 대신 김창룡은 웬만한 사람의 키를 넘을 만큼 어마어마하게 큰 차트를 보여줬다. 그 차트의 맨 위에 남로당 수뇌부를 정점으로 하여 밑으로 피라미드 모양으로 퍼져나간 남로당 군사 조직표가 그려져 있었다.

박원석은 그 조직표의 맨 밑에 이름이 올라 있었는데, 바로 그 위가 박정희였다. 박정희 밑에는 박원석 한 명만 있었다.

박정희의 구명 과정에 대해 전해지고 있는 많은 증언과 주장 가운데 하나는 박정희가 남로당 군사 조직의 총책임자였다는 주장이다. 박정희 전기를 집필해 박정희 연구의 최고 권위자로 평가받고 있는 조갑제 기자도 김점곤의 회고를 바탕으로 '박정희는 남로당 군사부 책임자인 이재복의 직속 인물로서 군내 남로당 조직도에선 최상층부에 위치하고 있었다.'라고 기록했다(조갑제, 2006: 59~60).

그러나 그날 김정렬이 본 차트에는 박정희가 남로당 군사조직표의 맨 밑에서 두 번째에 그려져 있었다. 조직표를 직접 봤다는 점에서 김정렬의 증언에 좀 더 무게가 실린다.

김정렬이 생각해보니 박정희가 공산주의자가 아니라는 것이 입증되면 그의 세포로 의심받는 박원석은 자동으로 풀려날 조건이었다. 그에 대해 김창룡에게 확인하니 당연히 그렇게 된다는 답을 주었다.

김정렬은 박원석을 풀려나게 하는 방법으로 박정희가 공산주의자가 아니라는 것을 입증하는 방안에 골몰하다 채병덕 육군총참모장을 찾아갔다. 일본 육사 출신인 채병덕을 찾아간 데는 김창룡의 약점을 알고 있었기 때문이다.

관동군 헌병 출신인 김창룡은 일본 육군사관학교 출신에게는 예의를 갖추고 존대하는 자세를 가지고 있었다. 이러한 김창룡의 콤플렉스를 알고 있었던 김정렬은 채병덕을 찾아가 석방을 요청했다. 채병덕은 김정렬의 일본 육사 5년 선배였기 때문에 동생이 형한테 떼를 쓰듯 채병덕을 졸랐다.

처음 난색을 보이던 채병덕은 김정렬의 채근에 못 이겨 그 자리에서 김창룡을 자신의 집으로 불렀다. 둘이서 얘기할 수 있도록 자리를 비켜준 김정렬은 김창룡이 돌아간 후 채병덕으로부터 대화 내용을 들었다.

김창룡이 채병덕에게 가르쳐 준 박정희를 살리는 법은 박정희를 전향시키는 것이었다. '방첩대에서 공산분자를 잡으러 갈 때 열 번만 박정희를 데리고 가 그들에게 대면하게 한다. 그러면 첫째, 박정희가 공산주의자가 아니라면 아무런 거리낌 없이 여기에 협력해 누명을 벗을 것이요, 둘째, 설사 그가 공산주의자라 하더라도 열 번이나 그들에게 반역하게 되면 공산주의자들 세계에서 영원히 추방되고, 그 결과 확실하게 전향하게 될 것이다.' 이것이 김창룡이 제안한 박정희를 살리는 방법이었다.

그 후 김정렬이 확인한 바에 의하면 박정희는 열 번에 걸쳐 공산분자를 체포하는 현장에 따라가 대면하는 데 협조했다고 한다.

이러한 과정이 마무리되자 김창룡은 요식행위이지만 박정희를 석방하기 위해서는 보증서가 필요하다며 채병덕에게 신원보증을 요청했다. 그에 따라 채병덕은 보증서 문안을 만들어 자신의 참모였던 강문봉 작전교육국장, 백선엽 정보국장 등과 함께 공동으로 서명했다 (김정렬, 2010: 101~111). 여기서 강문봉은 훗날 김창룡 암살에 가담하는 그 강문봉이다.

체포의 순간 박정희는 총번을 지우고 있었다

박정희가 특별정보대에 체포된 날짜는 1948년 11월 11일이다. 여순사건이 일어난 직후 광주에 설치된 토벌군사령부의 작전장교로 내려갔다가 서울로 올라온 직후였다.

경비사관학교 졸업 후 첫 부임지였던 춘천 제8연대에서 상관이었던 김점곤이 경비사관학교 중대장으로 있던 박정희를 광주로 불러내렸다. 박정희는 토벌군 사령부의 작전 및 정보 참모였던 김점곤의 일을 도와줬다. 상황판 정리, 작전관계 보고서 작성과 같은 업무였다. 서울로 올라오면서 육군본부 작전교육국 과장으로 발령받았다.

그해 10월 19일 여순사건이 일어났고 체포된 날짜가 11월 11일인 점을 감안할 때 박정희가 광주에 머문 것은 한 달이 채 되지 않는다. 체포 당시 정식 직위는 육군본부 작전교육국 과장이었다.

채병덕 총장이 박정희를 살리는 보증서에 당시 작전교육국장이던 강문봉의 서명을 받은 것은 박정희의 소속이 작전교육국이었기 때문인 것으로 보인다.

조갑제 기자가 조사한 바에 따르면 국내에는 그의 체포를 알 수 있는 공식 문서가 없다. 다만, 미국 하버드 대학교 한국학과 과장 카터 J. 에커트 교수가 미국 국립문서보관소에서 찾아낸 '한국군 헌병사령관 담당 미 군사고문단 보고서'에 박정희의 이름이 나온다.

고문관 W. H. 세코 대위가 한국군 참모총장 담당 미군 고문관에게 1948년 11월 12일 보고한 '반란행위로 구금된 장교들 명단'에 박정희의 이름이 올라가 있다. 육군본부 작전교육국 소속 박정희 소령이 채병덕 대령의 명령에 따라 체포되었다는 것이다. 이때 박정희와 함께 연행된 사람은 박정희를 포함 7명이다. 그러나 체포 사유는 기록되어 있지 않다.

재판기록을 보면 박정희의 죄목은 '반란기도'다. 박정희는 1949년 2월 8일 고등군법회의에서 사형 구형에 무기징역과 파면, 급료 몰수형을 선고받았다. 이날 선고를 받은 피고인은 박정희외 장교 42명, 사병 27명이다. 그리고 이들의 공통 죄목은 국방경비법 제16조 위반(반란기도)이다.

그 두 달쯤 뒤인 1949년 4월 18일 발간된 '고등군법회의 명령 제18호'는 이들 피고인이 '1946년 7월경부터 1948년 11월에 걸쳐 서울 등지에서 남로당에 가입, 군내에 비밀세포를 조직하여 무력으로 합법적인 대한정부를 반대하는 반란을 기도했다.'라고 적혀있다(조갑제, 2006: 63).

박정희를 체포하는 임무는 김창룡이 맡았다. 김창룡은 일제 강점기 동대문서 순사부장 출신 전창희 등을 함께 데려갔다. 당시 숙군사업에 조사인력이 부족하자 경찰도 지원 나와 있었다.

김창룡이 박정희가 기거하고 있던 신당동 지하방을 덮쳤을 때 박정희는 45구경 권총의 총번을 줄 톱으로 지우고 있었다. 박정희는 남로당으로부터 지령받은 암살 임무에 사용하기 위해 권총 번호를 지우고 있었다고 조사관에게 진술했다(이대인, 2013: 105~106).

김창룡 특무대장 암살사건 해부

김창룡과 백선엽의 밀월

북한에서 핍박을 받고 남하한 김창룡은 숙군에 모든 열정을 다 쏟았다. 정부수립과 함께 대위로 승진한 김창룡은 숙군과정에서 좌익 명단 오백 명을 찾아낸 공로로 대위가 된지 2개월여 만에 소령으로 특진했다.

이 숙군작업을 통해 그는 군내 좌익척결의 중심축으로 떠올랐다. 그런 면에서 숙군 과정에서 그가 남긴 행보를 통해 그 당시 그의 영향력과 인물됨을 자세히 살펴볼 필요가 있다. 그에 대해서는 호평과 악평이 교차하고 있다.

먼저 박정희를 살리는 신원보증에 김창룡도 함께했다는 사실에 주목할 가치가 있다. 숙군 당시 김창룡의 직속 상관이었고 백선엽의 직속 부하였던 김안일 방첩과장에 따르면 박정희를 구명하는 과정에서 김창룡이 박정희 구명 사유서를 겸한 신원 보증서를 적어 자신과 함께 백선엽 국장에게 갔다.

백선엽은 "너희들도 여기에 도장을 찍어."라고 하여 세 사람이 박정희의 신원 보증인이 됐다(조갑제, 2006: 57).

김정렬은 채병덕이 신원 보증서 문안을 만들어 강문봉, 백선엽과 함께 박정희의 신원 보증인이 됐다고 증언했다. 이와 달리 김안일은 백선엽, 김안일, 김창룡 세 사람을 신원 보증인으로 주장했다. 이로 미루어 신원 보증인은 여러 명이었으며 백선엽이 채병덕의 신원 보증서에 서명을 해주며 아래 부하로서 수사 담당자였던 김안일, 김창룡의 보증도 받았던 것으로 보인다.

또한, 김창룡은 그 당시 박정희와 동거하던 여인 이현란을 찾아가 박정희가 체포된 경위를 설명해주고 이현란에게 보내는 박정희의 메모도 전해줬다(조갑제, 2006: 44). 김창룡이 박정희에 대해 매우 호의적 태도를 가지고 있었다는 점을 유추해볼 수 있는 대목이다.

지위 고하를 막론하고 엄격한 수사 잣대를 들이대던 김창룡이 피의자의 개인적인 심부름을 했다는 것은 그가 그만큼 박정희에 대해 신뢰감을 가지고 있었던 것으로 보인다. 체포되자마자 전향해서 수사에 협조해온 박정희에 대한 고마움의 표시였을 것이다.

김창룡은 또 김안일에게 박정희의 수사 받는 태도를 보고했다. 박정희는 구속되자마자 이런 때가 올 줄 알았다면서 자술서를 쭉 써내려갔다고 한다.

그리고 김안일은 김창룡이 보고한 박정희의 자술서를 읽어보니 "박정희가 영남폭동에 연루되어 죽은 박상희의 집을 찾아가 보았더니 이재복이 유족들을 도와주고 있었으며 '공산당 선언' 같은 책자를 주면서 남로당에 가입하라고 권유하고, '형의 원수를 갚으라'며 부추겼다."며 자술서 내용을 기억했다(조갑제, 2006: 50). 이처럼 수사에 적극 협력했던 태도가 김창룡의 지원을 받을 수 있는 요인이 됐다.

김창룡의 숙군을 지휘했던 백선엽은 김창룡의 공적을 높이 평가했다. 숙군작업에서 옥석을 구별하지 않은 경우가 전혀 없었다고 할 수 없으나 이 작업이 사상적으로 혼미에 빠진 국군을, 자기 살을 도려내는 고통을 거쳐 소생시켰다고 봤다.

1년 후 전쟁이 터졌을 때 비록 병사가 개별적으로 적에게 투항한 사례가 있었을지 모르나 집단적으로 투항한 사례는 단 한 번도 없었다는 사실이 그 성과를 입증한다고 회고했다.

그러면서 그는 여순 10·19사건이 일어나지 않고 숙군이 없었더라면 6·25와 같은 상황에서 국군이 자멸의 길을 걷지 않았으리라고 장담할 사람은 아무도 없을 것이라고 되돌아봤다(백선엽, 1990: 346).

숙군 당시 김창룡과 백선엽은 깊은 신뢰를 가지고 있었다. 이들의 인연은 1948년 초여름 제1연대에서 일어난 사고로 거슬러 올라간다. 여순 10·19사건이 일어나기 전이었다.

당시 1연대 정보소대장이었던 김창룡의 부하들이 용공혐의자를 수사하다 고문치사시키는 사고를 냈다. 급한 나머지 김창룡은 백선엽 정보국장을 찾아갔다. "1연대장에게 보고할 일이지 왜 나에게 왔느냐"라는 백선엽의 질문에 김창룡은 "국장님이 도움을 줄 수 있을 것 같아서 찾아왔습니다."라고 찾아온 이유를 댔다.

계통을 뛰어넘어 '죽기 아니면 살기'의 심경으로 찾아온 김창룡을 데리고 유가족을 찾아간 백선엽은 부인과 자녀, 노모 앞에서 무릎을 꿇고 사죄했다. 그리고 우선 정보국에 있는 돈을 보상금 조로 유족에게 전했다. 이렇게 성심성의껏 노력한 결과 사건은 더 이상 확대되지 않았다. 김창룡은 이렇게 빚진 신세를 백선엽에 대한 충성으로 보답하려고 노력했다.

4장

대통령 독대 보고

간첩 피의자 사망사건과 김창룡의 시련

숙군을 거치며 승승장구하던 김창룡에게 시련이 닥쳐왔다. 피의자가 조사를 받다 사망하는 사고가 일어났다. 고희두 사건이다.

숙군이 마무리되면서 백선엽은 1949년 7월 광주 5사단장으로 떠났다. 김창룡도 1949년 7월 14일부로 김안일이 맡고 있던 특별정보대의 2대 책임자로 임명되면서 중령으로 승진했다.

이 시기 김창룡의 보직은 백범 김구가 암살당한 시점과의 관련성 때문에 뒷날 많은 주목을 받게 된다. 백범의 암살에 김창룡이 관련되었다는 의혹이 있었다.

그러나 백범이 암살되던 1949년 6월 26일 김창룡은 38선 인근 전곡·연천지역에 거주하던 황씨 일가 120세대가 집단 월남함에 따라 이들을 신문하는 데 전념하고 있었다는 알리바이를 남겼다.

김창룡은 그 지역을 관할하던 유재홍 사단장과 협의해 동두천 소학교에 부대 천막 10개를 긴급히 설치하고 임진강변 북쪽에서 집단으로 월남하는 120세대를 이주시키는 일을 진두지휘하고 있었다.

아직 특별정보대장을 맡고 있었던 김창룡의 직속 상관 김안일과 동두천 신문 현장에 있었던 엄재림이 이러한 증언을 남겼다(이대인, 2011: 119).

1949년 9월 27일 간첩 혐의로 특별정보대에 체포되어 조사를 받던 고희두가 연행 다음 날인 9월 28일 오후 7시 사망하는 일이 발생했다.

그 당시 동대문 경찰서 후원회장, 청계천 일대 노점상 유지회 대표 등의 직함을 가지고 수천 명의 청년을 거느리며 우익활동을 전개하던 거물의 죽음에 사회적 파문이 일어났다.

서울 중심부에서 그 정도 세력을 지니고 있었다는 것은 그때 기준으로 서울 전체를 장악하고 있었다는 것을 의미한다. 우익을 대표할 수 있는 인물이었다.

그러한 거물이 간첩 혐의로 체포되었다는 것만으로도 사회적 충격이었다. 그런데다 특별정보대 조사를 받던 중 사망함으로써 파문은 증폭됐다.

그 사건 당시 고희두를 조사한 수사관이 도진희 2등 상사였다. 김창룡 암살사건 당시 국회의원이던 도진희이다.

고희두가 사망하자 특별정보대의 고문 때문에 고희두가 죽었다는 고문치사설과 간첩 혐의가 입증되자 그에 충격을 받아 심장마비로 급사했다는 변사설로 여론이 들끓었다.

파문이 가라앉지 않자 국방부 장관은 사건의 객관성을 담보받기 위해 검찰청에 사건 경위를 조사해 주도록 의뢰하여 조사한 결과 고문치사로 판명되고 도진희 2등 상사는 중앙고등군법회의에 회부되어 1949년 10월 22일 업무치사과실죄로 3년 징역을 언도받았다.

고희두 사건이 일어나자 김창룡은 고문치사에 의한 것이 아니라 급성마비에 의한 변사라고 입증하면서 고희두가 간첩이라는 것을 입증하는 데 전력을 기울였다.

여순사건 이후 숙군을 주도하며 승승장구하던 김창룡으로서는 중

대한 시련이었다. 군 수뇌부에서조차 고희두의 변사를 인정하지 않자 그는 비밀수기에 그에 대한 안타까운 마음을 적어 놓았다.

1956년 3월 5일부터 3월 7일까지 경향신문에 연재된 그의 비밀수기 가운데 고희두 사건과 관련한 부분을 살펴본다.

… 고문치사가 아니다. 그는 원래는 몸이 뚱뚱하였으며 혈압이 높은 사람이다. 그는 체포 연행되었을 때 어느 누구보다도 당황했었다. 1949년 9월 27일 오전 8시 그를 동행(同行)했을 때 그는 펄펄 뛰면서 발악을 했다. 그는 죄상을 하는 수없이 자백하기 시작했다. 그리고 조서도 꾸몄다. 그는 원래 뚱뚱한 사람이었으나 연행되었을 때에는 퍽이나 쇠약해 있었다. 증거의 제시로 자백하기 시작한 그는 숨 가쁜 소리를 내면서 몹시 괴로워하였다. 그다음 날 저녁 7시 그는 취조 도중에 의자에서 쓰러지면서 절명한 것이다 … 고문치사가 아니었다. 그는 심장마비로서 죽은 것이다.

… 할 수 없는 일이다. 고문치사라고 하고 3년의 징역 언도가 내렸으나 그것도 달게 받아야 하는 일이다. 그러나 하늘은 무심하지 않으리라! 우리들의 진정 우리들의 애국정신은 어느 때인가는 알려질 때가 있을 것이다 … 참자 참고 견디어 나가자 … 그러나 나는 ××부대로 전속되었다. 상부의 명령이니 가야만 한다. 그러나 방첩대(특별정보대)에서 내가 할 일, 내가 해야 할 일이 많이 남아있는데 ××부대에 간다면-가야지 어느 때인가 내가 할 일 내가 해야 할 일이 나에게 돌아오고야 말겠지.

6·25 전쟁 직후 김창룡은 도진희를 육군 형무소에서 빼내 방첩대

에 원복시키는 한편 서울 수복 후에는 고희두 가족에 대한 동향을 조사했다.

고희두의 갑작스러운 사망으로 그의 간첩 혐의를 제대로 규명할 수 없었던 김창룡으로서는 공산 치하에서의 고희두 가족 움직임이 궁금했을 것이다. 그의 비밀수기에는 공산 치하에서의 고희두 가족 행적이 다음과 같이 기록되어 있다.

고희두 가족에 대하여는 6월 28일 그들이 서울을 침범하자 새벽에 고의 집에 찾아와서 패퇴할 때까지 평양 정치보위부 제1과 직원들이 가족과 재산을 보호했다. 고의 부인은 3개월간의 붉은 서울에서 여맹위원장으로 맹렬한 활동을 전개했다. 고의 아들 홍천은 자진하여 의용군을 동네에서 색출하여 출동시켰다. 그 후 그는 정치보위부 명령에 의하여 잠복근무를 하다가 체포되었던 것이다. 고홍천은 이것만이 아니라 종로 4가에 있는 전매국에서 물자를 훔쳐 인민군에게 제공했던 것이다. 잠복 근무하다가 체포된 고홍천은 일체의 죄상을 자백했다. 고홍천은 자기 아버지 고희두는 (남로당) 당원이었다고 언명하고 이북에 있는 김대라에게 항상 연락하고 있었다고 진술했다(《경향신문》, 1956.3.7.).

김창룡과 이승만의 첫 만남

도진희에 대한 사법 조치와 함께 군은 김창룡에게도 책임을 물어 그해 10월 1일부로 특별정보대장직에서 해임했다. 특별정보대장직에서 해임된 김창룡은 처음 제5사단으로 전출 명령이 났으나 신성모 국방장관과 채병덕 참모총장의 배려로 전출 명령이 취소되어 육군본부 정보국에 그대로 대기 근무하도록 조치된 것으로 알려져 왔다 (동아일보사, 1975: 186).

이와 달리 이대인이 쓴 김창룡 평전(2011)에는 김창룡이 고희두 사건 직후 공군본부 정보국장으로 전출되었다는 내용과 함께 며칠 후인 10월 10일에는 대통령에 의해 육본 정보국에 설치된 군경 합동수사본부의 본부장으로 임명됐다고 기록되어 있다(이대인, 2011: 126).

이로 미루어 고희두 사건을 수습하는 과정에서 김창룡을 특별정보대장직에서 물러나게 하는 대신 군경 합동수사본부장의 자리를 만들어 계속 정보국에서 일하도록 만든 것으로 보인다.

신성모 국방장관이 김창룡을 육군본부에 근무하도록 한 명분은 표면상 "아직도 서울에는 좌익계열이 많기 때문에 이들을 색출하려면 김창룡이 필요하다."라는 이유였다.

그러나 숙군을 거치면서 김창룡이라는 인물이 신성모에게도 크게 각인된 점, 이승만 대통령도 유능한 정보장교를 찾고 있었던 점 등이 작용했던 것으로 보인다(동아일보사, 1975: 187).

김창룡이 이승만과 처음 연결된 것은 이때였다. 신성모 국방장관은 이승만 대통령에게 김창룡이란 사람이 제1급 정보장교라고 추천했다. 숙군 과정을 거치면서 그의 활약상을 대통령으로서도 잘 알고 있었을 것이다.

정확한 날짜를 확인하기 어려운 1949년 10월 어느 날 김창룡은 신성모 국방장관과 함께 경무대로 이승만 대통령을 방문했다.

당시 경무대 비서였던 윤석오가 이승만과 김창룡이 처음 만나는 장면을 언론에 남겼다. 윤석오에 의하면 신성모를 뒤따라 온 김창룡은 옆구리에 브리핑 서류를 한 아름 안고 있었다고 한다.

이승만이 악수를 청하자 김창룡은 황송한 표정으로 감히 손을 내밀지도 못하고 머리만 조아렸다. 대통령이 자리에 앉으라고 권해도 한참 동안 어쩔 줄을 모르더라고 그들을 안내한 윤석오는 회고했다.

신성모와 김창룡이 대통령 집무실을 나오자 이승만은 곧 윤석오 비서를 불렀다. 대통령은 유쾌한 표정을 지으며 "김창룡! 그래 참 훌륭한 군인이야 정말 큰일했어, 참 잘해. 앞으로 나라에 크게 충성할 사람이야."라고 말한 다음 "앞으로 김창룡은 경무대에 자유롭게 드나들 수 있도록 김장흥(경호책임자)에게 일러둬. 나한테 중대보고를 할 거야."라고 지시했다(동아일보사, 1975: 187).

한편, 이대인의 김창룡 평전(2011)에는 출처를 밝히지 않은 채 이승만이 김창룡을 처음 만났을 때의 대화내용을 다음과 같이 소개하고 있다.

"귀관이 정보에 능통하다는 김창룡이로구만! 앉게나! 내가 미 고문단장 이응준 장군이나 채병덕, 정일권 장군들에게 들어봐도 믿음이 가지 않아! 이 나라가 미국의 힘에 의해 해방과 독립 국가가 되었는데 국민의 80%가 문맹이지 않은가! 북한은 소련 공산혁명을 그대로 옮겨놓고 있는데도 지식인들조차 공산주의가 좋은 것으로 알고 있는 것이 한심해. 경찰국장이 내게 보고한 군내 프락치 계보보다 더 심도 있게 군내 공산분자를 색출한다는 보고를 듣고 내가 모처럼 편안한 잠을 잘 수 있었어! 공산당은 타협이 있을 수 없는 집단이야! 당신은 공산당을 좀 안다고 했지?" "예! 관동군 특무헌병부에서 대공 공작조장으로 몇 차례 성공하였습니다." "내가 귀관을 보고 싶어 한 점이 바로 그 점이야! 이 나라는 반공이 아니면 희망이 없는 나라야. 나에게는 귀관과 같이 젊고 멸공으로 남북통일을 할 수 있는 인재가 필요해! 당신은 악과 싸워 이겨낼 수 있다는 믿음이 가는구먼! 신장관, 김창룡 장교는 나라를 위해 큰 공을 세울 사람이니 장관께서 도우시오! 그리고 내가 수시로 불러 대통령의 책무를 함께 완수할 것이오!" "김창룡 장교, 나도 젊은 나이 때는 승룡이라고 불렀다오! 나라를 책임진 나는 정보가 있어야 이 자리를 지킨다오! 정보를 하는 사람은 흔적을 남기지 않아야 하오!"(이대인, 2011: 128~129).

대통령을 만난 이후 김창룡은 거의 2주일에 한 번씩 경무대를 출입하며 이 대통령에게 무엇인가 보고했다. 김창룡이 대통령으로부터 어떤 지시를 받고 있었는지는 알기 어렵다. 대통령으로부터 직접 지시를 받고 있었기 때문에 아무에게도 자기의 임무를 말하지 않았다.

김창룡 특무대장 암살사건 해부

경무대를 출입할 때도 자기가 직접 지프차를 운전하면서 다녔고 자기가 가장 신임하는 심복 부하 한 사람만을 데리고 다녔다. 그러나 그 심복 부하조차도 김창룡이 대통령의 밀령을 받고 있는 줄은 까마 득하게 모르고 있었다고 한다(동아일보사, 1975: 188).

경남지구 방첩대장의 비상계엄 권한

김창룡이 고희두 사건을 계기로 특별정보대장직에서 해임된 직후 그 조직의 이름도 방첩대(Counter Intelligence Corps, CIC)로 바뀌었다. 고문치사 사건에 대한 비판적 여론을 벗어나려는 이미지 쇄신 조치였던 것으로 보인다.

1949년 10월 21일 자로 그 이름이 바뀐 방첩대는 그 소속도 육군본부 3과에서 2과로 변경됐다. 3과에서 2과로 바뀐 시점이 6·25전쟁 직후라는 설도 있다.

1950년 6월 25일 북한군의 남침으로 전면전쟁이 시작됐다. 방첩대의 수사선상에서 제외되어 대기상태에 머무르던 김창룡이 다시 재기할 수 있는 새로운 국면을 맞게 됐다.

전쟁 초기 낙동강 전선까지 밀려 육군본부가 대구에 자리를 잡고 있을 즈음인 1950년 8월 김창룡은 경남지구 방첩대장에 보임됐다. 경남지구 방첩대는 부산지역 뿐만아니라 경남지역의 모든 방첩업무를 관할했다.

대통령은 전쟁이 일어나자마자 7월 8일 비상계엄을 선포했다. 처음 호남을 제외했으나 7월 20일 남한전역으로 계엄지역의 범위가 확장됐다.

전쟁 직전인 1949년 11월 24일 제정된 계엄법은 비상계엄이 선포된 지역의 행정권과 사법권을 계엄사령관이 행사하도록 규정하고 있었다. 그에 따라 행정사법권을 관할하게 된 경남지구 계엄사령관 김종원은 1950년 8월 29일 관내 모든 정보수사업무를 경남지구 방첩대에서 통합조정하도록 지시했다.

김창룡은 후방지역을 교란시킬 수 있는 적대세력의 준동을 예방하는데 주력했다. 정규전과 게릴라전이 중첩된 대규모 전쟁에서 후방지역의 사회질서를 유지하고 게릴라를 저지하는 일은 전방에서의 정규전 못지않게 중요했다.

1946년의 전평 총파업, 영남 폭동사태에서 보는 것처럼 후방지역의 좌익이 폭동을 일으킬 경우 전방의 군인들은 전후방 양방향에서 고립되어 한순간에 국가체제가 무너질 수 있다.

이 시기 대통령은 부산으로 옮겨온 임시 경무대에 거처하고 있었다. 대통령과 김창룡이 더욱 가까이 만날 수있게 됐다. 김창룡은 전시의 혼란 속에서도 기회가 닿는 대로 경무대를 찾아 고급정보를 보고했다.

전시 혹은 내란상태에서의 국가위기관리 방식을 이해하기 위해서는 계엄조치가 갖는 법적 성격에 대해 좀 더 알아볼 필요가 있다. 1948년의 제주 4·3사건이나 여순사건이 재빨리 제압될 수 있었던 것도 계엄령에 힘입은 바 크다. 제헌 헌법(64조)은 "대통령은 법률의 정하는 바에 의하여 계엄을 선포한다."라고 규정하고 있었다.

그러나 1948년 10월 여순사건이 일어날 때까지 이 헌법조항을 뒷받침하는 계엄법은 제정되지 않았다. 그에 따라 정부는 여순사건이 일어났을 때 법률에 바탕을 두지 않은 긴급명령 성격의 계엄령을

1948년 10월 25일 대통령령으로 공포했다.

4·3사건이 아직 수습되지 않고 있던 제주지역에 대해서도 1948년 11월 17일 계엄을 선포했다. 이때 공포된 계엄령은 일제 강점기 계엄령 구조나 개념을 모방한 것이었다.

계엄지구의 사법 및 행정사무를 계엄사령관이 독할(督轄)하게 한 점, 계엄지구에서 일반 민간인을 군법회의에 회부시킬 수 있는 점 등이 일본 계엄령을 본뜬 대표적 내용이다(김무용, 2015: 24).

여순사건 때 계엄지역은 전남북 전역이었다. 당시 호남지역 공비 토벌작전을 지휘하고 있던 원용덕 호남방면 사령관이 계엄사령관을 맡았다. 원용덕은 1948년 11월 5일 발표한 포고문에서 "전라남북도는 계엄지구이므로 사법과 행정 일반은 본 호남방면 군사령관이 독할한다."라고 선언했다.

그 당시 국방부 장관이었던 이범석은 계엄을 선포한 이유에 대해 사건을 신속하고 효과적으로 처리하기 위해 계엄령을 발표했다고 국회에서 답변했다. 법무부 장관은 계엄법이 제정되지 않은 까닭에 현지 군사령관이 동란을 방지하는 긴급조치의 수단으로서 반란상태를 수습하기 위해 계엄령을 발동했다고 선포 배경을 밝혔다.

정부수립 전후 시기는 일종의 내전 상태였다. 제주 4·3사건이나 여순사건처럼 대한민국 수립에 반대하는 갈등이 내전 상황으로 치달았다. 어렵게 독립한 정부로서는 내전 상황을 진압하기 위한 계엄령 동원이 불가피했다.

계엄령은 내전 국가에서 반란이나 봉기를 진압할 수 있는 중요한 군사전략이었다. 정부가 수립된 직후 미처 관계법을 제정할 수 없는 상태에서 계엄령이 발동됐기 때문에 그 합법성에 대한 논란이 일어났으나 1949년 11월 24일 계엄법이 제정·선포됨으로써 그 시비는 잠재워졌다.

그 후 군인 출신들이 집권한 시기 일부 계엄법이 남용됨으로써 국민 인권과의 조화문제가 오늘날까지도 논란을 낳고 있다. 현행 계엄법(8조)도 정보 및 보안업무를 관장하는 기관을 포함한 계엄지역의 행정기관 및 사법기관은 지체 없이 계엄사령관의 지휘·감독을 받도록 규정하고 있다.

박정희 전 대통령 시해 직후 전두환 보안사령관이 계엄령을 틈타 일거에 모든 정보수사기관을 장악했던 것처럼 경찰력만으로 국내 질서를 회복할 수 없는 사태가 일어나면 군이 그 질서 회복을 책임질 법적 권한이 항상 보장되어 있다.

서울 수복 후 부역자 처리 권한을 맡은 김창룡

인천 상륙작전이 성공을 거두면서 6·25전쟁의 전세는 역전되기 시작했다. 1950년 9월 28일에는 서울도 되찾았다.

이 시기 김창룡은 경인지구 방첩대장으로 명령받아 서울에 들어왔다. 김창룡에게 주어진 임무는 전쟁 직후 서울을 빠져나오지 못해 공산군 치하에 놓여있던 중요 인물들을 구출하고 민심을 선무하는 한편 지하 공산 세력을 색출하여 처벌하는 것이었다.

9월 28일 서울이 수복된 그날 서울로 들어오는 데 성공한 김창룡은 요인들을 구출하는 대로 국방장관을 통해 이 대통령에게 보고했다. 박순천, 모윤숙 등이 이때 구출됐다.

박순천 전 의원은 이승만 대통령이 서울 수복 직후 처음 서울에 올라와 시내 시찰을 나섰을 때의 일화를 남겼다. 김창룡은 이승만이 상경하는 시간에 맞춰 박순천을 경무대로 데려갔다.

그때 이 대통령이 김창룡에게 "남대문에 나가 적 치하에서 고생한 시민들에게 인사를 해야겠는데 치안 상황이 어떤가."라고 묻자, 김창룡은 스스로 경호를 맡겠다고 나서 남대문까지 수행하겠다고 자청했다.

그러나 남대문으로 나선 이승만이 잠시 후 되돌아왔다. 그 이유에 대해 김창룡은 "대통령이 탄 차의 차바퀴 밑에 갑자기 수류탄이 굴러

들어와 그 수류탄을 주워냄으로써 위기를 모면시켰으며 이 일로 시민들에게 인사도 못 하고 돌아왔다."라고 박순천에게 설명했다.

이 말을 듣고 박순천은 "이 대통령은 이 일로 김창룡을 더욱 신임하게 되었으나 수류탄을 제거한 상황은 좀 이상한 점이 없지 않다."라는 인상을 받았다(동아일보사, 1975: 192). 김창룡이 이승만의 신임을 얻기 위해 돌발 상황을 연출했으리라는 추측이 담긴 말이다.

서울을 수복한 후 국군이 북진하면서 북한지역도 점차 공산 치하에서 해방되어 나가자 김창룡은 평양지구 방첩대장으로 발령받았다.

그러나 서울 시내 부역자 처리문제가 긴급한 현안으로 떠오르자 이 발령은 곧 취소되고 김창룡은 군검경 합동수사본부장(이하 '합수부')을 맡게 된다. 이제 군검경의 정보수사권을 모두 합법적으로 지휘할 수 있는 권한을 가지게 됐다. 전쟁 중의 특수한 상황에서 대통령 밑의 최고 권력기관을 수중에 쥐게 됐다.

김창룡은 이때 자기의 말을 잘 듣지 않는 부하들을 모두 방첩대 본부로 보내고 위관급 부하들만 데리고 일했다. 1950년 10월 21일 자로 방첩대가 독립부대로 출범하면서 특무부대로 이름을 바꾸고 체제를 재정비하는 틈을 타 자신이 데리고 일할 수 있는 인력을 재조정한 것으로 보인다.

공산군이 침입했을 때 피난가지 않고 서울에 남아 공산군에 협조했던 부역자를 가려내는 일은 부역자의 생과 사를 가르는 중대한 일이었다.

합수부는 서울이 수복된 직후인 1950년 10월 4일 경인지구계엄사령관의 명령에 의거해서 설치됐다(이대인, 2011: 187). 서울 종로구 국일관에 본부를 차린 합수부는 서울에 남아 공산군에 협력한 부역자들을 색출해 처벌하는 작업을 벌였다.

여기서 부역자란 "(6·25 전쟁 때) 적 치하에서 혹은 자진하여 혹은 위협과 강제에 못 이겨 역도에게 협력한 자"를 말하며, 처단의 목적은 "피탈지역을 수복함과 동시에 이들 부역자에 대한 방침을 확립하여 민족정기를 밝힘과 동시에 민심의 불안을 진정시키는 데" 있었다(대한민국 국방부 정훈국 전사편찬회, 1951: 76).

이때 합수부가 부역자를 처리한 근거 법령은 「비상사태하 범죄처벌에 관한 특별조치령」(약칭 '특조령')이었다. 대통령 긴급명령 제1호인 이 특조령은 전쟁이 일어난 1950년 6월 25일 자로 제정·공포됐다.

비상사태에 놓인 상태에서 반민족적 또는 비인도적 범죄를 신속히 엄중 처단하기 위해 만들어진 특조령은 '적에게 무기, 식량, 유류, 연료 기타의 금원을 제공하여 적을 자진 방조한 자' 등은 '사형, 무기 또는 10년 이상의 유기징역에 처한다.'라고 규정하고 있었다. 한국 현대사에서 만들어진 법령 중 가장 엄중한 형벌을 규정한 법령이었다(한인섭, 2008: 317).

그러나 특조령에 합수부의 설치를 명시한 규정은 없었다. 그에 따라 합수부 활동의 합법성에 대한 시비가 계속됐다. 합수부는 계엄사령관의 지휘하에 있었기 때문에 군의 지휘하에 검찰과 경찰이 수사 협조를 위해 인력을 파견하는 형식으로 운영됐다.

이에 따라 조직 구성원 간 협조가 원활하지 못해 검찰과 경찰의 마찰이 계속되자 1951년 초 검찰과 경찰은 파견 인력을 철수시킨다. 중공군의 개입으로 전세가 다시 역전되어 합수부가 1951년 1월 4일 부산으로 옮긴 때쯤이었다.

그 후에도 합수부의 존립에 대한 논란이 계속되자 국회에서는 1951년 4월 29일 김종순 의원 외 28명의 연명으로 「합동수사본부 해체에 관한 결의안」이 제출됐다. 이 결의안은 1951년 5월 2일 비상계엄 해제 결의안과 함께 국회에서 가결됐다. 그에 따라 비상계엄이 해제되고 합수부도 1951년 5월 23일 해체식을 개최하고 해산했다.

「합동수사본부 해체에 관한 결의안」은 "법률적 근거 없이 설립된 합동수사본부가 독자적인 수사권을 갖는다는 것은 분명히 위헌이며 설령 불가피한 사정으로 동 기관을 인정한다 해도 동 기관이 군사적 필요에 의한 것이라는 본래의 설립목적을 일탈한 월권행위가 자행되고 있을 뿐만 아니라 … 이제 … 하나의 독립된 관청화하는 등의 폐단이 많으므로 이를 해체하여 일반 범죄는 검찰 및 경찰에, 군 관계 범죄는 군 수사기관에 각각 이양함으로써 수사기관의 난립을 방지하며 아울러 인권유린의 작폐를 근절하기 위하여 합동수사본부를 해체할 것"을 요구했다(한인섭, 2008: 326).

국민방위군 사건과 정일권의 해임

압록강까지 진격했던 유엔군과 국군은 중공군의 개입으로 다시 후퇴의 길에 나섰다. 정부와 군은 1951년 1·4후퇴를 앞두고 100만여 명에 이르는 청장년들을 남쪽으로 이동시키는 계획을 세웠다.

만 17세 이상 40세 미만의 청장년들을 국민방위군으로 편성해서 경남북과 제주도에 51개의 교육대를 설치해 이동시킨 후 훈련하는 계획이었다.

전쟁 초기 남한 대부분의 지역을 북한이 점령함에 따라 점령지의 많은 청년이 북한군 의용군으로 끌려갔던 경험을 되풀이하지 않으려는 조치였다.

이 조치를 위한 법적 근거로 국민방위군설치법이 1950년 12월 21일 제정·공포됐다. 전문 11조로 구성된 이 법은 '국민방위군의 설치, 조직과 편성의 대강을 정하여 국민 개병의 정신을 앙양시키는 동시에 전시 또는 사변에 있어서 병력동원의 신속을 기함'을 목적으로 두고 있었다(1조).

만 17세 이상 40세 이하의 남자는 지원에 의해 국민방위군에 편입할 수 있었으나 현역 군인, 군속, 경찰관 등은 제외됐다. 그리고 '육군 참모총장의 명에 의해 군사행동을 하거나 군사훈련을 받는 이외에는 정치운동, 청년운동과 일반치안에 관여할 수 없다.'(5조)라고 명시

김창룡 특무대장 암살사건 해부

했다.

이와 함께 '육군총참모장은 국방부장관의 지시를 받아 국민방위군을 지휘감독한다.'(8조)라고 규정했다. 지휘감독의 책임이 육군총참모장에게 있음을 법률로 명시한 것이다. 육군 총참모장은 오늘날 육군참모총장이다.

이 법에 따라 병력모집을 시작하자 순식간에 50만여 명이 응모했다. 국방부 장관 신성모는 우익단체였던 대한청년단의 김윤근 단장을 준장으로 임관하고 국민방위군사령관에 임명했다. 이렇게 모인 병력은 중공군의 대공세에 따라 서울이 함락될 지경에 이르자 영남, 제주지역에 설치된 교육대를 향해 후퇴를 시작했다.

문제는 이동 과정에서 발생했다. 이동에 필요한 차량이 전혀 지원되지 않았을 뿐만 아니라 한겨울을 이겨낼 수 있는 군복, 침구류가 지급되지 않았다. 게다가 식량도 제대로 보급되지 않았다.

처음부터 예산이 부족했을 뿐만 아니라 국민방위군의 지휘관들이 병력에게 공급되는 보급품과 예산을 횡령한 것이 원인이었다. 보급품을 제때 공급받지 못한 이들의 행렬은 비참한 결과를 초래했다.

하루에 주먹밥 하나만을 지급받아가며 한겨울에 장거리 행군을 시작하자 굶어 죽거나 얼어 죽거나 병들어 죽는 장정들이 속출했다. 이렇게 죽은 자의 수는 여러 가지 설이 있으나 9만여 명에 이르는 것으로 알려졌다.

군에서는 이러한 비참한 실정을 철저하게 은폐했다. 그러나 비참한 몰골에 대한 목격자가 많아지면서 국회에서 문제가 제기됐다. 국회진상조사단이 조사한 바에 의하면 1950년 12월에서 1951년 3월까지 현금 24억 환, 쌀 5만 2천 섬을 국민방위군 간부들이 횡령한 것으로 집계됐다.

조사 결과에 따라 김윤근 사령관 등 간부 5명이 총살되고 신성모 국방장관과 정일권 육군참모총장도 해임됐다. 국민방위군 사건에 대한 징계성 해임이었다.

1951년 5월 7일 신성모 후임으로 국방장관에 취임한 이기붕은 정일권의 후임으로 이종찬을 천거했다. 이종찬은 1951년 6월 22일 육군참모총장에 취임했다.

1951년 7월 정일권은 강문봉과 함께 미국 육군참모대학 연수를 떠났다. 국민방위군 사건 때 부정 유출된 자금이 군부 고위층, 정치권 등 이승만 측근에게 흘러들어갔다는 설이 나돌았으나 더 이상 진상은 밝혀지지 않았다.

국회에서 1951년 4월 30일 국민방위군 설치법 폐지안을 결의함으로써 국민방위군은 해체됐다.

국민방위군 사건에 대한 김창룡의 시각

군대의 부정부패는 외부의 적보다 무섭다. 중국의 장개석 군대도 내부의 부패 때문에 모택동 군대에 패배한 것으로 잘 알려져 있다. 국민방위군 사건 역시 군대의 부정부패가 얼마나 큰 범죄인가를 보여준 사건이었다.

그 당시 이 사건의 비참한 실태를 알아보기 위해 대구와 경주, 울산 등지를 두루 돌아다녔던 이시영 부통령은 장정들의 갈기갈기 찢어져 헐벗은 옷차림, 오랜 굶주림에 뼈만 앙상하게 남은 야윈 모습, 살아있는 송장이나 다름없는 젊은이의 참상을 목격하고 1951년 5월 9일 부통령직을 사임했다.

당시 국민방위군 작전처장이었던 이병국은 첫 부대 1만여 명이 서울 창덕궁에 소집돼 이동하던 과정을 이렇게 묘사했다. "1만 명 가까운 병력을 후송하는 데 차량은 물론 쌀 한 톨, 군복 한 벌 안 주고 언제까지 집결하라는 지시도 없이 막연하게 '착지 부산 구포'라는 작전명령을 육군본부로부터 받았다. 대신 양곡권이라는 것이 지급됐다. 걸어가다가 시장, 군수에게 제출해서 급식을 해결하라는 것이었다."(《노컷뉴스》, 2015.7.21.)

박정희정부 때 대표적인 반정부인사였던 이영희는 자신이 군에 대한 부정적 인식을 가지게 된 동기가 국민방위군 사건에 있다고 밝혔다. 6·25전쟁 때 통역장교로 참전했던 이영희는 진주에서 근무할 때 이들의 참상을 지켜봤다. 그는 자서전에서 '순진하고 직선적인 정의감에 불타는 애국주의자'적인 첫 의식이 촉발된 계기가 이 참상을 목격하면서부터라고 썼다(리영희, 2010: 199). 그는 자신의 저서에 그 모습을 이렇게 기록했다.

전국 각지에서 끌려온 예비 병력으로서의 국민방위군의 최종 목적지의 하나가 진주였다. 진주에 주둔한 날부터 그야말로 목불인견(目不忍見)의 국민방위군 청장년들의 행렬이 쇄도하기 시작했다. 얼마나 되었는지 그 수는 지금도 기억하지 못하지만 만 명은 훨씬 넘었다. 진주시 내외의 각종 학교 건물과 운동장은 해골 같은 인간들로 꽉 들어찼다. 인간이 그런 참혹한 모습이 될 수 있다는 것은 놀라운 발견이었다. 느닷없이 끌려 나온 그들의 옷은 누더기가 되고, 천 리 길을 걸어 내려오는 동안에 신발은 해져 맨발로 얼음길을 밟고 있었다. 혹시 몇 가지 몸에 지녔던 것이 있더라도 굶주림 때문에 감자 한 알, 무 한 개와 바꾸어 먹은 지 오래여서 몸에 지닌 것이라곤 아무것도 없었다. 인간을, 포로도 아닌 동포를, 이렇게 처참하게 학대할 수 있을까 싶었다. 6·25전쟁의 죄악사에서 으뜸가는 인간 말살 행위였다 ⋯ 진주중학과 각급 학교 교실에는 가마니도 제대로 없었다. 다 깨어진 창문을 막을 아무것도 지급되지 않았다. ⋯ 교실 안에 수용된 사람들은 그나마 다행이었다. 교실이 틈도 없이 채워진 뒤에 다다른 형제들은 엄동설한에 운동장에서 몸에 걸친 것 하나로 밤을 새워야 했다. 누운 채 일어나지 않으면 죽은 것이고, 죽으면 그대로 거적에 씌워지지도 않은 채 끌려 나갔다. 시체에 씌워줄

거적이 어디 있단 말인가! 얼마나 많은 아버지가, 형제와 오빠가, 아들이 죽어갔는지! 단테의 연옥도 불교의 지옥도 그럴 수는 없었다(리영희, 2010: 199-200).

1961년 5·16 정변이 일어났을 때 이영희는 합동통신사 외신부 기자로 있었다. 정변이 일어난 그날 아침 그는 사태의 추이를 관망하며 허둥대는 기자들에게 "부패한 군대가 혁명을 하겠다니 당치도 않은 말이에요. 이 국가에서 제일 썩은 세력이 군대인데, 그 군인들이 누구를 어떻게 바로잡겠다는 말이에요 … 우리는 힘닿는 데까지 군부 통치를 반대해야 해요. 반대합시다."하고 소리쳤다고 한다.

이후 이영희는 박정희 정부에서부터 노태우 정부까지 군부 출신에 의한 통치를 반대하는 언론투고, 강연 활동을 계속했다.

김창룡도 국민방위군 사건에 대해 이영희와 비슷한 인식을 가지고 있었다. 그 문제에 대한 그의 의식의 일면을 들여다볼 수 있는 기록이 김창룡 평전에 서술되어 있다.

이대인이 쓴 김창룡 평전(2011)은 김창룡을 지나치게 미화하고 일부 역사적 사건의 전후 관계가 맞지 않으며, '고희두 사건'을 '고의두 사건'으로 표기하는 등 사료로서의 가치가 다소 떨어지는 흠집이 있다.

그리고 자료의 출처를 명시하지 않아 어디서 어디까지가 작가의 생각이고 인터뷰어들의 증언인지 명확하지가 않다. 그럼에도 이 책자는 작가 자신이 국군방첩사령부에서 오랫동안 근무했던 국군방첩사령부 문관 출신이고 김창룡의 미망인 도상원을 비롯 김창룡 측근의 생존자들을 면담 조사했다는 점에서 사료적 가치를 무시할 수 없다.

이 책에 따르면 김창룡은 부정부패는 전쟁 중에 더욱 심하다는 확신을 가지고 있었다고 한다. 그리고 전쟁의 와중에서 모든 권한을 장악한 군 수뇌부와 정치권의 공모로 국민방위군 사건이 일어났다고 보고 있었다.

그 당시 김창룡은 "일본이 망한 것은 군인정치의 결과다. 무관이 지나간 자리는 잡초가 무성해도 문인(선비)이 지나가면 벼가 무성하다."라는 말을 되뇌이곤 했다고 한다. 그가 문민 우위의 원칙에 대한 신념을 가지고 있었다는 것을 엿볼 수 있는 대목이다.

김창룡의 부정부패에 대한 거부감을 옆에서 지켜본 증언자도 있다. 기무사의 박기준 문관은 수원 농림학교를 졸업한 후 1950년 8월 피난지였던 부산에서 경남지역 방첩대 문관으로 특채됐다.

그 후 김창룡이 암살될 때까지 특무부대 특무과 취조관으로 일했다. 수사업무 관계로 오랜 기간 김창룡을 옆에서 지켜본 인물이다. 그에 의하면 평소 김창룡은 중국 장개석 정부의 진성(陣誠) 장군을 극찬했다고 한다(이대인, 2011: 305). 진성 장군은 장개석 정부가 모택동 군대에 쫓겨 대만으로 밀려난 후 대만 정부의 행정원장으로 일하며 정부와 군대의 부정부패를 척결한 사람으로 유명하다.

특무부대의 탄생

통위부 정보국과 조선경비대 정보처가 1948년 5월 27일 통합되면서 통위부 정보국 산하 조직으로 탄생한 특별 조사과는 여순사건, 대구 6연대 반란 사건 등 군의 존립 자체를 흔드는 군기 사건이 잇달아 일어나면서 그에 대처하기 위한 조직과 인원을 계속 늘려나갔다.

여순사건 직후인 1948년 11월 1일에는 특별정보대로 이름을 바꾸고 부산, 대구, 목포, 여수 등 전국 15개 지역에 단계적으로 지역조직을 세웠다.

군내 좌익에 대한 1차 수사가 마무리되고 고희두 변사사건에 따라 김창룡 대장이 물러난 뒤인 1949년 10월 21일에는 방첩대로 명칭이 바뀌었다.

방첩대로 이름이 바뀌기 직전인 그해 10월 10일에는 육본정보국 특별정보대 산하에 군경 합동수사본부가 설치되어 김창룡이 본부장을 맡았다. 군인과 경찰이 결합된 조직이다. 이때부터 6·25전쟁이 일어날 때까지 김창룡이 가진 직함이었다.

군이 창설되는 미숙한 시기인데다 6·25전쟁을 앞두고 북한이 대규모 게릴라를 계속 남파시키는 등 정세가 불안해짐에 따라 군의 정보수사 조직도 그에 맞추어 변화에 변화를 거듭했다. 전쟁 초기 낙동강까지 밀렸던 국군이 서울을 수복했다.

그에 따라 경인지구 계엄사령관이었던 이준식 육군 준장은 서울에 군검경 합동수사본부를 설치했다. 군과 경찰이외 검찰까지 가세한 합동수사본부가 꾸려진 것이다.

이러한 일련의 과정에서 1950년 10월 21일에는 육군본부 직할부대로 특무부대가 창설됐다. 육군본부 정보국의 한 분과 조직이었던 방첩대를 독립의 지휘체계를 갖춘 부대로 분리한 것이다.

전쟁을 겪으면서 방첩, 공작 등 전문분야별 업무가 증가하자 육본 정보국이라는 협소한 하나의 조직에 묶여있던 전문조직을 독립조직으로 분화·확대한 것이다. 비밀공작 분야인 첩보과도 이듬해인 1951년 3월 25일 첩보부대(HID, Headquarters of Intelligence Detachment)로 분화됐다.

군인과 민간인이 뒤섞여 움직이는 전쟁이라는 특수한 상황에서 북한군이 민간인으로 위장시켜 내려보내는 제5열을 적발하는 일, 새로 점령한 지역에서 부역자를 색출하고 행정질서를 확립하는 일 등 군 정보기관으로서 수행해야 할 일들이 많아졌다.

특히, 전쟁 중이라 민간인을 대상으로 하는 군사업무는 단순한 군사지식만으로는 해결하기 어려운 측면이 있었다. 전방에서의 전투 이외 정치·경제·사회 등 복합적 요인이 군사 문제에 개입되고 군사 문제가 다시 정치·경제·사회 문제와 연계되고 있었다.

이러한 문제에 대처하기 위해서는 군과 민간이 연결되는 부문에 대해 정확한 정보를 수집해서 군과 민의 화합을 도모하고 안보 차원에서 전략적으로 판단하는 업무가 요구된다.

일본이 1937년 중일전쟁을 일으켜 중국 본토로 진입한 후 군사 문제 이외 대민차원의 전략적 문제가 일어나자 육군나카노정보학교를 세워 민간출신의 정보장교를 대량 양성한 것도 이러한 이유에서였다.

서울 수복 후 북한으로까지 국군이 진격하는 등 군사 점령지가 광역화되자 다양한 계엄업무를 추진하기 위한 정보조직이 필요했다. 이러한 배경에서 특무부대가 창설됐다.

국방부 일반명령 제91호에 의해 특무부대가 신설될 때의 성격은 그 조직을 통해 잘 드러난다. 창설 당시 특무부대는 총 5개의 부서로 구성되어 있었다. 이 가운데 3개는 특무과(特務課), 조사과(調査課), 내정과(內情課) 등 활동 부서이었다.

그 외 2개 부서는 행정과, 군수과 등 지원부서였다. 그리고 경남북, 전남북 등 전국 8개 지역에 지구 파견대를 설치했다(국군보안사령부, 1978: 38).

각 부서의 기능은 미국 측 자료를 통해 엿볼 수 있다. 주한미군이 1951년 3월 14일 작성한 자료에 의하면 특무과는 군내외 부식한 정보원들을 활용해서 적과 내통하고 있는 것으로 의심되는 불순분자를 추적하는 업무를 맡고 있었다. 간첩 및 오열분자와 이적 행위자를 적발처리하는 것이다.

조사과는 정치, 경제, 사회 등 요소별로 정보를 수집하는 임무를 맡고 있었다. 정부전복을 기도하는 등 반국가·반군 세력을 적발처리하는 기능이다.

내정과는 중요 인물의 신원을 조사하고 신분 증명, 사진 관리 등 인물 자료를 관리하고 있었다. 군사시설, 문서 및 인원을 보호하기 위한 보안방첩 기능을 수행했다.

그 외 지원부서에서는 한국 주둔 외국군대와의 협조, 군수보급, 부
대원 인사관리 등의 업무를 수행했다(김득중, 2010: 51).

김창룡의 특무부대 위상 강화

서울 수복 직후인 1950년 10월 4일 조직된 군검경 합동수사본부장을 맡고 있던 김창룡은 보름여 뒤 특무부대가 창설되자 특무부대 부부대장을 겸임했다.

초대 특무부대장은 김형일 육본정보국장이 맡았다. 정보국장직을 수행하면서 특무부대장직도 가지고 있었다. 특무부대 본부는 대구에 있었다.

김창룡은 1951년 5월 15일 특무부대장에 부임했다. 그 열흘 뒤인 5월 25일 박정희 전 대통령은 9사단 참모장으로 근무하다 대구에 있는 육군정보학교 교장으로 부임했다. 9사단 부사단장 시절 박정희 참모장과 친했던 김종평 육군본부 정보국장이 추천한 자리였다.

정보학교는 대구 칠성초등학교 교사를 빌려 쓰고 있었다. 육군본부라는 한 울타리 밑에 김창룡과 박정희가 다시 같이 근무하게 됐다.

국민방위군의 참상이 알려지면서 국회가 「국민방위군 의혹사건 특별조사위원회」를 구성해 그 결과를 1951년 5월 7일 본회의에 보고하고 이시영 부통령이 그에 책임을 지고 5월 9일 사임하는 등 군의 부정부패에 대한 국민의 비난이 들끓고 있던 때였다.

국회는 1951년 5월 2일 비상계엄 해제 결의안과 함께 합동수사본부 해체에 관한 결의안을 가결했다. 이에 따라 비상계엄이 해제됨으로써 계엄사령관의 명령에 의해 설치된 군검경 합수부도 존립 근거를 잃고 5월 23일 해체됐다.

합수부가 해체됨으로써 김창룡도 새로운 보직이 필요했다. 이승만이 김창룡을 특무부대장으로 임명한 배경에는 이와 같은 정황이 깔려있다. 김창룡이 부임하기 이전까지는 김형일에 이어 백인엽, 이한림, 이후락, 김종평 등이 불과 몇 개월씩 육본 정보국장과 특무부대장을 겸임했다.

합수부에 파견됐던 방첩대 소속 직원들은 육본 작전지시 제488호(1951.5.25)에 의거 특무부대로 복귀했다(이대인, 2011: 188). 방첩대에서 합수부에 파견된 군인은 김창룡 중령을 포함 36명이었다. 검찰에서는 오제도, 정희택, 안문경 검사 등이 파견 나와 있었고, 경찰에서는 박상희 경위 등 83명이 나와 있었다.

창설 후 5개월여가 지난 1951년 3월 기준으로 특무대 인원은 장교, 사병, 군속을 포함해 400여 명이었다. 여기에다 각 지역 파견대에서 총 190여 명의 민간인을 고용하고 있어 전국적 인원 규모는 590여 명이었다(김득중, 2010: 50).

어떤 특정한 조직은 그 조직을 상징하는 상징물, 그 조직을 규율하는 법령, 상하관계를 규정짓는 지휘종속 관계 등으로 이루어진다. 김창룡은 특무부대장 부임 후 독립조직으로서의 위상을 강화하는 노력을 기울였다. 부대 명칭을 9.28 수복을 기념하는 의미에서 '1348부대'에서 '1928부대'로 바꿨다.

또한, 호랑이를 부대를 상징하는 상징동물로 정했다. 호랑이를 상징동물로 정한 데 대해 "하찮은 토끼 한 마리를 잡기 위해서 호랑이는 모든 지혜와 혼신의 정기를 집중시키는 치밀한 계획, 신중한 경계, 지루하고 괴로운 시간을 태산처럼 무겁게 기다리는 끈질긴 인내, 바람 같이 신속한 결행으로 정확하게 목표물을 전취하고 마는 무서운 위력을 가지고 있다."라고 교육했다(이대인, 2011: 190).

함께 근무했던 직원들은 그가 부대장이 된 후에도 항상 검소하고 서민적인 생활 태도를 유지했다고 증언하고 있다. 정복 1벌과 작업복 2벌의 군복 이외 사복이 없었고 부대장 차를 운전하는 병사와 함께 계급장을 손수건이나 종이로 가린 채 시장통에서 가락국수, 냉면 등을 즐겨 사 먹은 점, 밤에 거지 복장으로 변장하고 길거리 번데기 집과 만둣국 집을 수시로 드나들며 정보를 수집한 점, 심복 부하들과 함께 야간순찰을 돌다 참모총장을 비롯한 고관들의 차량이 고급 요정 앞에 세워져 있는 것을 보고는 차량 바퀴의 바람을 빼버린 점 등이 서민적 김창룡의 사례로 회자되고 있다(이대인, 2011: 189~196).

대통령과의 거리를 기준으로 권력의 비중을 따져볼 때 이제 김창룡은 가장 강력한 권력을 가진 인물들 가운데 한 명이 됐다. 고희두 사건 직후 대통령을 만나 대통령과 직거래할 기회를 잡은 후 수시 경무대에 들어가 수집 정보를 보고했다.

대통령에 대한 대면보고가 개척된 지 2년이 채 지나지 않아 특무부대장이라는 제도적으로 보장된 지위를 가지고 최고 통치권자인 대통령을 필요할 때면 언제라도 만날 수 있는 지위에 올랐다. 이후 1956년 암살당할 때까지 그는 특무대장직을 유지하며 대통령과 가장 가까운 거리를 유지했다.

5장

육군 수뇌부의 쿠데타 시도

이승만의 재선 공작

김창룡이 특무대장에 취임한 시점은 대통령 선거를 1년여 앞둔 시기였다. 중공군의 개입으로 일시 밀렸던 전선은 다시 서울을 되찾고 38선 부근에서 고착되어 지루한 고지 쟁탈전을 반복하고 있었다. 육군본부, 특무대 등 군의 주요 기관은 아직 대구에 본부를 두고 있었고 임시 수도는 부산에 있었다.

제헌 헌법은 대통령 간선제를 채택하고 있었다. 국회에서 대통령을 뽑는 규정을 두었다. 제헌 헌법에 대통령과 국회의원의 임기는 4년으로 명기되어 있었으나 부칙에 초대 국회의원의 임기를 2년으로 제한하고 있었다. 그에 따라 1950년 5월 30일 제2대 총선이 먼저 실시됐다.

이승만이 제헌 국회에서 선출된 날짜는 1948년 7월 20일이고 대통령 취임 일자는 7월 24일, 정부수립일은 8월 15일이었다. 따라서 대통령 임기 개시일을 어느 날로 잡느냐에 따라 이승만의 임기 만료일은 1952년 7월 20일, 7월 24일, 8월 15일이 될 수 있었다. 논란 끝에 국회는 8월 15일을 대통령 임기 만료일로 결의했다.

2대 총선 결과 반이승만 세력이 의석의 절대다수를 차지했다. 총 210석 가운데 이승만을 반대하는 무소속이 60퍼센트가 넘는 126석을 가져갔다. 6·25전쟁이 일어나기 25일 전이었다.

2대 총선의 결과 1952년 8월 1차 임기 4년이 끝나는 이승만으로서는 자신에 반대하는 인물들이 몰려있는 국회에서 재선되는 것이 불가능한 상태에 빠졌다. 재선을 꿈꾸는 대통령과 국회의 마찰이 불가피해졌다.

특히, 전쟁 직후 서울을 빼앗기고 후퇴할 때 대통령이 시민들에게 서울을 사수하겠다고 공언해 놓고 야반도주하듯 피난한 행태에 대해 비난 여론이 들끓었다. 국회의원들에게는 피난 정황을 제대로 알리지 않아 공산 치하에서 35명이 피살되거나 납치, 행방불명되어 이승만에 대한 국회의원들의 불만도 쌓여가고 있었다.

미국도 휴전회담에 반대하는 이승만에게 골머리를 앓고 있었다. 중공 본토에 대한 폭격 문제 등으로 트루먼 대통령과 갈등을 보이던 맥아더가 1951년 4월 11일 전격 해임됐다. 이승만으로서는 든든한 미국의 후원자를 하나 잃었다.

그에 이어 1951년 6월 23일 유엔 주재 소련대표가 휴전을 제의했다. 그리고 미국도 이를 받아들였다. 그러나 이승만은 휴전을 반대하고 있었다. 북진통일이 그의 전쟁 정책이었다. 미국으로서는 미국의 정책에 고분고분하지 않는 고집불통의 이승만이 골치 아팠다.

이승만도 자신에 대한 미국의 곱지 않은 시선을 읽고 있었다. 1951년 5월 4일 3인칭으로 쓰인 대통령 일지는 그 당시 그의 인식을 엿볼 수 있다. 조병옥 내무부 장관이 거창 양민 학살사건의 책임을 지고 사임한 직후에 쓴 글이다.

"미국대사 무초가 찾아와서 조병옥 내무장관의 사표를 수리한 데 대해서 항의했다. 조병옥은 무초의 사람이며 무초는 그를 통해서 다음 선거를 좌지우지하려고 했다. 조병옥이 무대에서 사라진 지금 무초는 새 사람을 찾고 있는데 그런 인물이 바로 온화한 장면 총리다.(조갑제, 2006: 274)"

이 같은 이승만의 정세 인식은 그 후 무초가 미국에 보낸 전문을 통해 사실인 것으로 확인된다. 1952년 2월 15일 주한 미국대사 무초는 "이승만에 대항할 대통령 후보로 떠오르는 이범석, 신익희, 장면, 허정 가운데 최선의 희망은 장면이다."라고 국무부에 전문을 보냈다. 이승만에 비해서 합리적이고 유순한 장면의 당선이 미국으로서는 가장 바람직스러운 것으로 보고 있었다(조갑제, 2006: 274).

이러한 악조건 속에 이승만은 대통령 연임을 위한 개헌을 서두르게 된다. 처음 1951년 11월 대통령과 부통령을 국민의 직접선거로 선출하고 국회를 하원 성격의 민의원(임기 4년)과 상원 성격의 참의원(임기 6년)으로 분리하는 양원제 중심의 개헌안을 국회에 내놨다.

그러나 이 개헌안은 1952년 1월 18일 반대 143, 찬성 19, 기권 1표의 압도적인 표 차로 국회에서 부결됐다. 이승만에 맞대응하여 국회는 1952년 4월 17일 내각책임제를 주요 골자로 하는 개헌안을 제출했다.

그러자 정부는 다시 처음 국회에 제출했다 부결된 대통령 직선제 및 국회 양원제 개헌안을 일부 수정하여 1952년 5월 14일 다시 국회에 제출했다. 정부와 국회가 정면 대치하면서 긴장이 높아졌다.

이와 같은 국면에서 일부 야당의원은 국회를 소집, 대통령 선거를 전격적으로 실시한다는 밀약을 하고 있었다(조갑제, 2006: 283). 이승만으로서는 이제 장면에 대항할 수 있는 새로운 결단이 시급해졌다.

국회를 통한 재선이 어려운 만큼 자신이 인사권을 가진 군, 경찰, 관료, 사회단체 등을 동원해서 직선제를 통해 정권을 재창출해야 하는 절박한 상황에 놓였다. 이승만이 그해 4월 20일 장면 총리를 해임하고 장택상을 후임 총리로 지명한 데는 이러한 인식이 깔려 있었다.

해방 정국에서 수도경찰청장을 지낸 장택상은 경찰에 대한 지도력을 가지고 있었다. 총리 경질과 함께 내무부장관에는 이범석, 국방부장관에는 이기붕 대신 신태영을 새로 기용했다.

영남지구 계엄사령관 원용덕

원용덕은 정부수립 직후 일어난 여순사건 때 전남북 계엄사령관을 지낸 인물이다. 그때 이범석은 국방부장관 겸 국무총리였다. 이승만이 국회와의 대결을 앞두고 이범석, 장택상 등을 데려온 것은 그들이 정부수립 전후 내란 수준의 반란사건들을 수습한 경험을 높이 산 때문이었다. 계엄업무 경험을 가진 원용덕의 임용도 그 일환이었다.

1952년 3월 29일 국방부장관에 신태영이 새롭게 임용되면서 원용덕은 국방부 장관 특별보좌관으로 임용됐다. 군이 창설될 당시 초대 경비대 총사령관을 역임하는 등 출세 가도를 달리던 원용덕은 피난지 대구에서 제대 후 우울한 생활을 보내고 있다가 새롭게 창설된 2군단 부군단장으로 잠시 근무하면서 국방부장관과 인연이 닿았다.

국방부 장관 특별보좌관으로 임용됨으로써 새롭게 정부에서 일할 기회를 잡았다. 신태영 장관이 육군 총참모장으로 1949년 10월 부임했을 때 원용덕을 육군참모학교 교장으로 배려해준 인연도 있었다.

'경찰의 대부' 격인 장택상을 총리에, 초대 총리겸 국방장관이었던 이범석을 내무부 장관에, 그리고 명령에 충실한 군인 신태영을 국방장관에 임용하고 원용덕까지 끌어들임으로써 군, 경찰, 관료를 장악할 수 있는 인선이 마무리됐다.

전열을 갖춘 이승만은 1952년 5월 24일 오후 긴급 국무회의를 열어 계엄 선포안을 가결했다. 유엔군과 한국군의 작전지휘권을 갖고 있던 유엔군 사령관에게도 알리지 않은 전격적 조치였다. 국회를 소집, 대통령 선거를 기습적으로 실시한다는 국회의 움직임에 선제적으로 대응하려는 조치였다.

계엄선포 직전 부산 시내에는 백골단, 땃 벌떼 등 어용단체들이 국회의원 소환을 외치고 있었고, 이승만의 재선을 요청하는 군중집회도 열리고 있었다. 여론몰이가 열을 올리고 있는 상황이었다.

이러한 때 부산 동래의 금정산에 무장공비가 나타나 개울가로 목욕하러 나갔던 미군 2명과 한국인 군속 3명을 사살하고 도주하는 사건이 일어났다. 계엄을 펼 명분이 생긴 것이다.

이때 발표된 계엄선포문은 "일부 지방에서 계엄 해제로 공산도배의 출몰이 빈번하여 후방치안을 교란하고, 민심을 소란케 하고 있어, 최단기 내에 후방치안의 안전 확보를 절대적으로 요청하고 있어 25일 0시를 기해 계엄을 선포한다."라고 계엄 이유를 밝혔다.

그리고 비상계엄 지역에 지리산 줄기를 둘러싼 전북, 전남의 10개 시군과 경상남도의 8개 군을 비롯하여 부산시가 포함됐다. 임시 수도였던 부산을 계엄지구에 포함한 것이 가장 주목되는 내용이었다. 명분은 부산 근처의 금정산에 무장공비가 나타났다는 이유였으나 실제로는 국회가 위치한 지역을 계엄군 휘하에 두려는 조치였다.

그리고 계엄 선포문은 이종찬 육군 참모총장을 계엄사령관에, 원용덕 소장을 영남지구 계엄사령관에 임명한다고 명시했다. 부산을 포함한 영남지역의 계엄 권한을 원용덕에게 위임했다. 육군 참모총장과 원용덕 영남지구 계엄사령관과의 권한 관계가 모호해졌다.

원용덕은 계엄사령관으로 임명받자마자 윤우경 치안국장, 박근용 치안국 정보수사과장, 유병국 제70헌병대장 등을 급히 소집했다. 원용덕은 그 자리에서 일부 국회의원 명단을 내놓으며 군경 합동으로 연행해오라고 지시했다. 그 이유를 묻는 유병국 대장에게는 "귀관은 알 필요 없어!"라고 호통쳤다(《신동아》, 1982. 12.).

원용덕의 명령을 받은 헌병대는 5월 26일 아침, 의원 50여 명이 타고 있던 출근 버스를 검문에 불응한다는 이유로 크레인으로 끌어다가 헌병대에 억류했다. 하루 만인 5월 27일 대부분 의원은 풀려났으나 12명의 의원을 국제공산당과 연계된 혐의가 있다며 구속했다.

김창룡 특무대장 암살사건 해부

육참총장의 대통령 제거 음모

이승만이 계엄을 선포하기 전 육군 내부에서도 이승만을 제거하려는 움직임이 있었다. 이승만이 비상계엄이라는 선제적 공격으로 사태를 제압할 수밖에 없었던 또 다른 변수 가운데 하나는 육군 일각의 쿠데타 음모였다.

그 당시 부산에는 헌병, 공병, 의무병 등 비전투 병력 2개 중대 정도만 배치되어 있었다. 그에 따라 소수의 전투병력만 파견할지라도 부산에 있는 임시 경무대 등 중요기관을 손쉽게 장악할 수 있는 여건이었다. 이러한 취약점을 이용해 부산에 전투 병력을 보내 이승만 정부를 전복시킨다는 음모가 육군본부 일각에서 은밀히 논의되고 있었다.

장면 총리 비서실장 출신인 선우종원에 따르면 국회가 내각제 개헌안을 제출하고 한 달이 채 못 된 1952년 5월 10일 새벽 3시쯤 육군본부 작전교육국장 이용문이 찾아왔다. 남의 눈을 피해 새벽에 방문했던 것이다. 선우종원은 장면의 최측근이었다.

당시 육군본부는 대구에 있었고 선우종원은 부산 동대신동에 살고 있었다. 이용문은 선우종원의 평양고보 두 해 선배였다. 이용문은 "대구 육본에서 참모총장 차를 몰고 달려왔다."라며 지프에 달린 별판을 보여줬다(조갑제, 2006: 276). 당시 육군 참모총장 이종찬의 계급은 중장이었다. 지프에는 별 셋이 부착되어 있었다.

이용문은 선우종원에게 내각제 개헌을 추진 중인 장면 총리 측과 이종찬 육참총장 등 육군본부가 손잡고 이승만을 제거한 다음 장면 박사를 추대하는 쿠데타를 일으키자고 설득했다. "이승만은 어떻게 하느냐?"라는 선우종원의 물음에 이용문은 "죽여야지."라고 대답했다.

그러면서 이용문은 "이 일은 참모총장도 알고, 밴플리트 미8군 사령관의 묵계도 받아두었다."라고 했다(강성재, 1986: 91). 하지만 선우종원은 아무리 목적이 좋더라도 민주주의란 수단과 절차가 중요하다며 거절했다. 선우종원을 설득하는 데 실패하고 돌아가며 이용문은 비밀 유지를 당부했다.

이종찬은 육참총장 취임 후 작전교육국장에 이용문을 보임했다. 그리고 이용문은 1951년 12월 10일 육군 정보학교장 박정희를 육본 작전교육국 작전차장으로 데려와 자기 밑에 두었다.

이용문은 일본 육사 50기, 박정희는 57기로 선후배 사이였으며 6·25전쟁 이전 이용문이 육본 정보국장을 지낼 때도 문관 신분이었던 박정희와 가까이 지낸 사이였다. 전쟁 중 이용문이 제9사단 부사단장을 맡고 있을 때는 박정희가 참모장으로 같은 사단에서 근무했다.

당시 박정희 차장의 직속 부하였던 이근양 편제과장은 이용문, 박정희와 함께 술을 마시며 쿠데타 얘기를 들은 적이 있다. 취기가 돌자 이, 박 두 사람이 "2개 대대만 부산으로 보내면 정권을 간단하게 뒤엎을 수 있다."라고 했다(조갑제, 2006: 277).

이승만은 특무대와 경찰을 통해 이들의 움직임을 파악하고 있었다. "육본 내의 홍사단 인맥(평안도 인맥을 지칭)이 장면 전 총리와 결탁하여 반역을 꾀하고 있다."라는 정보보고가 올라왔다. 육본 내 평안도 인맥의 핵심은 평양 출신 이용문이었다.

계엄령 선포 직후 무초 주한 미국대사가 본국에 출장 중이었던 관계로 대사 대리 역할을 수행하고 있던 라이트너(E. Allan Lightner)가 미 국무부에 보고한 전문에 정보 보고의 정황이 담겨있다.

이승만은 5월 27일 자신을 찾아온 밴플리트 미8군 사령관과 라이트너에게 "계엄령을 선포하기 전에 나는 이종찬 총장에게 전화를 걸어 국방부 장관의 이름으로 계엄령을 선포하고 원용덕을 영남지구 계엄사령관으로 임명하겠다고 통보했고 동의를 받았지. 그런데 불행한 보고를 받고 있어요. 이종찬 총장이 나에 대한 반역을 모의하고 있다는 정보인데 나는 그를 해임할 생각이오."라며 이종찬의 움직임을 언급했다(조갑제, 2006: 282).

이승만의 발언과 선우종원의 증언을 종합하면 이종찬은 미군을 등에 업고 이승만을 축출하려고 시도하고 있었다. 그리고 거기에 이용문, 박정희가 동조하고 있었다. 그러나 이승만의 발언으로 미루어 보건대 이들의 움직임은 낱낱이 특무대와 경찰에 체크되고 있었던 것으로 보인다.

이용문이 참모총장 지프를 몰고 대구에서 선우종원 집까지 찾아가는 동향 역시 특무대와 경찰의 감시망에 노출되었을 것이다. 그리고 이승만은 특무대와 경찰 이외 미 CIA 극동지부 간부 하리마오, 주한미군의 정보통 하우스만 등 고급정보를 제공하는 인물들을 가까이 두고 있었다.

육본의 대통령 파병지시 거부

부산의 원용덕은 영남지구 계엄사령관이라는 거창한 직함을 임명받았지만 실제 2개 중대의 비전투 병력만 움직일 힘밖에 없었다. 그에 따라 그는 신태영 국방장관을 통해 대통령에게 전투병력 1개 사단을 부산에 보내줄 것을 건의했다.

이승만은 "매우 훌륭한 아이디어"라고 칭송하며 승인했다. 당시 원용덕이 요청한 병력의 규모가 2개 대대라는 설도 있고 1개 사단이라는 설도 있다. 그 규모야 어찌됐건 이종찬 육참총장을 비롯한 육군본부의 간부들은 이를 정면 거부한다.

그 경과를 좀 더 자세히 보면 이종찬 육참총장은 5월 26일 강원도 간성에서 거행된 제11사단 창설 기념식에 참석했다가 계엄령 시행에 관한 보고를 받고 이날 오후 4시경 육본으로 돌아왔다.

육본에 도착하자마자 김종평 정보국장이 "부산에서 50여 명의 국회의원이 탄 버스가 크레인으로 헌병대에 연행됐습니다. 쿠데타가 일어난 것 같습니다."라고 보고했다. 그때 마침 신태영 국방장관한테서 병력 지원을 요청하는 전화가 걸려왔다. 이종찬은 "선배가 군의 정치개입에 오히려 앞장서고 있는데 이는 크게 잘못된 일"이라고 격렬한 어조로 비난했다.

전화를 끝낸 이종찬이 "군은 정치에 이용되어서는 안 된다."라면서

김창룡 특무대장 암살사건 해부

훈시를 시작하자 참모들이 "지금 그 문제를 협의 중이니 나중에 보고 드리겠다."라고 보고했다. 한 시간쯤 지나 다시 상황실로 안내된 이종찬은 흑판에 백묵으로 쓰여 있는 '육군 장병에게 고함'이란 글을 읽어봤다.

참모들의 의견을 모아 박정희 작전교육국 차장이 쓴 훈령안이었다. 훈령안은 "군의 본질과 군인의 본분을 망각하고, 의식 무의식을 막론하고 정사에 관여하여 경거망동하는 자가 있다면 건군 역사상 불식할 수 없는 일대 오점을 남기게 된다."라는 요지로 군의 정치개입을 반대하는 내용을 담고 있었다. 이종찬은 즉시 전군에 내려보내도록 지시, 육군본부 훈령 제217호로 전군에 하달됐다(강성재, 1986: 75~77).

박정희가 기초한 '육군 장병에게 고함'은 이승만에 대한 정면 도전이었다. 이종찬은 군의 정치적 중립이란 명분을 내세우면서 부산지역에 계엄군을 파견하라는 대통령의 명령을 거부한 것이다.

계엄이 시행되기 보름 전 이용문을 선우종원에게 보내 이승만 제거계획을 타진했던 이종찬으로서는 당연한 반응이었다. 게다가 밴플리트 미8군 사령관과 주한 미대사관 측에서도 장면을 지원하는 메시지를 보내고 있었다.

육본의 훈령이 예하부대에 내려간 이튿날인 5월 27일 라이트너 대리 대사와 함께 이승만을 만난 밴플리트 8군 사령관은 "이미 이종찬 육군 참모총장에게 전투부대의 이동은 안 된다고 지시했습니다."라고 말했다(조갑제, 2006: 282).

작전지휘권이 유엔군 사령관에게 있었으므로 전투 병력의 이동은 유엔군 사령관을 겸하고 있는 미 8군 사령관의 승인이 필요한 사항이었다.

그 자리에서 이승만은 "장군과 대리대사는 일단의 깡패들이 우리의 적에게 매수되어 국회를 장악한 다음 깡패 출신 대통령을 뽑겠다는 음모를 하고 있다는 것을 알아야 합니다. 이들은 반역자들이오. 나는 내가 대통령이 되기 위해서 이 자들을 체포한다는 비난을 무릅쓰고라도 나라를 구하기 위해서 결단을 내려야 했소. 한국의 장래가 걸려 있소. 국회의원들이 아니라 내가 한국과 민주주의의 챔피언이란 사실을 기억해 두시오."라고 훈계했다. 장면을 지원하고 있었던 미국 측에 대한 경고였다.

그러면서 "이종찬이 원용덕에게 계엄령과 관련해서 아무런 조치도 취하지 말고 오직 그 자신의 명령만 따르라고 지시했다."라며 이종찬의 태도를 비난했다.

김창룡 특무대장 암살사건 해부

대통령의 육참총장 포살 지시

이승만 대통령은 파병 요청을 거부하는 육군본부 훈령 217호가 전군에 하달된 다음 날인 5월 27일 이종찬을 부산으로 호출했다.

이종찬은 부산으로 내려갈 경우 원용덕이 자신을 연금시킬 수 있다는 불안감에 미8군 사령관의 전용열차를 타고 5월 28일 아침 대구에서 부산으로 이동한 후 미 대사관 승용차 편으로 밴플리트 미8군 사령관과 함께 경무대에 들어갔다.

이종찬을 보자마자 대통령은 "귀관은 어찌하여 나라에 반역하고 나한테 반역하는가!"라고 일갈했다. 그리고 밴플리트에게는 "밴플리트 장군! 내 말을 잘 들으시오. 일부 불순분자들이 정치적 장난을 하려고 하는데, 그들 손에 정치를 맡긴다면, 나라는 그르쳐지고 말 것입니다. 이같이 어려운 때에 우리 이 장군이 나라를 그르치려는 사람들과 손을 잡고 나를 배반하니 나는 이것을 그대로 둘 수 없습니다."라고 화를 냈다.

그럼에도 밴플리트는 "적과 대치하고 있는 전방부대를 평화스러운 후방으로 빼는 것은 현명한 일이 아니라고 생각합니다."라며 파병반대 의사를 분명히 했다. 이종찬도 "육군본부 훈령은 군은 조국의 방파제이기 때문에 결코 정치에 관여해서는 안 된다는 신념에 기초를 둔 것입니다."라고 해명했다.

잠시 밴플리트가 자리를 뜨자 이승만은 이종찬에게 "작전지휘권 운운하면서 밴플리트의 말은 듣고 군 최고통수권자인 내 말은 듣지 않겠다고 하니 자네는 대한민국 참모총장인가, 아니면 미8군 참모총장인가!" 하며 닦아세웠다.

이날 면담은 점심을 먹은 후 오후까지 계속됐다. 오후에는 신태영 국방장관, 원용덕 영남지구 계엄사령관도 배석했다. 오후 늦게까지 나눈 대화에서도 의견이 좁혀지지 않자 대통령은 "내가 틀렸는지 귀관이 틀렸는지 모르겠지만, 어떻게 수습했으면 좋겠느냐?"라고 물었다.

이종찬은 계엄업무를 자신에게 맡겨달라고 건의했다. 그러자 원용덕이 "내 입장은 어떻게 됩니까?"라며 반발했다. 갑론을박 끝에 "한국군의 지휘권을 위탁받고 있는 입장에서 한국군 병력은 한 명도 부산에 투입할 여유가 없습니다."라는 밴플리트의 말을 듣고 면담은 끝났다(강성재, 1986: 77~80).

대통령의 군 통수권 문제, 한국군에 대한 작전지휘권의 유엔군 이관 문제, 군의 정치중립 문제 등이 복잡하게 얽힌 논쟁이었다.

이런 일이 있은 직후인 5월 30일 유재흥 육군 참모차장은 휴전회담 경과를 보고하기 위해 이승만 대통령을 찾아갔다. 대통령은 유재흥을 만나자마자 "참모총장이 대통령의 명령에 복종하지 않는다는 것은 어떤 이유에서인가. 대통령은 국군의 최고 사령관이다. 참모총장이라 할지라도 최고 사령관에게 항명하면 극형에 해당한다. 즉각 포살(捕殺)하여 전군에 본보기로 하라."라고 명령했다.

당황한 유재흥은 "지금은 전쟁 중인데 정치와 관련해서 일국의 참모총장을 포살한다는 것은 적을 이롭게 하고 외국의 신의를 잃게 할 뿐더러 군의 사기를 크게 저하시킬 것입니다. 국군 장병들은 각하를 최고 통수권자로 믿고 싸워왔고 지금도 싸우고 있지 않습니까. 군인들의 각하에 대한 존경심과 충성심은 하나도 변함이 없습니다."라며 대통령을 진정시켰다.

그리고 "각하, 육군은 각하에 대한 충성심이 하나도 변한 것이 없으니 걱정마십시오. 미력하나마 이 총장을 모시고, 각하께 충성을 다하겠습니다."라며 설득했다. 유재흥의 간곡한 건의에 흥분을 가라앉힌 대통령은 "자네만 믿네."라며 악수를 청했다(유재흥, 1994: 292~293). 이렇게 해서 파병 문제는 없던 것으로 일단락됐다.

이종찬의 이승만 제거 쿠데타 계획

파병 문제를 둘러싼 대통령과 육참총장의 대립은 육참총장의 승리로 마무리됐다. 대통령의 의지를 꺾은 육군본부 간부들은 승리에 도취되어 있었다. 그러한 분위기에 따라 육군본부 자체가 하나의 정치집단으로 변질되는 모습을 보였다.

정치중립을 내세우면서 실질적으로는 명확한 정치적 입장을 보임으로써 결과적으로 정치집단화되는 양상이 나타났다. 그리고 그 중심축은 이종찬 육참총장-이용문 작전교육국장-박정희 작전교육국차장으로 이어지는 라인이었다. 병력이동의 실질적 권한을 가진 자들이다.

이들은 대통령의 파병 지시를 뒤엎은 분위기에 고무되어 파병 거부라는 소극적 입장에 머물지 않고 부산에 전투병력을 보내 정부를 전복하는 시도를 모색하게 된다. 계엄령이 발표되기 보름여 전인 5월 10일 이용문이 육참총장의 차를 타고 은밀히 부산 선우종원의 집으로 찾아가 쿠데타 동참을 권유했던 것처럼 이 시기 이종찬이 정부 전복을 모색하고 있었다는 흔적은 여러 곳에서 나타난다.

먼저 라이트너 미국 대리대사는 5월 31일 "이종찬이 대사관에 들러 미국이 허락한다면 대통령과 내무부장관, 영남지구 계엄사령관을 가택 연금시키겠다고 제안해왔다."라는 전문을 국무부에 보냈다.

그러면서 "구속된 국회의원을 석방시켜 국회에 대통령을 선출할 기회를 주고 이렇게 해서 새 대통령이 취임하면 군은 정치에서 손을 떼겠다."라고 했다고 부연했다. 이때 라이트너는 미국의 직접적 개입 없이도 무혈혁명이 가능할거라는 확신이 있었다고 회고했다(이덕주, 2007: 201).

그 후 라이트너는 미국 정부가 사료(史料)로 보존하기 위해 남겨놓은 '역사증언'에서 이종찬 총장이 '이승만 제거 쿠데타 계획'을 타진해 왔었다고 증언했다(조갑제, 2006: 287).

부산 정치파동 당시 이종찬 육참총장의 비서실장이었던 안광호는 보다 구체적인 증언을 남겼다. 그에 의하면 6월 2, 3일경 새벽 참모총장, 참모차장, 작전교육국장은 빠진 가운데 육본 회의실에서 참모회의가 열렸다. 박정희 작전교육국 차장, 김종평 정보국장, 양국진 군수국장, 김종오 인사국장 등이 주요 참석자였다.

회의 의제는 원용덕의 헌병대를 견제하기 위해 전남에 주둔하고 있던 이용(李龍) 연대에서 1개 대대, 거창의 박경원(朴敬遠) 연대에서 1개 대대 등 2개 대대를 부산에 파견하는 안건이었다.

대통령의 파병 요청 거부와는 정반대로 육본이 지휘하는 전투병력을 보내 대통령 직속의 원용덕 계엄군을 제압한다는 내용이었다.

1천 5백명이 넘는 전투병력을 부산에 투입하면 3-4백명에 불과한 원용덕 부대는 쉽게 무력화되고 국회를 소집, 새 대통령을 뽑을 수 있다는 복안이었다. 국군끼리 총력전이 벌어지는 유혈사태를 초래할 수도 있는 문제였다.

앞서 이종찬이 라이트너 대리 대사를 찾아갔을 때 "만약 부산에서 대규모 충돌이 발생했을 때 유엔군은 어떤 행동을 취할 것인가." 하고 물은 것도 이러한 정황을 염두에 둔 것이었다.

그날 새벽 참모회의에서는 "이승만 대통령이 다치지 않겠느냐.", "우리가 원치 않는 군의 정치개입 결과가 되지 않겠느냐."라는 등 많은 논란이 있었으나 파병해야 된다는 쪽으로 대세가 기울고 있었다.

다만, "참모총장 결심 없이 결단을 내릴 수 없지 않느냐."라는 인사국장의 지적에 따라 우선 유재흥 참모차장을 데려오기로 결정했다. 안광호가 심부름을 맡아 집에서 자고 있던 유재흥을 깨워 데려왔다.

안광호와 유재흥은 당시 계급은 차이가 있었지만 어릴 때 같은 동네에서 자란 친구로 막역한 사이였다. 유재흥과 함께 육본으로 오는 지프에서 두 사람은 의견교환 끝에 유재흥의 제의에 따라 "군이 정치 불개입을 선언한 5월 27일 현재 군의 입장엔 변함이 없다."라고 결론 내리는 것이 좋겠다는 방향으로 의견을 모았다.

유재흥은 참모회의에서 여러 의견을 들은 후 이렇게 결론을 내리고 이종찬 총장에게 보고하도록 안광호에게 지시했다.

안광호는 새벽 5시쯤 참모총장 공관으로 찾아가 회의내용을 보고했다. 이종찬은 회의내용을 이미 알고 있었다(강성재, 1986: 92~93). 공관에 있었지만 회의 참석자 가운데 누군가와 긴밀하게 전화로 회의내용을 조율하고 있었던 것이다.

안광호 비서실장의 전임이었던 정래혁(국방부 장관 역임)도 이종찬이 쿠데타를 추진했었다는 증언을 남겼다. 후방에 있는 대대 규모의 국군을 부산으로 보내 계엄령을 무효화한다는 내용이었다.

이종찬은 박정희 대령이 파병부대를 지휘하는 방향으로 검토했다.

며칠 뒤 이용문 국장이 "박정희 대령이 목숨만 보장해주신다면 지휘를 맡겠다고 했다."라고 보고했다. 그때 정래혁은 그 작전계획의 암호명을 인조반정(仁祖反正)에서 힌트를 얻어 '반정(反正)'이라 붙였다(조갑제, 2006: 288).

당시 고등군사반 교육을 마치고 육군본부에서 보직도 없이 소일하고 있던 유원식(국가재건최고회의 최고위원 역임)도 이승만 정부를 엎어버리는 구체적 계획이 있었다는 회고를 남겼다.

여러 방법 가운데 하나는 부산 근처 언양에 주둔하고 있던 제15연대의 연대장으로 유원식이 부임, 이 병력으로 부산을 점령한 뒤 해공군의 협력을 얻어 과도정권을 수립한 다음 민정으로 이양하는 것이었다(《정경문화》, 1983년 9월호).

대통령의 이종찬 등 육본 지휘부 해임

미국과 국회, 육군본부까지 가세하여 축출 위기에 몰렸던 이승만은 6월 초에 이르러 서서히 기선을 제압해나갔다. 이러한 국면전환은 미국 정부의 태도 변화에 크게 영향을 받았다. 미국 정부는 이승만의 재선을 지지하는 쪽으로 선회했다.

육본 간부들이 정부 전복음모를 논의했던 참모회의 며칠 뒤인 6월 4일 미 국무장관은 주한 미 대사관에 "이승만이 계속 대통령으로 머물러 있는 것이 미국과 유엔의 이익에 합치된다고 우리는 결론을 내렸다. 이승만이 직접 선거에 의해서 뽑혀야 국내외에서 더 강력한 지지기반을 갖게 될 것이라는 것이 미국의 판단이다. 그러므로 장택상 총리와 협조하여 총리가 제안한 타협안을 국회에서 통과시키는 방향으로 노력하라."라는 지침을 내렸다(조갑제, 2006: 296).

라이트너가 5월 31일 미 국무부에 요청한 지침에 대한 회신이었다. 훈령을 내리기 전 미 국무부는 미 합참본부와 연석회의를 갖고 한국에서 군사정권이 등장하는 것보다는 문민정권이 바람직하다는 데 합의했다(남시욱, 2006: 316). 이 회의에는 미국에서 휴가를 보내고 있던 무초(John J. Mucho) 주한 미 대사도 참석했다.

이러한 미국 정부의 지침에 따라 주한 미국 대사관 측은 정부가 제출한 발췌개헌안을 통과시켜 주도록 국회를 설득하는 작업을 벌이게 된다. 육군본부 측이 극렬 반발하던 양상도 미국의 태도 변화에 따라 수그러들기 시작했다.

미국의 태도 변화, 국회 다수의석을 차지하고 있던 '신라회'를 이끌던 장택상 총리의 설득, 육군본부의 쿠데타 계획 좌절, 연일 계속된 관제 데모대의 국회 비난 등에 따라 국회는 7월 4일 경찰에 의해 포위되고 교도소나 헌병대에 갇혀있던 의원들이 국회로 인솔되어 나오는 삼엄한 분위기에서 기립 투표로 표결하여 찬성 163, 반대 0, 기권 3으로 개헌안을 통과시켰다. 계엄령 초기 사면초가에 빠져있던 이승만이 반전의 승리를 거두는 순간이었다.

이종찬은 개헌안이 통과된 직후에는 이용문 등 참모들과 이 개헌안의 무효를 공식 선언하는 방안을 논의했다. 그러나 개헌안이 통과된 지 며칠 안 있어 이용문이 7월 11일 수도사단장으로 전임되고 7월 22일 이종찬이 참모총장직에서 해임됨으로써 무산됐다(강성재, 1986: 94).

이종찬과 이용문이 육군본부를 떠난 세 달 뒤인 1952년 10월 박정희도 포병으로 전과하여 포병단장 요원 교육과정에 입교하면서 육군본부를 떠났다. 이승만이 자신에게 반기를 들었던 육군본부 간부진들을 해산시키는 조치였다.

이종찬이 부산에서 이승만과 파병 문제로 격론을 벌이고 대구 동촌 비행장으로 돌아올 때 비행장에 마중 나온 참모들에게 참모총장의 인책사태에 대비, 육본의 단결이 더욱 필요하다고 역설했던 김종평 정보국장도 제주 훈련소 부소장으로 쫓겨났다.

이용문은 이임식에서 "군인은 정치에 이용당하지 않기 위해서라도 정치를 알아야한다."라고 당부했다. 참모총장에서 물러난 이종찬은 미국의 주선으로 1년간의 미 육군참모대학 유학길에 오른다. 정일권-강문봉 콤비가 일 년 전 받았던 교육과정과 같은 코스를 밟았다.

이용문은 수도사단장으로 나간 지 3개월 만인 1952년 10월 20일 다시 지리산 공비 토벌이 주 임무였던 남원의 남부경비사령부 사령관으로 전출되어 근무하던 중 1953년 6월 24일 밤 남원에서 대구로 가는 전용 비행기가 추락하여 사망했다. 대구에 머물고 있던 박정희를 만나러 가는 길이었다.

이용문은 그해 7월 미국 연수를 떠날 예정이었다. 그러나 테일러 미8군 사령관이 연수자 명단을 검토하면서 그의 이름을 뺐다. 이용문이 부산에서 외신기자들에게 "국군에 대한 탄약 공급이 부족하다."라고 말해 테일러에게 부담을 주었기 때문이다. 테일러는 "정치적 발언을 하는 장교는 미군이 훈련을 시킬 수 없다."라면서 이용문의 이름을 삭제해 버렸다고 한다(백선엽, 1990: 288).

하우스만은 이용문의 비행기 사고에 대해 강한 의문을 제기했다. 사고원인이 휘발유 부족으로 밝혀졌으나 남원에서 대구간의 짧은 거리에서 휘발유가 떨어졌다는 사실이 믿기 어려우며 누군가 휘발유를 고의로 뽑아버렸든지 혹은 무슨 폭발물을 장치했는지도 모른다는 의혹을 남겼다(짐·하우스만/정일화, 1995: 75).

정일권의 좌천과 반발

김창룡이 특무대장에 취임 후 영향력을 확대해가고 있을 때, 정일권은 국민방위군 사건, 거창 양민학살사건을 계기로 한 때 추락의 길을 걷게 된다.

국민방위군 사건 등을 계기로 육군 참모총장에서 물러난 정일권은 1951년 7월 1일 미 육군 참모대학으로 유학을 떠났다가 1년 뒤인 1952년 7월 돌아왔다. 5·26 부산 정치파동이 마무리된 시점이었다.

귀국 직후 정일권은 함께 유학을 떠났던 강문봉과 1952년 7월 10일 경무대를 찾아가 귀국 신고를 했다.

정일권 회고록에 의하면 이 자리에서 대통령은 강문봉에게 "장군은 사단장을 하다가 유학을 다녀왔으니, 의당 사단장 또는 그 이상의 직책에 보직돼야 마땅하나 부득이한 이유로 해서 연대장이나 대대장을 하라고 하면 어떻게 하겠는가? 불만스러워 그만두겠는가, 아니면 불만을 참고 계속 전선에 나서겠는가?" 하고 물었다. 갑작스러운 질문에 강문봉은 "이 충무공의 백의종군 정신을 따르겠다."라고 대답했다(정일권, 1996: 407).

그 후 이 대통령은 정일권을 제2사단장에 임명했다. 육군 참모총장에서 사단장으로 격하된 것이다. 1952년 7월 23일 자로 새롭게 육군 참모총장에 기용된 백선엽으로부터 인사내용을 통보받고 정일권은 "대통령에게 진심으로 고맙게 생각했다."라고 자신의 회고록에 남겼다.

사단장 경험이 없었던 자신에게 사단장, 군단장의 경력을 쌓게 한 후 다시 참모총장에 복귀시키려는 것이 대통령의 뜻이라고 백선엽을 통해 전해 들었기 때문이라고 고마워한 이유를 밝혔다.

그러나 이에 대해서는 그의 진정성이 의심스럽다. 정일권의 회고록은 회고록이 가지는 자기변명, 자기 미화의 전형적 모습을 보여준다. 그는 회고록에서 자신과 관련되어 많은 의혹을 남긴 국민방위군 사건, 김창룡 암살사건 그리고 정인숙 암살사건 등에 대해서는 한 줄도 남기지 않았다.

2사단장으로 떠나던 1952년 7월 29일 기자들이 "참모총장에서 사단장으로 격하당한 심정이 어떠냐"라고 물었다. 정일권은 "이 충무공을 따를 뿐"이라고 대답했다. 그때 신문은 '삼성 사단장'이라고 기사화했다. 별을 세 개 단 사단장이라고 빗댄 말이다. 사단장은 본래 별 두 개의 자리다.

정일권이 자신의 회고록에서 대통령에게 고마워하고 이 충무공의 길을 따른다는 등 자신의 처지를 정당화했지만 그 당시 참모총장이었던 백선엽은 그러한 분위기와는 다른 기록을 남겼다.

백선엽의 증언에 따르면 정일권은 사단장으로 발령 난 직후 이에 불만을 품고 경남 진해 친구 집에 은신하고 있었다. 몸이 아파 정양 중이라는 핑계를 대고 임지에 부임하지 않았다.

백선엽이 진해로 그를 찾아갔을 때, 그는 "군 생활을 접고 다른 데 일자리를 찾아봐야 하겠다."라고 했다(백선엽, 2010: 262). 인사에 대한 불만을 에둘러 표시한 말이었다. 백선엽은 "이왕지사 결정이 된 일이니 후배들을 위해 모범을 보여 달라."라고 간청해 인사승낙을 받았다고 한다. 정일권의 주장과는 그 뉘앙스가 많이 차이가 난다.

그 당시 정일권이 인사에 강한 불만을 가지고 있었던 정황에 대해서는 유재흥 전 육군 참모차장도 기록을 남겼다. 유재흥의 1952년 7월 23일 자 일기를 보면 "오늘 미 군사 고문단장이 연 만찬에서 정일권 중장의 불손한 편지에 대하여 밴플리트가 격분하고 있음. 정 총장의 행동은 좋지 않았다고 생각됨."이라고 적혀있다(유재흥, 1994: 296).

정일권이 2사단장 발령 직후 인사에 강한 불만을 어필한 편지를 밴플리트에게 보낸 것으로 보인다. 당시는 전쟁 중으로 작전지휘권을 가진 유엔군 사령관과 대통령이 인사를 협의하여 처리했다.

이용문-박정희 쿠데타 심리의 발아

이용문-박정희 라인이 부산 정치파동 때 쿠데타를 꿈꾼 큰 원인 중 하나는 자신들의 군부 내 입지 문제였다. 이용문과 박정희 모두 일제 말 청년 시기 일본군대의 엘리트 코스를 거친 인물들이었다. 그러나 한국군 창설과정에서 입대가 늦은데다 인사에 불리한 과거 경력이 따라다니고 있었다.

이용문은 박정희보다 한 살 나이가 많은 1916년생이다. 일본 육사 50기 출신으로 일본군 출신 가운데 가장 돋보이는 군 경력을 쌓은 인물 중 한 명이었다. 육사 졸업 직후 일본 육군 내에서도 정예부대였던 육군 기병대 장교로 발탁됐다.

그리고 한국인 출신 중에서 홍사익 이래 유일하게 일본군 대본영으로 불린 참모본부에서 근무한 경력을 가지고 있었다. 태평양 전쟁 기간 남방전선에 투입되어 근무하던 이용문은 해방 후 늦게 1947년 9월 귀국했다. 귀국 후에도 미군을 상대로 전투했던 사람으로서 미군이 주도하는 창군에 합류할 수 없다며 입대를 미루고 있었다.

그러다가 일본 육사 1년 선배인 채병덕 등의 권유로 1948년 8월 경 비사 7특기를 마치고 소령으로 임관됐다. 그 결과 자기보다 빨리 진급한 일본 육사 후배들 밑에서 늘 스트레스를 받고 있었다.

부산 정치파동 시기 일본 육사 기준으로 5년 후배인 유재흥(55기)은 중장 계급을 달고 직속 위의 참모차장 자리에 앉아 있었다. 나이도 유재흥이 1921년생으로 다섯 살 아래였다. 6년 후배인 이형근은 별 셋을 달고 군단장으로 근무하고 있었다. 그 당시 이형근도 이용문보다 나이가 네 살 어렸다.

박정희는 대구사범 졸업 후 3년 동안 교사생활을 하다 군에 입대한 데다 전쟁이 끝난 후 거의 일 년이 지난 1946년 6월에야 귀국했다. 조선경비사관학교 2기를 졸업하고 소위로 임관했을 때는 만주군관학교 혹은 일본 육사(57기) 후배들은 이미 소령, 중령으로 진급해 있었다. 그에 따라 일제 강점기 군경력이나 나이 면에서 자기보다 아래였던 사람을 항상 상관으로 모셨다.

1917년생인 박정희 역시 일제 당시 엘리트 학교였던 대구사범을 졸업하고 만주군관학교를 1등으로 졸업한 후 일본 육사에 편입하여 3등으로 졸업한 엘리트였다.

이러한 군내 입지 때문에 이용문과 박정희는 저항 의식과 불만을 가질 수밖에 없었다. 박정희가 볼 때는 당시 육군 지휘부 가운데 이용문만이 연령, 일제 강점기 군 경력에서 박정희를 능가하는 경력을 가졌다. 박정희가 이용문을 존경하고 추종할 수 있었던 중요한 이유였다.

군내에서 가장 마음 편하게 대할 수 있는 선배였고 나이도 한 살 위였던 것이다. 두 사람은 모두 일제 강점기 군 경력 기준으로 군 최고 수뇌부를 맡을 자격을 갖추고 있었으나 창군 과정에서 구조적으로 형성된 상하관계의 부조화에 시달리고 있었다(문정인·김세중, 2004: 48~51).

이러한 부조화가 그들에게 쿠데타의 심리를 부추기고 있었다. 갑작스러운 남북분단 후 미군정에 의해 급조된 창군 과정, 좌우충돌로 빈번하게 일어난 군사 반란, 급박하게 진행된 주한미군 철수, 북한의 기습남침 등에 따라 불가피하게 일어난 군의 구조적 모순이었다.

나이에 따라 사회생활의 상하관계가 형성되는 한국적 유교의식에다 계급 간 상하질서를 강조하는 일본군대의 교육을 받은 엘리트들로서는 나이와 계급이 역전된 이러한 현실을 받아들이기 어려웠다.

게다가 이용문과 박정희는 진급에 불리한 경력을 공유하고 있었다. 박정희는 좌익경력으로 파면되었다가 복직됐다. 이용문은 전쟁 초기 서울을 미처 빠져나가지 못해 공산 치하에서 남산에 숨어 지냈다. 전쟁 중에 적의 수중에 남아있었다는 것은 군인으로서는 치명적 약점이었다.

두 사람은 일본 육사 출신이면서도 한국군 입대가 늦었고 진급에 불리한 경력을 지니고 있었다는 공통점이 있었던 것이다. 미 군사고문 하우스만은 이 시기 박정희는 수시 이용문을 찾아가 "이놈의 정치를 뒤엎어야 한다."라는 불만을 토로했다고 회고했다(짐·하우스만/정일화, 1995: 75).

김창룡의 암살자 허태영이 평소 김창룡을 인간적으로 무시한 것도 일제 강점기 군 경력 때문이었다. 허태영은 조선군 헌병, 즉 일본 천황이 직접 임명하는 직령(直令) 출신인 데 반해 김창룡은 관동군 헌병, 즉 관동군 사령관이 임명하는 군령(軍令) 출신이었다.

직령은 치안유지에서 경찰보조 역할도 하고 군기도 다스렸다. 반면, 군령은 주로 작전 임무만 맡았다. 허태영은 일제 시기 군 경력을 가지고 김창룡보다 자신이 우월하다는 의식을 갖고 있었다.

"김창룡이 제일 싫어하는 사람은 나디, 내레 와 재한테 고개를 숙이갔어. 저나 나나 일본 헌병보조원 출신 아니갔어." 허태영은 이러한 푸념을 평안도 사투리로 스스럼없이 측근에게 늘어놓곤 했다. 이것이 원초적으로 허태영과 김창룡 사이에 놓인 무서운 벽이었다(서병욱, 1991: 22~23).

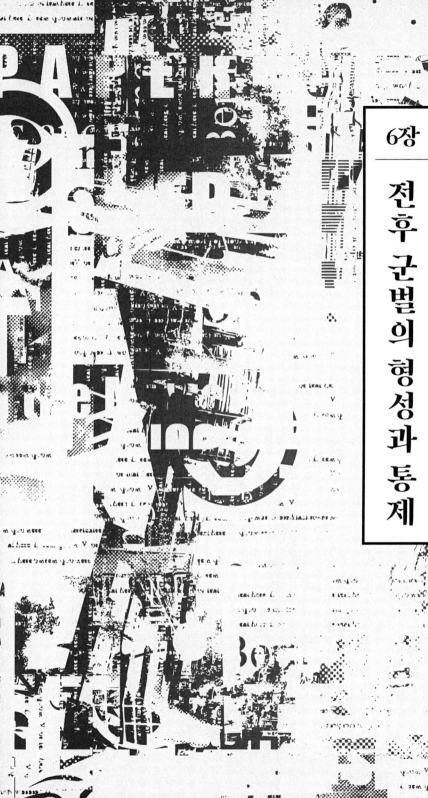

6장

전 후 군 벌 의 형 성 과 통 제

대통령의 작전지휘권 상실

대통령이 한국군의 작전지휘권을 스스로 포기한 것은 6·25 전쟁 직후였다. 전쟁이 일어나자마자 패전을 거듭하며 서울을 빼앗기고 계속 후퇴하고 있던 국군은 이제 유엔군의 지원에 의존할 수밖에 없었다.

그 와중에 대통령은 그해 6월 30일 대전 임시 경무대에서 채병덕 육군 참모총장을 해임하고 후임에 정일권 육군참모부장을 임명했다. 정일권에게 육군참모총장 겸 육해공 3군 총사령관의 직책을 맡겼다.

이어 유엔은 7월 7일 안보이사회를 열어 미국에게 유엔군 통합사령부를 설치하도록 권고하고 사령관 임명 권한을 부여하는 한편 유엔기의 사용을 허용했다. 그에 따라 맥아더가 사상 최초의 유엔군 최고사령관으로 임명됐다.

유엔 참전 결정 이전 한국에 투입됐던 미 제8군의 사령관은 이제 맥아더 유엔군 최고사령관의 지휘를 받는 유엔군 지상군 사령관으로 국제법적 지위가 바뀌었다.

유엔군이 참전을 결정함으로써 한국군과 작전 권한을 조율하는 문제가 생겼다. 그 당시 한국은 유엔 회원국이 아니었기 때문에 유엔군 사령부가 군사작전을 원활히 총괄하기 위해서는 한국군의 작전지휘권을 유엔 사령관에게 위임하는 것이 불가피했다.

군의 작전통제권은 작전계획이나 작전명령 등을 수행하기 위한 권한으로 주권 국가의 경우 군 통수권자가 가지는 것이 원칙이다. 이러한 성격상 이승만도 작전지휘권을 유엔군 사령관에게 넘기는 데 많은 고민을 했다.

유엔의 참전이 결정된 직후인 7월 13일 이승만은 신성모 국방장관과 정일권 참모총장을 불러 이 문제를 협의했다. 이승만은 "이 중대한 때에 우리는 미국군을 비롯한 참전군의 힘을 빌릴 수밖에 없는 처지요. 그러니 그들과 작전을 원만히 해 나가는 것이 더 중요한 것이므로 작전지휘권을 넘기는 결정을 내린 것"이라고 설명했다.

그러면서 대통령은 "나는 필요하다고 생각할 때에는 언제라도 작전지휘권을 되찾아 올 것"이라고 약속했다.

한국군 작전권은 이승만 대통령이 맥아더 사령관에게 "현재의 작전상태가 계속되는 동안, 일체의 지휘권을 위촉함을 기쁘게 생각한다."라는 서신을 보내는 방식으로 이양됐다.

7월 17일 맥아더 장군은 "용감무쌍한 대한민국 국군을 나의 지휘하에 두게 된 것을 영광으로 생각한다."라는 답신을 보내왔다(정일권, 1996: 170~171). 이때 이양된 작전지휘권 가운데 평시 작전통제권은 1994년 한미협의에 의해 한국에 되돌아왔다.

작전지휘권이 이양된 후 한국의 대통령은 한국군에 대한 통수권을 행사하는 데 제한받게 됐다. 이종찬이 부산 정치파동 때 파병을 거부한 명분도 정치중립과 함께 작전지휘권의 문제였다. 대통령이 유엔군 사령관에게 작전지휘권을 위임함에 따라 병력을 동원할 권한이 자신에게 없다는 이유를 내세웠다.

이종찬과 동석했던 밴플리트 미8군사령관도 자신이 한국군의 지휘권을 위탁받고 있으며 전방의 한국군 병력을 한 명도 부산에 투입하지 않겠다고 거들었다. 대통령으로서는 자신이 위임한 작전지휘권이 자신을 옭아매는 현실에 갇히게 됐다.

통수권 존중 백선엽의 발탁

1952년 7월 23일 이종찬의 후임으로 백선엽 2군단장이 영전해왔다. 김창룡 특무대장은 정일권(1950.6.30~1951.6.22), 이종찬(1951.6.22~1952.7.22)에 이어 세 번째 참모총장을 만났다.

김창룡으로서는 다른 어느 참모총장보다 백선엽이 반가웠을 것으로 보인다. 불과 몇 년 전 정보국에서 함께 근무하며 군내 좌익척결을 주도했던 깊은 인연이 있었다.

백선엽은 작전국장에 장창국, 정보국장에 김형일, 인사국장에 김용배 등을 임명했다. 이제 육군 수뇌부는 정일권-강문봉, 이종찬-이용문 콤비에 이어 백선엽-장창국 라인이 주도하는 시대가 열렸다.

백선엽을 참모총장으로 추천한 사람은 밴플리트 미8군사령관이었다. 밴플리트는 2차 대전 후 그리스의 군사지원단장으로 복무하며 그리스군을 도와 공산게릴라를 소탕하는데 공로를 세웠던 대 게릴라전의 전문가였다.

백선엽 역시 만주군 초급장교 시절부터 게릴라를 소탕하는 전투경험을 가지고 있었고 육군본부 정보국장으로 근무할 때 여순사건을 수습하고 군내 좌익척결을 주도했던 게릴라전의 전문가였다.

게릴라전은 군인과 군인이 무장한 채 맞대응하여 전투를 벌이는 정규전과는 다른 특징을 지닌다. 정치와 군사, 대중선동과 선전이 배합되어 전선이 따로 없는 전쟁이다. 물과 고기처럼 게릴라와 주민들이 밀접한 관계를 맺은 채 공존한다.

따라서 누가 주민들의 마음을 사로잡느냐가 전쟁의 승패를 좌우한다. 1951년 2월의 거창 양민학살 사건도 주민들을 공비들과 분리하는 데 급급한 나머지 강압적인 작전을 전개하다 일어난 참사였다.

6·25 전쟁이 일어나기 전 백선엽은 광주 5사단장으로 근무하며 공비토벌 작전을 벌인 바 있다. 그때 예하부대가 전남 보성군 문덕면 한천 부락을 통째로 불태워버린 사건이 있었다. 예하부대는 공비들이 불을 지르고 달아났다고 보고했으나 마을 촌로들을 찾아가 탐문한 결과 예하부대의 짓임이 드러났다.

백선엽은 전남도지사와 함께 마을 주민들을 찾아가 무릎을 꿇고 사죄한 다음 부락을 재건할 수 있는 자금을 지원하여 마을을 재건했다. 그 결과 마을 주민들은 국군에게 적극 협조했고 마을에는 백선엽 송덕비를 세워줬다. 이때 백선엽은 공비 소탕은 민심을 얻어야만 성공할 수 있다는 것을 뼈저리게 느꼈다고 한다(백선엽, 1990: 223).

백선엽은 전방의 전선이 지루하게 대치 상태에 머물고 있던 1951년 11월 16일 밴 플리트의 지시로 '백 야전 전투사령부'의 사령관을 맡아 3개월여간 지리산 공비토벌작전을 성공적으로 수행함으로써 밴 플리트에게 좋은 인상을 주었다.

1951년 겨울 긴급하게 전개된 지리산 공비토벌작전의 이름은 '쥐잡기 작전(Operation Rat Killer)'이었다. 당시 지리산을 중심으로 한 남부지방 산악에는 약 4만 명의 게릴라가 준동하고 있었다.

인천상륙작전으로 후퇴 길이 막힌 패잔병들이 산속으로 숨어들어

후방을 교란하고 있었다. 거기에다 여순사건, 대구 6연대 반란사건 등으로 군경에 쫓긴 좌익, 부역자들까지 가세하여 큰 세력을 이루고 있었다. 낮에는 대한민국, 밤에는 인민공화국으로 변하는 지역이 많았다.

부산-경주 사이의 경부선 철도까지도 밤에는 통행하기 어려운 지경이었다. 유엔군의 보급선마저 위협받고 있었다. 그들은 자기들의 활동 지역을 소위 '해방구'라고 선포하고 제2의 전선을 만들려고 했다.

이에 따라 이승만 대통령은 밴 플리트 미8군 사령관에게 강력한 토벌대책을 요구했고 밴 플리트가 대통령 요구를 받아들여 작전계획이 수립됐다. 그 이전 국회에서도 치안 확립을 요구하는 결의안이 채택됐다.

낙엽이 지고 눈이 덮여 공비들이 은신하기 어려운 겨울철 3개월간을 이용해 전개된 이 작전 때도 계엄이 선포됐다. 밴 플리트는 대전 이남의 작전지휘권을 육군본부에 이양해줌으로써 백선엽 사령관이 작전 지휘의 전권을 행사했고 정부는 작전 기간 중 대전 이남에 계엄령을 선포했다.

작전 기간 중 백선엽 사령관이 육군참모총장을 대신해 계엄사령관 임무를 수행했다. 부산 정치파동 때 원용덕을 별도 영남지구 계엄사령관으로 임명한 것은 이러한 방식을 원용한 것이다. 다만, 부산 정치파동 때의 계엄령은 밴 플리트와 사전 협의 없이 일방적으로 선포된 계엄령이었다.

이승만이 백선엽을 참모총장으로 기용한 데는 밴 플리트의 추천도 있었지만 1951년 겨울철 지리산 공비 토벌의 경험을 높이 산 것으로 보인다. 남부지역의 전 행정기관과 경찰까지 통제하는 계엄 업무를 원활히 수행한 것이 마음에 들었을 것으로 보인다.

백선엽은 1951년 겨울에서 이듬해 봄까지 전개된 토벌작전을 마치고 백 야전 전투사령부를 근간으로 1952년 4월 5일 창설된 2군단의 초대 군단장에 취임했다.

백선엽이 참모총장에 취임한 후 며칠 뒤인 7월 28일에 정치파동을 유발한 부산지역 계엄령은 해제됐다. 발췌개헌안이 통과된 뒤였다. 이어 8월 5일 실시된 대통령 직접 선거에서 이승만이 대통령으로 당선됐다.

백선엽이 7월 23일 참모총장 취임 신고 차 경무대를 찾았을 때 이승만은 백선엽의 손을 붙잡고 "그간 퍽 위태로웠어."라고 했다. 이종찬 총장과 관계있었던 일들을 얘기해 주면서 "참모총장은 대통령의 말을 잘 들어야 되는데…"라는 말도 했다. 신임 백선엽이 대통령의 지시를 잘 받들어주기를 당부하는 말이었다.

반면 이종찬도 미국으로 떠나기 전 백선엽을 몇 차례 만나 이 대통령에 대한 섭섭한 감정을 보였다(백선엽, 1990: 243~244).

전후 민군관계의 변화

  1953년 7월 27일 휴전이 성사됐다. 북한군을 상대로 싸워오던 한국군은 직접적 전투 상대를 상실한 채 한국 사회단체의 일원이 됐다. 새롭게 수립된 정부가 미처 정비되기도 전에 전쟁이 일어나고 3년간의 전쟁을 치르면서 군이 정치·경제·사회 등 모든 면에서 가장 강력한 사회집단으로 등장했다.

  전쟁이 끝나자 대통령으로서는 전쟁에 동원된 인적·물적 자원을 평시에 맞춰 효율적으로 재분배하는 일이 현안으로 떠올랐다.

  특히, 부산 정치파동 때 군 지휘부가 보여준 태도는 군 지휘부가 마음만 먹으면 언제라도 일순간에 정부를 전복시킬 수 있는 무력과 그것을 동원할 수 있는 힘을 가지고 있다는 것을 여실히 보여줬다. 전쟁이 끝남으로써 한가해진 군부가 이러한 사태를 일으킬 가능성은 더욱 높아졌다.

  정부수립 초기에는 이승만의 경무대가 내각을 완전히 장악하고 관료들을 통해 권력을 확대해 나갔다. 정부 출범 초기 국가재정의 상당 부분은 미국의 원조에 의존하고 있었다. 미국의 원조는 1945년부터 시작되어 1961년까지 기준으로 총 31억 달러가 넘었는데 이 금액은 정부 연평균 총수입의 37%를 차지하는 양이었다(문정인·김세중, 2004: 30).

원조자금의 처분은 최종적으로 대통령이 통제하고 있었다. 공무원에 대한 인사권, 원조자금의 처분권을 가지고 이승만은 군과 관료를 관리하고 있었다. 전쟁이 일어난 후에는 모든 정책이 군사안보의 관점에서 논의되고 추진됐다. 한미관계에도 이승만의 영향력이 컸다.

그러나 부산정치 파동을 겪으면서 군이 대통령에게 도전할 수 있는 새로운 세력이라는 것을 이승만에게 각인시켜 주었다. 그러한 위협을 지닌 군이 전쟁을 치르면서 이제 한국사회 전반에 결정적 영향을 미칠 수 있는 사회집단으로 성장한 것이다.

거기에다가 민간부문에서는 자유당이 대통령의 권력을 견제하는 새로운 정치집단으로 떠올랐다. 자유당은 이승만이 육성한 정당이었다. 이승만은 전쟁 발발로 불리해진 자신의 정치적 기반을 보강하기 위해 1951년 초부터 새로운 정당의 창당을 구상했다.

부산 정치파동 직전 원외 자유당을 창당하면서는 각 도지사에게 극비문서를 내려 "각 도지사와 경찰 당국이나 기타 공무원들과 군수 등의 동지로 하여금 조용히 양해를 얻어 가지고 각 민중이 이 정당의 필요성을 깨우치도록 하여 단시일 안에 성공하도록 해야 소수 단체들의 방해를 받지 않게 될 것이다."라고 독촉했다(문정인·김세중, 2004: 21). 원외 자유당 창당에 공무원들이 개입하도록 촉구하고 있다.

이러한 이승만의 노력에 힘입어 원외 자유당은 원내 자유당 의원들을 흡수, 1953년 10월 이후 105석을 확보하는 거대 여당으로 세력을 확대했다. 1954년 12월에는 원내 자유당이 사실상 해체되면서 148석의 의석을 차지하는 다수당으로 발돋움했다.

군부의 성장, 자유당의 확대에 따라 전쟁이 끝나는 시기 한국의 지배 권력은 경무대, 군부, 자유당이 균점하는 모양으로 바뀌게 된다. 이러한 국면에서 군 통수권을 유지하려는 대통령의 의지, 새로운 사회세력으로 급성장한 군부의 헤게모니를 장악하려는 군벌의 갈등, 노쇠한 대통령이 물러날 경우 새로운 정치세력으로 부상하려는 자유당 정치인들의 권력 욕구 등이 서로 부딪치며 전후 한국사회는 격렬한 변동을 겪게 된다.

특히, 1953년 11월 이기붕이 자유당 중앙위원회 의장으로 선출되어 정치권력의 제2인자로 부상하면서 자유당이 구사하는 권력의 힘이 군을 비롯한 사회 구석구석에 미치게 된다.

이승만의 세 어금니

김창룡은 1956년 1월 30일 암살당했다. 그 시기 군부에는 세 파벌이 조성되어 심각한 갈등을 보이고 있었다. 백선엽·정일권·이형근을 중심으로 한 파벌이었다. 이 세 명은 1950년 6·25전쟁이 일어난 직후부터 특무대장 암살사건이 발생하던 1956년 시점까지 육군 참모총장, 합참의장을 번갈아 맡으며 군내 파벌을 형성했다.

그 당시 세 명은 육군의 최고계급인 별 넷을 달고 있었다. 세 사람이 강력한 파벌을 지니고 있었던 데는 이승만의 의중이 크게 작용했다. 파벌 간 견제와 균형을 통해 군을 안정시키려는 이승만의 의도적 인사조치가 낳은 결과였다.

이승만은 백선엽·정일권·이형근을 항상 '내 어금니'로 불렀다고 한다. 이승만의 측근이었던 미군 고문관 하우스만이 보기에 이승만은 이 세 사람만 있으면 대한민국 국방은 든든하다고 생각했으며, 이들 세 사람을 똑같이 중요한 자리에 앉혀야 마음이 시원한 듯했다(짐 하우스만/정일화, 1995: 188~189).

이승만은 6·25전쟁이 끝난 후 육군참모총장에 정일권, 1군 사령관에 백선엽을 앉힌 후 이형근에게는 마땅한 자리가 없자 합동참모본부를 만들어 이형근을 합참의장에 임명했다. 미국 측의 강력한 반대에도 불구하고 합참을 만든 것은 오로지 이형근에게 적합한 자리를

배려하려는 조치였다. 그 후 하우스만의 노력으로 미국은 합동참모
본부를 정식 편제로 인정했다.

〈 백선엽 · 정일권 · 이형근의 주요 보직 〉

구 분	육군 참모총장	합참의장	대장 승진
백선엽	1952.7.23. ~ 1954.2.13 1957.5.18. ~ 1959.2.22	1959.2.23. ~ 1960.5.31	1953.1.31. *한국군 최초
정일권	1950.6.30. ~ 1951.6.22, 1954.2.14. ~ 1956.6.26	1956.6.27. ~ 1957.5.17.	1954.2.14.
이형근	1956.6.27. ~ 1957.5.17	1954.2.14. ~ 1956.6.26.	1954.2.14.

파벌이란 서로의 안전과 이익을 도모하기 위하여 어떤 한 지도자
를 중심으로 형성된 집단을 말한다. 그리고 군벌은 군대 내에 존재하
는 파벌이다.

군벌은 대부분 지연, 학연, 혈연, 장교 임관과정 그리고 함께 근무
한 경력 등을 통해 이루어진다. 특히, 군인들의 파벌은 독특한 속성
을 지니고 있다. 이성적이기보다는 감정적인 것을 바탕으로 만들어

진다. 혹독한 훈련과 전쟁이라는 극한상황이 이성적 명령체계를 벗어나 감정적으로 밀착하도록 만드는 것이다(강창성, 1991: 23).

백선엽·정일권·이형근의 세 계파는 지역을 중심으로 형성됐다. 백선엽은 평안도, 정일권은 함경도, 이형근은 충청도 출신이었다. 이형근의 경우 충청도 출신이었으나 그 당시 군의 중심 세력이 이북에서 월남해 온 이북출신 중심이었으므로 남한 출신 전체를 대표하는 모양을 띠고 있었다.

이승만은 이형근을 합참의장으로 임명하면서 "제너럴 리는 기호(畿湖) 사람이야, 이남 사람이란 말이야. 원래 이북 사람들은 이조 오백 년간 천대받고 굶주려 욕심들이 강하네. 그런 사람들에게 일을 맡길 수는 없으니 이남 사람인 자네가 잘해야 하네. 그리고 이북 사람들 하는 일을 항상 경계하고 감시해야 하는 거야."라고 당부했다(이형근, 1993: 101). 파벌 간의 견제와 균형을 통해 군을 다스려 나가는 이승만의 통치술이 잘 드러나는 대목이다.

김창룡 특무대장 암살사건 해부

이승만의 오른팔과 왼팔

정일권·백선엽·이형근이 이승만의 세 어금니였다면 특무대장 김창룡과 헌병총사령관 원용덕은 그의 오른팔과 왼팔이었다.

이승만은 군의 정보수사 분야에서 김창룡이 독주하는 것을 허용하지 않았다. 김창룡을 견제하는 인물로 원용덕을 키웠다. 1953년 3월 헌병총사령부를 설치한 것도 원용덕에게 자리를 주기 위한 위인설관이었다.

원용덕은 원래 의사였다. 1931년 세브란스 의전을 졸업하고 강원도 강릉에 개인병원을 차렸다. 그 후 만주사변이 일어나 만주국이 세워지고 만주가 새로운 개발지역으로 떠오르자 만주군의 군의관으로 입대했다.

1945년 일제가 패망할 때 그는 만주군의 중령으로 진급해 있었다. 해방 후 군이 창설되는 과정에서 그는 만주군 출신의 리더로 영향력을 발휘하게 된다. 늦게 입대했던 그는 만주군 출신 가운데 최고 연장자로 대우받았다.

미군정이 한국군 장교를 양성하기 위한 군사영어학교를 만들 때, 교장은 미군이 맡고 부교장을 원용덕이 맡았다.

1946년 1월 남조선 국방경비대가 창설되면서 총사령관에 발탁됐다. 계급은 그 당시 최고직인 참령(소령)이었다.

그 후 육군사관학교 전신인 조선경비사관학교 교장을 거쳐 6·25 당시 전북지구 편성관구 사령관으로 근무하다 퇴역했다.

군복을 벗은 후 우울한 나날을 보내던 원용덕은 1952년 피난지 부산에서 신태영 국방장관의 천거로 국방장관 특별보좌관으로 발탁된다. 이 시기는 이승만 대통령의 장기집권에 분수령을 이루는 시기였다.

국회에서 간선으로 선출된 초대 대통령 이승만의 임기는 1952년 8월이 종점이었다. 국회의원의 신임을 잃고 있었던 이승만은 국회에서의 당선이 불가능해 보이자 직선제 개헌이라는 카드를 꺼내들었다.

개헌을 위해 이승만은 우선 국방장관을 이기붕에서 신태영으로 교체했다. 원용덕은 이제 신태영을 국방장관으로 모시게 됐다. 이승만은 개헌을 위한 대국회 압박 수단의 한 수단으로 1952년 5월 24일 일부 지역에 비상계엄을 선포했다.

계엄의 명분은 일부 지역에 공비가 출몰하여 치안을 확보한다는 것이었다. 그리고 영남지구 계엄사령관에 원용덕을 임명했다. 임시수도 부산이 계엄지구에 포함된 것이 이 계엄에 정치적 목적이 개입되어 있음을 보여준다.

원용덕은 국회의원이 출퇴근할 때 이용하던 전용 버스를 통째로 헌병대로 끌고 가는 등 공포 분위기를 조성하며 이승만의 개헌작업을 도왔다. 이러한 분위기에 힘입어 개헌안은 그해 7월 4일 국회를 통과했다. 개헌안이 통과되자 비상계엄령도 그해 7월 28일 해제됐다.

이제 재집권의 길을 열어 준 원용덕에게 이승만이 보답할 차례가 왔다. 그 보은의 방법으로 이승만은 1953년 3월 22일 헌병총사령부를 설치하여 원용덕을 헌병총사령관에 임명했다. 국방부 직속으로 설치된 헌병총사령부(약칭: 헌총)는 육해공군의 헌병사령관을 총괄하는 직책이었다.

그 당시 국군조직법에 설치 근거가 없었으나 대통령령 제1536호인 헌병령 제6조에 의거하여 헌병 병과의 합리적인 운영을 기하고 각 군 헌병의 유기적인 협조를 조성한다는 명목으로 설립됐다.

그에 따라 육해공군의 헌병사령관들은 각 군 참모총장의 지휘명령과 헌병총사령관의 지시 사이에서 고민해야 하는 모호한 입장에 서게 됐다. 원용덕 총사령관은 육해공군을 총괄하는 보좌관을 두고 국방부를 통해 3군에서 골고루 장교, 하사관 등을 차출 받아 사령부를 구성했다.

헌총을 설치한 이승만의 의도는 복합적 성격을 지니고 있었다. 첫째, 대통령의 명령을 충실히 따르는 친위 부대가 필요했다. 전쟁이 일어나자마자 급작스럽게 작전지휘권을 유엔군 사령관에게 위임함으로써 대통령은 군에 대한 통수권을 완전하게 행사할 수 없는 처지에 빠졌다. 이를 타개하려는 방안의 하나로 헌총을 만들었다.

둘째, 이승만은 육해공군을 동시에 통제할 수 있는 대통령 직속기구를 원했다. 군의 대통령에 대한 도전을 효과적으로 제압하기 위해서는 그와 같은 성격의 조직이 절실했다. 이승만은 1952년 직선제 개헌 파동 당시 이종찬 육참총장의 병력 파병 거부를 체험하면서 그러한 조직의 필요성을 절실히 느꼈다.

셋째, 김창룡 특무대장의 독주를 견제함으로써 군에 관한 정보를 보다 정확하고 심층적으로 받아볼 수 있는 여건을 마련했다. 특무대장과 경쟁 관계에 있는 직위를 마련함으로써 두 기관이 서로 질 높은 정보수사 활동을 벌이는데 경쟁하도록 만든 것이다.

넷째, 직선제 개헌의 공로자인 원용덕에게 그에 상응하는 자리를 보전해 줌으로써 그의 충성심을 더욱 부추기려는 의도였다(이경남, 1982.12: 123).

백선엽 총장의 헌병총사령부 후원

특무부대가 대통령의 비밀명령을 받아 통치권을 보좌하면서 특무
부대는 대통령 직속의 정보기관으로 정착해 나갔다. 그러나 특정 조
직이 정보활동을 독점할 경우 정보가 그 조직 중심으로 왜곡되고 특
정 사안에 대해 균형 있는 판단을 내리기 어렵게 된다. 정보시장의
독점적 병폐를 초래할 수 있는 것이다.

이승만 대통령이 1953년 3월 22일 헌병총사령부를 설치한 것도 특
무부대 중심의 정보독점과 왜곡을 방지하는 데 보다 큰 목적이 있다.

헌병총사령부가 설치되기 이전 이미 육해공군과 해병대에는 군별
로 헌병사령부가 설치되어 있었다. 이런 현실에서 군별 헌병사령부
를 총괄하는 기구를 설치하는 것은 옥상옥의 기관을 두게 되는 모양
새가 된다.

더욱이 각 군 참모총장과의 관계도 모호했다. 국군조직법 등 법적
으로 설립 근거가 없었으며 작전지휘권을 가진 유엔군과도 사전 협
의 없이 만들어진 조직이었다.

부산 정치파동 때처럼 육군 참모총장이 미8군 사령관과 연계하여
항명할 경우 대통령으로서는 매우 곤란한 상태에 빠질 수 있는 처지
였다.

그러나 이 시기 백선엽 육군 참모총장은 대통령의 뜻을 거스르지

않았다. 전임 이종찬과는 다른 모습을 보여줬다. 대통령 뜻을 거스르지 않는 소극적 태도에 머무르지 않고 헌병총사령부 책임자로 취임한 원용덕을 적극적으로 변호하고 도와줬다.

당시 신태영 국방부 장관과는 다른 태도였다. 이승만이 처음 국방부 장관에게 헌병 총사령부를 설치하는 복안을 밝혔을 때 신태영 장관은 이를 반대했다. 1953년 초쯤 국방장관은 각 군 참모총장을 소집해 이 대통령으로부터 갑자기 헌병총사령부를 설치하겠다는 각서를 받았다면서 각 군에 헌병사령부가 설치되어 있는데 옥상옥으로 헌병총사령부를 두는 것에 찬성하지 않는다는 입장을 밝혔다(백선엽, 1990: 275).

국방장관의 반대에도 불구하고 헌병총사령부는 국방부 직속으로 설립됐다. 수사부, 정보부, 공보실 등의 편제를 두고 각 군에서 인력을 뽑아 2개 중대 규모로 출발했다.

초대 헌병사령관에 부임한 원용덕의 첫 사업은 반공포로 석방이었다. 휴전회담에서 포로교환 문제가 협의되고 있을 때 남한의 포로수용소에 갇혀있던 포로 가운데 공산주의를 싫어하면서 북한에 가지 않겠다는 포로들이 많이 있었다.

이때 이승만은 북한으로 안 가겠다는 반공포로들을 강제 송환시키는 것은 제네바 협정의 인도주의 정신에 위배된다는 명분을 내세워 미국과 협의도 없이 1953년 6월 18일 전격적으로 이들을 석방했다.

유엔군에 이양된 작전지휘권을 위배하는 사건이었다. 수용소의 지휘 책임은 유엔군이 가지고 있었으나 부산, 광주 등 각지 포로수용소의 경비를 담당하는 경비헌병대는 육군본부 직할 육군헌병사령부에

김창룡 특무대장 암살사건 해부

소속되어 있었다.

따라서 경비 헌병이 경비를 해제하는 방식으로 반공포로를 석방하기 위해서는 육군참모총장을 거쳐 유엔군 사령관의 작전 지휘를 받아야 했다. 그러나 원용덕 총사령관은 육군 헌병사령부 사령관, 부사령관에게 반공포로 석방을 지시하면서도 육군본부의 지휘계통에 알리지 말라고 단속했다(《신동아》, 1982년 12월호).

그러나 백선엽은 이승만으로부터 따로 지침을 받아 그 내용을 알고 있었다. 이승만은 부산 정치파동 때처럼 군이 지시에 따르지 않을 것을 우려해 1953년 6월 10일 국방장관과 육군의 주요 장성들을 경무대로 불러 격려하는 자리를 마련했다.

그때 대통령은 백선엽을 별도로 불러 "자네 원용덕을 잘 알지. 내가 원용덕에게 숙제를 주었네. 잘 좀 도와주게."라며 낮은 목소리로 말했다. 이에 따라 백선엽은 참모들에게 그 일을 모르는 체하고 있었다.

포로가 석방되기 직전인 6월 17일 육군 헌병사령관이 "헌병총사령부에 모종의 움직임이 있다."라는 정보보고를 해오자 "그 일에 대해서는 일체 관여하지 말라."라고 지시했다. 대통령의 입장을 존중해주려는 의도였다.

더 나아가 백선엽은 원용덕을 적극 변호했다. 미군들이 원용덕을 "나쁜 친구", "반미주의자"라고 욕할 때는 "그는 세브란스 의과대학 출신이며 그의 부친은 목사입니다. 다만, 이 대통령에게 충성하기 위한 애국심에서 빚어진 일"이라며 원용덕을 두둔했다(백선엽, 1990: 275~279).

이승만의 이종찬에 대한 냉대와 감시

대통령에게 항명하다 물러난 이종찬이 미국 연수를 마치고 귀국한 것은 1953년 7월 초였다. 휴전회담 타결을 앞두고 한 평이라도 더 차지하려는 전방에서의 전투가 치열한 시점이었다. 그해 7월 27일 휴전협정은 체결됐다.

미국에서 돌아온 이종찬은 육군대학 총장으로 발령받았다. 대구의 한 초등학교 교사를 임시로 빌려 쓰고 있던 육군대학은 1954년 6월 21일 진해의 육군사관학교가 서울 태릉으로 이전하자 진해 육군사관학교 자리로 내려갔다.

이종찬이 진해에서 근무할 때 이승만은 진해에 위치한 대통령 별장에 들르곤 했다. 대통령이 진해에 들릴 때마다 진해 지역의 군, 경찰, 행정계통 간부들은 대통령 영접에 나섰다. 그럴 때 이종찬과 마주치곤 했던 이승만은 이종찬에 대한 적대적 감정을 노골적으로 드러내곤 했다. 자신의 파병 지시를 거부한 이종찬에 대한 앙금이 남아있었다. 그러한 이승만의 시각을 보여주는 구체적인 사례들이 있다.

1954년 봄 대통령은 진해별장을 찾게 된다. 경무대 경찰서로부터 대통령이 진해별장에 내려온다는 연락을 받은 당시 최치환 경남도경국장은 진해 비행장으로 달려가 이 대통령을 영접했다.

최치환은 비행장에 도열한 진해 시내 기관장들과 일일이 악수를 나누는 대통령을 측근에서 수행하고 있었다. 차례로 악수를 나누던 대통령은 갑자기 접견을 중단하고 끄트머리 서 있던 이종찬을 가리키며 "저 사람이 누구지?" 하고 최치환에게 물었다.

최치환이 의아하게 생각하며 "예, 육군대학 총장입니다." 하고 대답하자 대통령은 또 "이름이 뭐지?" 하고 물었다. 최치환이 "이종찬 장군."이라고 대답하자 "음, 그래. 자네 저 사람 잘 보게."라고 말했다(강성재, 1986: 131).

이종찬이 들을 수 있는 거리에서 이종찬에게 모멸감을 주려는 계산된 행동이었다. 이러한 이승만의 마음을 읽은 진해시내 관계기관에서는 대통령이 기관장들을 면담할 때 이종찬을 맨 마지막 도열순서에 배치했다.

공국진 전 육군 헌병사령관도 이승만의 이종찬에 대한 멸시 장면을 소개하고 있다. 대통령이 진해별장에서 주말을 보내기 위해 공국진 사령관과 김창룡 특무대장, 김장흥 치안국장 등을 수행하고 진해를 찾았을 때였다.

이종찬이 대통령에게 경례를 올리자 대통령은 힐끗 쳐다보다 갑자기 얼굴에 경련을 일으켰다. 이승만은 크게 화가 날 때 얼굴에 경련을 일으키는 증상이 있었다.

그러더니 김창룡 특무부대장을 손짓으로 불러 "자네, 저놈 잘 감시하고 있지? 저놈 흉악한 놈이야!"라고 귓속말을 했다. 이종찬도 들을 수 있는 거리에서 공국진이 들었다(공국진, 2001: 258). 이종찬에 대한 대통령의 불편한 심기를 엿볼 수 있는 장면들이다.

이승만의 노쇠와 리더십의 쇠퇴

 정치권력 구도의 변화는 국가 핵심정보의 흐름과 내각 임명에 대한 영향력의 변화 등을 통해서 읽을 수 있다. 이기붕이 이승만을 이을 후계자로 떠오르면서 주요 선거를 앞둔 국내정치 관련 정보, 내각 임명에 대한 정보들의 무게중심이 이승만보다 이기붕에게로 기울기 시작했다.

 특히, 이기붕이 추천한 박찬일이 경무대 비서로 들어가면서 이기붕은 대통령 주변의 정보까지 장악했다. 이른바 비서정치가 시작됐다. 박찬일은 이승만에게 올라가는 정보를 차단하고 경무대의 정보를 자유당 측에 제공하는 중개자 역할을 수행했다.

 이승만이 육체적·정신적으로 쇠약해지면서 경무대 비서의 전횡이 심화됐다. 경무대 비서를 지낸 차익교는 1997년 인터뷰에서 그러한 변화를 이렇게 회고했다.

 이 대통령은 비서의 숫자를 6명으로 제한하였다. 이 대통령은 비서실의 기능은 연락·의전·서류 작업 등 개인적인 비서업무에 국한되어야 한다고 믿고 계셨다. 이 대통령은 비서실의 확장에 대하여 강하게 반대하고 있었고 부패나 권력남용을 우려하여 비서가 정책 심의에 관여하는 것을 크게 경계하셨다. 1955년 후반 이기붕의 소개로 박찬일이 비서진에 기용되면서 이 같은 기조는 크게 바뀌게 되었다. 이기붕의 수족으로서 박찬일은 이 대통령에게 알리지 않거나 동의도 얻지 않은 채 국내정치에 깊이 관여하였던 것이다(문재인·김세중, 2004: 34).

차익교는 박찬일의 비서 진출을 1955년 후반으로 기억했으나 실제 그가 비서로 발탁된 것은 1954년 4월이었다. 경무대의 비서정치는 영부인 프란체스카와 이기붕 부인 박 마리아가 유착되면서 그 강도가 심해졌다.

이승만의 총애를 받고 있던 임영신에 의하면 경무대 비서는 주로 박 마리아의 소개로 충원됐고, 이들은 임영신의 대통령 면담도 방해하고 있었다. 그와 함께 영부인은 비서 박찬일과 협력해 대통령을 불쾌하게 만들 수 있는 정보는 차단하려고 애쓰고 있었다. 대통령의 이름으로 직접 정책결정을 내리기도 하는 관행이 빈번해지고 있었다.

자유당과 군 수뇌부의 유착

1954년 2월 14일 이승만 정부의 권력 판도에 큰 영향을 미치는 군 인사가 있었다. 정일권과 이형근이 대장으로 승진했다. 정일권은 육참총장에 이형근은 신설된 연합참모회의 의장에 보임됐다. 백선엽은 육참총장에서 새로 창설된 제1군 사령부의 사령관에 임명됐다.

대장 계급을 가진 육군의 3대 파벌이 육군의 최고 지위를 균형 있게 점유하는 모양새가 이뤄졌다. 군벌 간 견제와 균형을 통해 군부를 장악하려는 이승만의 의중이 담긴 인사였다.

대통령을 정점으로 대통령 직속의 특무대와 헌병총사령부 그리고 대장 3명이 지휘하는 전투조직이 서로 균형을 이루는 체계가 정립됐다. 이 체계를 능률적으로 작동시키기 위해 이승만은 끊임없이 충성 경쟁을 유도했다. 분리해서 지배하는 통치술의 전형적인 모습을 보여줬다.

특무대와 헌총사를 서로 견제시키는 일도 부단히 계속됐다. 그에 대한 사례는 공국진 전 육군 헌병사령관이 증언하고 있다. 공국진은 그의 신분상 대통령 호출에 따라 경무대를 방문하는 일이 많았다.

한번은 경무대에서 대통령 면담을 대기하고 있는데 원용덕 헌병총사령관이 먼저 보고를 마치고 나오며 공 사령관을 한쪽으로 불러 다른 사람이 들을 수 없도록 조용히 말했다.

"김창룡의 비행을 조사하라는 특명이 내려 어마어마한 비행을 조사하여 가지고 올라왔는데 영감님이 서류를 두고 가라는 거야? 필연코 김창룡을 불러 그 서류를 주며, 너 원용덕 비행을 조사하라고 지시할 게야? 이러니 그놈이 기고만장하는 게야? 공 장군도 조심해."라며 주의를 주었다(공국진, 2001: 259).

이처럼 군벌 간 경쟁이 뜨겁게 달아오르고 있는 가운데 대통령 선거와 부통령 선거가 다가오고 있었다. 1956년 5월 15일 정부통령 선거가 예정되어 있었다. 대통령의 분할 통치술로 군벌 간 긴장이 고조되고 있는 가운데 정치권까지 끼어들어 상대방에 대한 증오와 질시 그리고 적대감으로 번져갔다.

정치권의 개입은 정치자금이 주요한 원인이었다. 당시 군사비는 정치자금의 중요한 루트였다. 전쟁이 일어난 것을 계기로 미국으로부터 원조받는 군사자금과 물자가 정치권으로 흘러들어가기 시작했다. 전쟁의 발발은 군사비를 정치자금의 새로운 공급원으로 부상시켰다.

군사비는 여러 경로를 통해 정치자금으로 유입됐다. 첫째, 막대한 규모의 군 예산이다. 전쟁 발발 후 50년대를 통해 군 예산은 국가 예산의 평균 50% 이상을 차지했다. 군 예산의 대부분은 군납 형태로 전쟁물자 구입에 사용됐는데 이때 군납 과정에서 빼돌린 부정자금이 정치자금의 주요 원천이 됐다.

둘째, 군 지휘관들이 휘발유, 부식품 등 군수물자를 불법 판매하여 조성된 수입이 정치자금으로 변질됐다. 셋째, 군은 후생사업이라는 명목으로 벌목, 숯 굽기, 군용차량 임대 등 수익사업을 벌였는데 여기에서 생기는 수입도 정치자금으로 유입됐다. 군의 비리를 눈감아주고 정치자금을 받는 공존·공생 관계가 형성됐다. 넷째, 미국으로부터 원조 받은 군수물자를 저렴한 가격으로 민간에 팔아 거둬들인 차입금 가운데 일부가 정치권에 제공됐다(문정인·김세중, 2004: 76).

이와 같은 방법을 통해 군은 정치자금의 핵심적 공급처가 되었으며 자연히 자유당 고위층과 군 수뇌부 사이에는 밀접한 유착관계가 성립됐다.

정일권과 반김창룡 세력의 연결

김창룡 암살사건의 행동대장격인 허태영이 정일권과 연결된 것은 정일권이 제2사단장에 근무할 때였다. 강문봉과 함께 1년간의 미국 연수를 마치고 1952년 7월 돌아온 정일권은 바로 제2사단장에 임명됐다.

정일권이 사단장으로 부임할 당시 2사단 특무대는 허태영이 책임자로 일하고 있었다. 대위에서 소령으로 막 진급해 사기가 충천된 시기였다.

허태영은 새로 부임해온 정일권 사단장에게 신고할 때 엉거주춤한 자세로 불손한 태도를 보였다. 이에 정일권이 허태영을 돌려보낸 후 사단 정보참모에게 특무대장이 어떠한 사람인지 확인해서 보고하라는 지시를 내렸다. 지시를 받은 사단 정보참모 김정용 중령은 허태영과 가까운 사람이었다. 그는 허태영에게 전화를 걸어 불손한 인사 태도를 좋지 않게 보고 있는 사단장의 심기를 전달했다.

이처럼 처음 만난 초면에 불미스러운 일이 있었음에도 둘 사이는 금방 가까워졌다. 참모총장에서 사단장으로 격하되어 침울해하던 정일권의 심기를 쾌활하고 단선적인 성격의 허태영이 달래주고 있었던 것이 둘 사이를 가깝게 했다.

다른 참모들이 있어도 허태영이 없으면 사단장이 식사하지 않을 정도로 각별한 관계가 됐다. 사단 참모들 사이에 사단장이 허태영에게 꼼짝도 못 한다는 소문이 파다하게 퍼졌다. 허태영이 중령으로 승진해 대전 파견대장으로 전출해가자 정일권은 직접 대전 특무대를 방문해 격려금을 전달하기도 했다(이대인, 2011: 276).

정일권이 육참총장에 복귀한 후 이승만은 원용덕과 김창룡을 경쟁시키듯 정일권과 김창룡도 경쟁시키고 있었다. 정일권의 비리를 김창룡으로 하여금 조사해 보고하게 하고 김창룡의 비리는 정일권으로부터 보고받으려고 했다.

김창룡 측근들에 따르면 김창룡은 이것을 대통령의 자신에 대한 신임으로 이해하고 무척 기뻐했다고 한다(서병욱, 1991: 33). 이런 여건에 놓이자 정일권도 김창룡과 특무부대에 관한 정보가 필요해졌다.

육참총장으로 복귀한 후 2사단장 시절 인연을 맺은 허태영을 가까이하게 된 것도 이러한 정보 욕구에서 비롯됐다. 허태영을 통해 김창룡 주변의 동향을 탐문할 수 있었다.

또한, 김창룡과 사이가 뒤틀어져 있던 특무대 출신 이진용을 정병감으로 앉혀 특무대 관련 정보수집 일을 맡긴 것도 그 일환이었다. 특무대장 바로 아래 자리인 특무부대 특무처장까지 올라간 이진용은 평소 김창룡으로부터 신임을 받고 있었다.

이진용은 보성전문학교 법과 출신으로 특무부대에서는 보기 드문 엘리트였다. 6년간 경찰관을 지내다 육사 특별 8기를 거쳐 소위로 임관, 정보국 3과에 배속됐다. 3과에서 육군 특무부대가 독립한 후 내정처장, 특무처장으로 근무하다 1955년 육군본부 정병감으로 보직됐다.

이진용에 대한 김창룡의 신임에 금이 가기 시작한 것은 '이진용이 특무부대장 자리를 노리고 있다.'라는 소문이 돌면서부터였다. 김창룡으로서는 이진용을 경계하지 않을 수 없었다. 그에 따라 이진용을 원주 특무부대장으로 발령 낸 후 그의 비리를 샅샅이 조사해 특무대를 떠나게 만들었다.

특무대를 떠난 이진용을 정일권이 정병감에 앉혔다. 이진용으로서는 정일권-김창룡 대립구조에서 자연히 정일권으로 기울 수밖에 없었다.

7장

김창룡을 저격한 사람들

이른 아침 출근길의 피살

　1956년 1월 30일 아침 7시 30분경 서울 시내 원효로 자혜병원 앞길에서 김창룡 특무부대장이 피살됐다.

　부대장 관사로부터 불과 250여 미터 떨어진 곳이었다. 부대장 전용 지프차로 출근하는 길이었다. 세달 보름 후로 예정된 제3대 정부통령 선거(1956.5.15.)를 앞두고 여야의 긴장이 팽팽하게 높아지던 시점이었다.

　특무대장 관사는 그 당시 원효로에서 가장 높은 언덕 위에 있었다. 김창룡을 총애하던 이승만 대통령이 특별히 마련해준 집이었다. 1955년 초 전쟁이 끝나고 서울이 안정되어가자 대구에 본부를 두고 있던 특무대 본부가 서울로 이전했다. 그때 대통령이 마련해준 집이었다.

　대지가 80평에 가까운 2층 양옥집이었다. 그때 주소로 용산구 원효로 1가 17번지 5호에 있던 관사에서 그날 아침 7시 20분경 출발하여 언덕길을 내려가 세 갈래 길로 나누어지는 골목의 도로 위에서 그는 피살됐다.

　차 한 대만이 빠져나갈 수 있는 좁은 골목길이었다. 범인들은 군용 지프차를 타고 현장에 도착하여 비좁은 골목을 차량으로 막고 기다리고 있었다. 이와 같이 좁은 도로를 가로막는 수법은 그 당시 유행했던 '반역자'라는 외국 영화의 한 장면을 모방한 수법이었다.

그날 아침 운전병이었던 박대복 중사는 김창룡을 출근시키기 위해 특무부대 병기 창고에서 차를 몰고 김창룡의 집으로 가던 길에 자혜병원 앞을 지나면서 범행 차량을 보았다. 그러나 차가 뒤로 물러나고 있어 '방향을 바꾸려는 것이 아닌가.' 하고 무심히 지나쳤다(동아일보사, 1975: 212).

잠시 후 김창룡을 태우고 나오던 김창룡의 지프차가 범행 장소에 이르렀을 때 길을 막고 있는 차를 보고 비키라는 경적을 울리는 순간, 한 명이 김창룡 지프차의 오른쪽으로 달려들어 문을 열며 김창룡에게 두 발을 명중시킨 후 권총이 고장 나 불발탄을 뽑으려 머뭇거리는 순간 또 다른 한 명이 나타나 세 발을 발사하여 현장에서 그를 절명시켰다.

범행에 쓰인 총기는 미제 콜트 45구경 권총이었다. 뒷날 범행 주모자로 사형된 허태영의 검찰 기소장에는 암살의 순간이 다음과 같이 묘사되어 있다.

(범인) 송용고, 신초식이 합승하여 범행현장인 원효로 1가 51번지에서 전차로로 향하는 중간지점인 세 갈래 분기점 윗쪽 길목에 (범행에 쓰인) 찦차를 가로 정차함으로써 다른 차량의 통과를 차단하고 운전수는 기관발동 상태로 찦차 운전대에 대기시킨 후 신초식, 송용고는 하차하여 각각 권총에 실탄을 장전하고 범행지점 부근에 잠복 대기하고 있던 중 같은 날 7시 20분경 출근하는 고 김창룡 중장(암살직후 소장에서 중장으로 추서)이 관 535호 찦차에 타고 범행 장소를 통과하고자 전방에 가로 정

차하고 있는 범인들의 찦차를 비키도록 하기 위해 경적을 울리는 순간, 잠복 대기 중이던 송용고가 달려들어 지문이 남는 것을 예방하기 위해 장갑을 끼고 있던 왼쪽 손으로 고 김 중장 찦차의 우측 차 문을 열고 오른손에 들었던 권총으로 고 김 중장에게 2발을 발사·명중케한 후 권총 고장으로 불발탄을 뽑으려는 찰나에 신초식이 송용고의 우측으로부터 접근하여 (하수인에게) 응사하려고 휴대한 권총을 뽑으려는 운전수 박대복 중사의 오른쪽 손에 1발을 발사하여 명중시켜 항거 불능케 한 후 신음 중에 있는 고 김 중장에게 연 3발을 발사함으로써 두 사람이 발사한 총탄 5발로서 고 김 중장의 턱, 우측 쇄골 밑 부문, 좌측 쇄골 밑부분 등을 각각 명중시켜 폐, 심장, 대동맥 등의 손상 및 출혈 과다로 인하여 즉후(卽後) 사망케 하였음. [4]

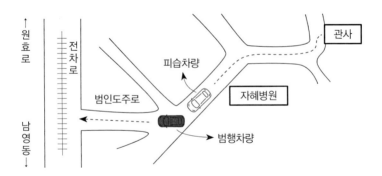

---

4 "김중장 암살범 군인관계 기소장"(동아일보, 1956년 3월 28일 자, 3면), 괄호 안은 독자의 이해를 돕기 위해 필자가 보완한 내용.

김창룡은 현장에서 즉사했다. 사고 지점 바로 옆에 살던 특무부대 소속 장재명 문관이 총성을 듣고 달려 나와 김창룡을 끌어안고 "부대장님!, 부대장님!" 외치며 대화를 시도했으나 김창룡은 이미 말이 없었다(김교식, 1984: 198).

이승만 대통령은 1956년 2월 3일 치러진 장례식 때 내무부장관이 대신 읽은 조사에서 "김창룡이 총을 맞고 병원으로 가는 도중에서도 자기 부하들에게 말하기를 '내가 우리 대통령을 모시고 남북통일을 완수하는 것을 보고 죽자던 것인데 이것을 못 보고 죽는 것은 유감이나 당신들은 나의 뒤를 따라 내가 목적하던 것을 이루게 하라.' 하고 운명하였다."라고 언급했다(《조선일보》, 1956.2.4.).

그러나 사고 당시 김창룡은 이미 언어소통에 필요한 목 부분에 치명상을 입어 말을 할 수 없었다. 김창룡은 피습 순간 카메라를 어깨에 메고 국방부 원면사건의 수사 기록이 든 누런 봉투를 오른손에 들고 있었다.

김창룡은 무의식중에 왼손으로 처음 제1탄을 막았다. 이것이 치명적이었다. 그의 손목시계 줄이 끊기면서 오른쪽 턱 밑을 뚫고 후두부를 통과한 것이다.

이날 아침 김창룡의 경무대 보고를 안내하기 위해 준비하고 있던 특무부대의 경무대 연락장교 엄재림은 사고 소식을 듣고 김창룡의 시신이 처음 머물렀던 적십자 병원으로 달려갔다. 거기서 엄재림은 김창룡의 목 아래쪽에 실탄 하나가 불룩하게 박혀있는 것을 의사에게 빼어달라고 했다(이대인, 2011: 265).

이로 미루어 김창룡이 총을 맞고 죽으면서 유언을 남겼다는 이 대통령의 조사는 과장된 것으로 보인다. 목에 총알이 박힌 상태에서 말을 한다는 것은 불가능하다.

김창룡의 시신은 사고 직후 서대문 적십자병원을 거쳐 아침 9시경 종로구 옥인동 소재 특무부대 부대장실로 옮겨진 후 다시 오후 3시경 원효로 1가 17의 5 자신의 집으로 돌아가 그가 기거하던 방에 안치됐다.

특무부대는 그 당시 국가 최고의 정보기관이자 수사기관이었다. 박정희 정부시절 청와대 경호실장이었던 차지철은 1978년 1월 경호실의 기본임무를 수행하는 데 도움을 준다는 취지로 「암살사(暗殺史)」란 책을 발간한 적이 있다. 역사상 대표적인 암살사건을 분석한 책이다.

이 책은 김창룡 암살사건도 다루고 있는데, 습관적으로 다니는 통로로 다닌 것을 경호업무에 남긴 교훈으로 지적하고 있다. 경호가 필요한 요인의 신변안전을 위해서는 그 요인이 고정적인 통로를 관습적으로 이용하는 것을 피해야 한다고 강조했다(차지철, 1978: 225~226).

실제로 김창룡 암살범들은 처음 1955년 10월 하순경 김창룡이 출근하는 기회를 이용하여 권총으로 사살하기로 암살 방법을 모의하고 김창룡 집 부근을 계속 탐지한 결과 그가 매일 아침 7시 30분부터 8시경에 관 535호 지프차로 출근한다는 사실을 확인했다.

그 후 네 번에 걸쳐 사살 기회를 노렸으나 김창룡의 지프차가 과속으로 지나가거나 다른 방향으로 움직이는 바람에 실패했다. 그에 따라 차량으로 도로를 가로막고 암살하는 방법을 택한 것이다.

또한, '암살사'는 범인들이 3개월간에 걸쳐 김창룡 사택 부근을 배회하고 있었는데도 이것을 알아차리지 못한 점을 암살요인으로 지적하고 있다.

사실 김창룡은 주변의 위협에도 불구하고 신변 관리를 소홀히 한 측면이 있다. 김창룡은 암살 직전 주변에서 다가오는 이상한 기운을 느끼고 있었다. 죽기 보름 전부터는 무슨 예감이 들었던지 부인에게 암살 얘기를 자주 했다. 그의 부인에 의하면 아래층에서 자다가도 2 층으로 잠자리를 옮겼다고 한다(서병욱, 1989: 33).

그는 죽기 약 일주일 전부터 심복 부하들로부터 암살하려는 자가 있다는 말을 들었다. 그러한 첩보가 잇따르자 암살당하기 수일 전엔 밤사이에 잠자리를 두세 번씩 옮기기도 했다(동아일보사, 1975: 201).

범인들이 처음 김창룡을 살해하기로 모의한 것은 1955년 10월 30 일이었다. 처음 모의에서 실행까지 3개월의 기간이 있었다. 이 기간 김창룡은 여러 번 이상 징후를 느끼고 있었다.

특히, 1955년 11월 3일 서울시 중구에 있었던 요정 '신성'에서 처음 암살이 시도됐을 때 암살에 필요한 자리 배치 때문에 어색한 분위기가 김창룡에게 감지됐다. 범인들은 하수인 신초식을 신성 입구 부근에 잠복시켜 놓았다 김창룡이 신성에 들어올 때 그를 신성 입구에서 사살하거나 그 기회를 놓치면 김창룡을 저격하기 쉽도록 식당 내 방에서 방 정면에 김창룡을 자리 잡게 한 후 식사 도중 신초식이 사살하기로 정하고 있었다.

뒷날 김창룡의 아내 도상원에 따르면 그날 밤 식당에서 저녁을 먹고 들어온 김창룡이 아내에게 '식당에서 만난 사람들이 자기의 옆자리를 비켜서 앉으려 하고 자신의 양옆을 피하려 하더라.'라며 이상했던 식당 분위기를 전했다고 한다(이대인, 2011: 267).

이승만의 충격

이승만에게 암살 사실을 처음 보고한 사람은 곽영주 비서라는 말도 있고 경무대 파견 장교였던 엄재림이라는 주장도 있다. 이승만이 보고를 받는 과정을 묘사한 글들은 대부분 독자의 흥미를 돋우기 위해 그 당시 상황을 대화체로 만들어 극적으로 기술하고 있기 때문에 사실성이 떨어진다.

방송작가 김교식은 이승만이 잠옷 바람으로 소파에 앉아 우유를 들고 있다가 경호관 곽영주 총경으로부터 보고를 받았다고 썼다(김교식, 1984: 198). 그리고 2011년 김창룡 평전을 발간한 이대인은 엄재림이 처음 이승만에게 암살사고를 보고했다고 기록하고 있다(이대인, 2011: 265).

이승만이 어떠한 채널로 사고 소식을 인지하게 된 지는 명확하지 않으나 그의 반응은 신속했다. 사건이 발생한 지 불과 두 시간 뒤인 오전 9시 15분경 시신이 안치된 특무부대장실을 방문했다.

특무부대가 위치한 종로구 옥인동과 경무대가 비교적 가까운 거리에 있었다고 전제하더라도 이승만이 부인을 데리고 적십자병원을 거쳐 특무부대장실까지 두 시간 이내에 왔다는 점을 감안할 때 상당히 빨리 움직였다는 것을 알 수 있다.

이승만은 서둘러 조문을 하고 암살된 그 날짜로 김창룡을 소장에서 중장으로 1계급 특진시키는 한편 그의 죽음을 애도하고 공적을 찬양하는 애도사를 발표했다.

사건 이튿날 조선일보에 게재된 애도사를 철자법 등 수정 없이 당시 원문 그대로 소개하면 다음과 같다.

김창룡 중장은 국가가 제일 위란한 시기에 제일 중요한 책임을 맡아서 군인으로서 공산당의 지하공작을 적발 취체하며 국가의 안전보장을 위하여 힘썼으며 동시에 공산당들이 인접나라를 통하여 백방으로 침투하는 것과 혹은 아편과 금전을 밀수하여다가 분란을 일으키려는 것을 모두 방어해왔으며 또 따라서 국내의 모든 이적분자 등을 적발 징벌케함으로써 신분에 위험을 무릅쓰고 특무대를 공고히 조직해서 한 유공한 단체를 만들어놓고 나라를 위해서 목숨을 아끼지 않고 충성을 다하다가 이번에 이러한 참화를 당한 것은 우리 전국민과 정부에서 일체로 놀라며 슬퍼하는 바이다. 사람이 낫다가 나라를 위해서 목숨을 공헌하는 것이 제일 어렵고 또 영광스러운 일이므로 김창룡 중장이 생명을 희생하여 순직한 것은 실로 민국의 시민 된 직책을 다한 것이며 순직한 사람에게는 유감이 없을 것이나 우리 산사람들은 더욱 슬퍼하며 유가족을 위로하려는 것이다. 우리 군인들 특히 특무대원들과 민중들은 고인된 김창룡 중장의 죽음을 헛되게 여기지 말고 김 중장의 충성을 본받아 고인의 뒤를 이어 남북통일과 국가재건을 위하여 성심을 다하여야 할 것이다(≪조선일보≫, 1956.1.31.).

그와 함께 이승만은 김창룡의 죽음을 애도하는 뜻에서 「고김창룡 중장지묘(故金昌龍中將之墓)」라고 자신이 직접 비문을 써서 서울에서 이름난 석공 성명호(成明鎬)에게 묘비를 새기도록 했다(동아일보사, 1975: 141).

죽은 자에 대한 예우

정부에서는 암살 직후 그의 장례를 국군장으로 결정하고 손원일 국방부 장관을 장례위원장에, 김용우 국방부 차관을 부위원장에 그리고 이형근 연합참모본부 총장, 정일권 육군참모총장, 정긍모 해군 참모총장, 김정렬 공군참모총장, 김석범 해병대사령관 등을 장례위원으로 임명했다.

장례식은 그해 2월 3일 오전 육군본부 광장에서 3부 요인들이 참석한 가운데 성대하게 거행됐다. 오전 9시 20분 그가 살던 집에서 육군본부 광장 장례식장으로 영구를 운구하면서 시작된 장례식은 국방부 정훈국장의 약력 보고에 이어 장례위원장의 식사, 대통령의 조사, 민의원 의장 및 대법원장의 조사 순으로 진행됐다.

이승만 대통령은 김형근 내무부장관이 대신 읽은 조사에서 김창룡 장군이 대의를 위해 희생됐다고 애도했다. 다음은 이승만 대통령 조사의 일부분이다.

김창룡 중장이 금번 자기의 직무를 수행하다가 순직하게 된 것을 내가 충심으로 슬프게 생각하는 바이다. 김 장군은 평소에도 자기가 이렇게 끝마칠 것을 알고 조금도 두려워하는 마음이 없이 자기의 일에 성심성의를 다하다가 이와 같이 끝을 맞게 된 것이니 이 사람은 나라를 위하여 순국한 것이며 충렬의 공훈을 세운 것이다. 김 장군이 살아있을 적에 내게 와서 보고할 적마다 내가 간혹 조심하라고 말하면 대답하기를 『저는 그저 나라를 위하여 목숨을 바칠 각오를 하고 있으니 아무것도 무섭지 않습니다.』하였던 것이며 … 김 장군이 나라를 위하여 세운 공적은 이 자리에서 다 말할 수 없으므로 역사가에게 맡기고 내가 말하고자 하는 것은 사람이 이 세상에 살아있는 동안이 즉 전쟁이므로 의를 위해서 악과 싸우다가 악한 자의 마수의 피해를 받아 운명한 사람은 대의를 위해서 자기를 희생한 것이니 죽어도 그 공훈은 영원히 사라지지 않을 것이다. 김 장군은 실로 우리 역사에 그의 영광스러운 이름을 빛내게 한 것이므로 우리 모든 사람은 앞장선 동지의 넘어진 것을 슬퍼하는 동시에 김 장군이 세운 공적을 헛되게 하지 말고 피차 위로하며 그의 충렬을 모범 삼을 것이다(《조선일보》, 1956.2.4.).

오전 10시 정각에 시작된 장례식은 유족 및 각계 대표의 헌화에 이어 3군 의장대의 조총 발사와 함께 오전 11시 끝났다. 태극기가 덮인 그의 시신은 육군본부를 나와 삼각지를 지나 경기도 안양시 석수동 산 30-1번지에 마련된 묘소에 묻혔다가 1998년 2월 13일 대전 국립현충원 장군 묘역으로 이장됐다.

안양에 묻힐 당시 그의 비문에는 다음과 같은 글이 새겨져 있었다. 그의 묘갈에는 뒷날 김창룡 암살의 배후로 밝혀진 정일권 육군참모총장의 이름도 공동 명의자로 올라있다. 비문 원문에는 날짜가 단기로 명기되어있다.

조국 치안의 중책을 띠고 반역분자 적발에 귀재의 영명을 날리던 고 육군특무대장 김창룡 중장은 4289년(1956년) 1월 30일 출근 도중에 돌연 괴한의 저격을 입어 불행히도 순직하였다. 이 참변을 듣고 뉘아니 놀래고 슬어하랴. 아! 이런 변이 있을가 나라의 큰 손실이구나함이 이구동성의 외침이었다. 그는 본시 영흥 출생으로 80년(1947년)에 육사를 마치고 그 후 육군본부 정보국 방첩과장에 취임하여 이래 누차 숙군을 단행하여 군의 육성발전에 이바지 하였다. 특히, 동란 중에는 군검경 합동수사본부장으로 맹활동을 개시하여 간첩 오렬분자 기타를 검거 처단함이 근 2만5천명 전시 방첩의 특수임무를 달성하였다. 84년(1951년) 육군특무부대장에 부임하여서는 더욱 헌신적 노력과 탁월한 지휘로써 국가 및 군사안전보장에 기여하였다. 그 중요한 적발만으로도 85년(1952년) 대통령 암살음모의 김시현 사건 85년(1952년) 남도부 등의 대남유격대 사건 88년(1955년) 대통령 암살 음모자 김재호 일당을 미연에 일망타진한 그것이다. 그는 이렇듯 나라에 유공하였다. 그 사람됨이 총명하고 부지런하고 또 불타는 조국애와 책임감은 공사를 엄별하여 직무에 진수하더니 급기야 그 직무에 죽고 말았다. 아! 그는 죽었으나 그 흘린 피는 전투에 흘린 그 이상의 고귀한 피였고 그 혼은 기리 호국의 신이 될 것이다. 그의 생년은 단기 4253년(1920년) 11월 23일 향년은 37로서 순직과 동시에 육군중장에 승진되었다.

단기 4289년 2월 3일 문학박사 이병도 지음

육군참모총장 육군대장 정일권

범인은 특무대 간부 출신 허태영

사건 직후 정부에서는 군·검·경 합동수사본부를 특무대 서울지구 파견대에 설치했다. 육군 특무부대의 전국 각 파견대장은 10개의 비밀수사반을 독자적으로 편성하여 수사를 벌였다.

그리고 헌병총사령부도 2월 3일 별도의 수사본부를 설치했다. 헌병총사령부가 별도의 수사본부를 설치한 것은 헌병총사령부에 대한 국민의 의혹을 해소하는 데 중점이 있었다.

사건 초기 헌병총사령부가 배후에 개입되어 있다는 의혹이 일어났다. 간첩의 소행이라는 루머, 김창룡 대장에 불만을 가진 인물에 의한 살인이라는 주장, 이승만의 신임을 얻기 위해 특무대와 경쟁하고 있던 헌병총사령부가 배후에 개입되어 있다는 설 등이 항간에 유포됐다. 이러한 의혹은 암살사건이 발생한 후 장례가 끝날 때까지도 범인의 윤곽이 드러나지 않자 국민 사이에 광범위하게 퍼져나갔다.

그와 함께 대통령은 국방·내무장관, 육군참모총장 등을 경무대로 불러 "어떠한 일이 있더라도 범인들을 조속히 검거하라."라고 독촉했다.

이러한 사회 분위기를 고려해서 원용덕 헌병총사령관은 김창룡 장례식날 저녁 헌병총사령부에 수사본부를 설치했다고 발표하면서 "이 사건을 둘러싸고 항간에서는 각종 억측으로 유언비어를 자아내고 있어 수사상 지장이 있다."라며 억측과 유언비어를 날조하지 말 것을 강조했다(《조선일보》, 1956.2.4.).

군·검·경 합동수사본부는 처음 원용덕 헌병총사령관을 의심하여 그의 부하 한 명을 범인과 인상착의가 비슷하다는 이유로 유력한 용의자로 검거했다.

김창룡의 측근 중 한 명이었던 최렬(崔烈)은 사건 직후 "어느 수사관이 제게 다가오더니 종이에다 「元」자와 「丁」자를 쓰며 누군 것 같느냐고 물었다. 이것은 곧 배후조종자가 당시 헌병 총사령관 원용덕이냐 참모총장 정일권이냐고 묻는 것이었다."라고 회고했다(서병욱, 1991: 31).

그러나 김창룡의 측근들은 암살사건 직후부터 특무대 출신 허태영 (許泰榮)을 주시하고 있었다.

특무대 내에서도 서울지대(506 특무대)는 김창룡과 가까운 부하들이 밀집해 있었다. 김창룡도 결정적인 사건은 본부보다는 심복이 포진한 506 특무대에 일을 맡기곤 했다. 이러한 인연으로 김창룡 주변의 인맥을 잘 알고 있던 506 특무대장 조서길 중령, 특무부대장 전속 부관 김정환 소령, 최렬 수사관 등은 암살사건 직후부터 허태영을 주목하고 있었다.

허태영이 대전지구 특무대장 근무 당시 김창룡 부대장과 싸우다 해직됐고 특무대 해직 후 새로 발령받은 서울지구 병사구 사령관직을 그만두게 된 것도 김창룡 때문이라고 믿고 있었으며 "김창룡을 죽여버리겠다."라고 떠들고 다닌다는 첩보가 수시로 특무대에 입수되고 있었다.

더욱이 경찰의 조사 결과 범인들이 도주한 차량이 서대문 방향이었고 허태영의 집이 서대문 근처인 점이 조서길, 최렬 등으로 하여금 허태영을 지목하도록 만들었다.

그러나 섣불리 접근할 경우 수사관들이 역공을 당할 수 있는 처지였다. 김창룡이 죽자마자 김창룡에 대한 비판 분위기가 만연하면서 특무대 내부의 반김창룡파는 물론이고 중도파도 이에 영합하고 있었다.

사고 당시 운전병이며 목격자의 하나인 박대복 중사를 다시 암살할지도 모른다는 소문도 떠돌았다. 그에 따라 특무대에서는 박대복이 입원한 수도육군병원의 병실에 무장한 특무대원들로 하여금 보초를 세우고 하루에도 몇 번씩 병실을 옮겨가며 응급치료를 마친 후 박대복을 새벽에 아무도 모르게 특무대 본부 상황실로 옮겨 군의관의 치료를 받게 했다(동아일보사, 1975: 206).

이러한 상황을 의식해서 조서길과 최렬은 극비사항에 대해서는 둘만이 의논했다. 김창룡의 반대파에게 수사기밀이 알려질 경우 수사를 방해받을 수 있기 때문에 직속 상관에게조차 수사상황을 보고하지 않았다.

이들은 허태영의 배후세력을 의식해 집을 2-3일 간격으로 옮겨가며 가족들을 보호하는 한편 그들 자신은 집무실의 소파에서 눈을 조금씩 붙여가며 수사에 몰두했다. 조서길, 최렬은 부하들을 전기공 등으로 위장시켜 허태영의 집을 감시했다(서병욱, 1989: 35).

그러던 중 암살사건이 10여 일 지난 2월 10일 특무부대 본부의 장보형(張甫瀅) 특무처장이 관리하고 있던 협조자로부터 상당히 신빙성 있는 첩보가 입수됐다.

김창룡 특무대장 암살사건 해부

장보형은 저격 사건이 일어난 후 제일 먼저 사건 현장에 도착한 사람이었다(김교식, 1984: 206). 허태영 대령의 심복인 신초식이 의정부에 거주하고 있다가 허태영의 지프차를 타고 서울로 간 뒤 행방이 묘연한데 범인의 인상과 흡사하다는 첩보였다(이대인, 2011: 270).

이에 따라 특무대 내부에서는 허태영을 체포하는 방안이 검토됐다. 그러나 허태영을 구금하는 데는 많은 난관이 있었다. 특무부대 출신의 현역 대령을 체포했다가 범인이 아닌 것으로 판명되는 경우 군 내부의 혼란이나 수사기관의 책임이 크게 일어날 수 있는 문제였다.

수사실무를 맡고 있던 조서길, 최렬 등 506파견대에서는 수사기밀 누출을 우려해서 빠른 체포를 주장한 반면 정인택 특무부대장 대리와 장보형 특무처장은 확증 없이 체포했다가 발생할 수 있는 사회적 파문을 의식하여 신중한 입장을 보였다.

이러는 가운데 수사 진전 상황이 허태영에게 새어나가는 사고가 일어났다. 장보형 특무처장은 수사상황을 국방장관에게 보고하기 위해 2월 22일 국방장관을 찾아가 허태영을 조사해야겠다고 보고했다. 그 자리에는 정일권 육군 참모총장과 김정렬 공군 참모총장도 합석하고 있었다(동아일보사, 1975: 208).

국방장관 보고를 마치고 돌아온 그날 저녁 무렵 장보형은 이진용 육군본부 정병감으로부터 저녁을 같이하자는 전화를 받았다. 이진용은 특무부대 특무처장을 지낸 자신의 전임자였다. 장보형 중령은 "왜 이 대령이 갑자기 저녁을 같이 하자고 할까." 하고 의심했으나 오랫동안 특무대에서 함께 일한 인연을 생각해서 거절할 수가 없었다.

장보형과 이진용은 2월 22일 저녁 당시 을지로 1가에 있던 중국집

아서원에서 만났다.

훗날 이진용은 서병욱 기자에게 장보형을 만나자고 한 이유를 이렇게 설명했다. "한번은 정일권 총장이 저를 불러 갔더니 특무대원 장보형이 '허태영이를 잡아넣겠다고 한다더라.'라고 일러주더군요. 그래서 장보형에게 만나자고 했지요(서병욱, 1989: 36)."

이러한 정일권의 수사기밀 누출은 뒷날 재판정에서 드러나 문제가 된다. 그에 앞서 이진용은 김창룡이 암살된 그날에도 장보형에게 전화를 걸어 김창룡의 사망을 확인한 후 이를 허태영에게 알려주고 정일권에게도 보고한 사실이 있었다.

그날 이진용은 장보형 몰래 허태영을 식당으로 불러내 두 사람만이 만나는 옆방에 허태영을 있도록 주선했다. 둘이 식사하는 옆방에서 허태영은 두 사람의 대화를 엿듣고 있었다.

이진용은 장보형에게 허태영의 체포 여부를 물었다. 장보형은 극소수의 수사관과 최고위 군 수뇌밖에 모르는 수사기밀이 새어나간 사실에 내심 놀랐으나 허태영의 체포가 불가피한 점을 사실 그대로 알려줬다.

그리고 특무대로 돌아온 직후 정인택 부대장에게 수사기밀이 새어나간 정황을 설명하고 즉각적인 체포를 건의했다.

그 시각 허태영은 급히 아서원에서 집으로 돌아가 집에 숨겨두었던 신초식과 송용고를 도피시켰다. 허태영은 두 사람에게 도피자금으로 6만 환을 주었다.

수사기밀이 누설됨에 따라 특무부대장 대리 정인택 대령이 직접 지휘하는 수사관들이 2월 23일 허태영의 집을 급습하여 허태영과 그의 운전수 이유회를 검거하고 이어 하수인들도 잇달아 체포했다.

　육군 특무부대는 1956년 2월 27일 암살에 관련된 범인 7명을 체포했다고 공식 발표했다. 범인들은 2월 22일부터 차례로 검거됐으나 특무대 발표에는 붙잡은 시점이 2월 26일로 특정되어 있다. 다음은 육군 특무부대가 발표한 내용의 전문이다.

　지난 1월 30일 고 김창룡 중장이 저격 살해당한 이래 그 범인을 검거코자 각 수사기관에서 엄밀한 수사를 진행하여 오던 중 2월 26일 아침 8시 30분경 육군 특무부대원들에 의하여 시내 서대문구 옥천동에 잠복 중이던 전 서울지구 병사구 사령관 육군 대령 허태영(許泰榮, 37)과 그 지령에 의하여 행동한 동대문구 용두동에 잠복 중이던 송용고(宋龍高, 31)와 원래부터 김 중장에게 사원을 품고 있던 신초식(申初湜, 31)과 찦차 운전수 이유회(李留會, 27) 등을 검거하였다. 전기 범인들은 작년 10월부터 고 김 중장을 암살코자 계획을 추진하여 왔으며 저격 수일 전에는 수차에 걸쳐 현지를 탐사하였고 1월 28일에는 아침 7시경부터 찦차로 사고 현장인 지점에 대기하였으나 김 중장이 이미 출근하였으므로 성사치 못하고 1월 30일 오전 7시경 국방색 찦차로 현장에서 대기하다가 김 중장이 출근중임을 보고 운전수 이유회는 찦차로 그 진로를 차단하고 육군 소령을 가장한 송용고와 육군 중위로 가장한 신초식 양명은 구경(口徑) 4·5 미리 미식권총으로 송은 2발, 신은 3발씩 각각 발사, 김 중장을 저격 살해하고 또 도피하려던 김 중장 운전수 박 중사를 저격하여 중상을 입힌 후 청파동을 경유 도주하였다. 범행에 사용된 권총과 찦차는 당국에 의하여 압수되었으며 이들의 범행동기와 배후관계는 목하 조사

중인 바 공모 용의자로 육군본부 정병감 육군대령 이진용도 체포되었
다.(《조선일보》, 1956.2.28)

훗날 언론보도에 따르면 허태영과 이진용은 사건이 일어난 후 김
창룡의 장례가 끝날 때까지 김창룡 자가에 마련된 빈소에 조의를 표
하기 위하여 출입하는가 하면 육군본부 광장에서 거행된 김창룡 장
례식에도 태연하게 참석했다고 한다.

김창룡에 대한 원한과 살기의 응축

군 검찰이 기소한 허태영의 죄목은 살인죄였다. 개인적인 원한을 품고 살해했다고 봤다. 기소장은 개인적 원한을 가지게 된 결정적 계기를 서울지구 병사구 사령관직을 해임당한 데서 시작된 것으로 보았다.

그러나 그 이전부터 오랫동안 허태영은 김창룡에 대해 공공연한 적개심을 보여 왔다.

평남 중화군 출신인 허태영은 일제 때 평양농업학교를 졸업하고 일본군 헌병보로 입대하여 평양, 수풍 등지에서 복무했다. 해방 후 남쪽으로 내려와 1948년 12월 육사 제8기 특별반을 수료하고 육군 소위로 임관했다.

소위 임관과 함께 육본 정보국 제3과에서 근무하다가 육군 특무대 창설 후에는 특무부대에서 복무했다. 1954년 6월 1일 중령으로 진급되어 육본 정보국으로 전속됐다.

그 후 1954년 10월 25일 서울지구 병사구 사령관으로 발령받아 1여 년간 복무하다 1955년 10월 15일 그 사령관직에서 해임되어 보직이 없는 상태로 있었다. 이때 김창룡을 살해하기로 범의를 품었다는 것이 검찰 기소장의 내용이다.

병사구 사령관을 해임당하고 보직을 받지 못하고 있는 것이 김창룡의 방해 때문이라고 오판하고 최악의 경우 김창룡이 자신을 구속 시킬지 모른다고 개인적인 원한을 품게 되었다는 것이다.

기소장에 따르면 허태영은 이러한 원한을 갖는 데 머무르지 않고 김창룡을 제거하지 않으면 자기 개인의 입지가 곤란할 것으로 성급히 단정하고 김창룡을 죽이기로 결심하게 된다.

김창룡과 허태영의 불화는 근본적으로 일제 강점기 군 경력의 차이에서 비롯됐다. 허태영은 일제 강점기 조선에 주둔하고 있던 일본군의 헌병, 즉 일본 천황이 직접 임명하는 직령(直令) 출신인 데 반해 김창룡은 만주에 주둔하고 있던 일본군, 즉 관동군의 헌병으로서 관동군 사령관이 임명하는 군령(軍令) 출신이었다.

오늘날 기준으로 보면 직령이나 군령이나 차이 날 것도 없지만 허태영은 직령 출신인 자신이 김창룡보다 우수한 자질을 가졌다고 자만하며 김창룡을 무시하는 태도를 보였다.

평소 주변 인물들에게 평안도 사투리로 "김창룡이 제일 싫어하는 사람은 나디. 내레 와 제한테 고개를 숙이갔어. 저나 나나 일본 헌병 보조원 출신 아니갔어."라는 말을 내뱉곤 했다(서병욱, 1991: 23).

두 사람은 북한에서 내려와 군에 입대한 후에도 육본정보국과 특무대에서 비슷한 경력을 쌓았다. 군의 입대는 김창룡이 1947년 4월 육사 3기로 졸업하고 허태영은 1948년 12월 육사 8기 특별반으로 졸업해 김창룡이 빨랐다. 김창룡의 생일은 호적에는 1920년 11월 12일 생으로 기록되어 있으나 실제 나이는 1916년생으로 1921년생인 허태영보다 5년 많았다.

김창룡은 나이도 어리고 군 입문도 늦은 허태영이 자기에게 고분

고분하지 않는 데 강한 불만을 가지고 허태영을 길들이기 위해 많은 공을 들였다.

김창룡은 부대원들을 세밀히 관찰한 후 비리가 적발되거나 특무대에 적합하지 않은 인물로 판명되면 일반 부대로 전출시키곤 했다. 허태영은 김창룡의 눈 밖에 나는 일들을 일으켰다.

전쟁 중이던 1951년 초부터 허태영은 대위 계급으로 특무대 마산 파견대장으로 근무하고 있었다.

1951년 5월 특무대장으로 취임한 김창룡 대령은 허태영에게 고등군사반 입교를 지시했다. 고등군사반에 입교시켜 특무대에서 퇴출하려는 복안이었다. 이를 눈치 챈 허태영은 일부러 맹장을 떼어내는 수술을 통해 입교를 회피하는 방법을 썼다.

입교 명령을 받은 다음 달 1일 부로 소령 진급이 예정되어 있어 며칠만 버티면 위관급이 입교하는 고등군사반 입교가 불가능해지고 자연히 특무대에 그대로 남게 되는 수법이었다.

허태영은 마산38병원장에게 찾아가 없어도 그만인 맹장을 떼어달라고 조르며 입원했다. 그리고 특무대 본부에는 급성 맹장으로 입원했다고 보고하여 고등군사반 입교를 모면했다(이대인, 2011: 275). 그 결과 허태영은 소령으로 진급하여 2사단 특무대장으로 전보됐다.

그 후 허태영은 특무대 대전 파견대장으로 옮겼다. 특무대 본부는 1955년 초 서울로 이전했다. 그 이전까지 특무대 본부는 대구에 주둔하고 있었다. 이때 김창룡은 밤중에 가끔 허태영에게 전화를 걸어 바로 대구로 오라고 명령할 때가 있었다.

대전에서 대구로 가기 위해서는 추풍령을 넘어야 한다. 당시 추풍령에는 공비들이 수시로 출몰하고 있었다. 지프차로 밤중에 추풍령을 넘는 것은 자살행위나 마찬가지였다.

이러한 위험을 피해 허태영은 날이 밝기를 기다려 대구로 떠나곤 했다. 그럴 때면 김창룡은 화를 내며 질책했다. 김창룡이 허태영을 부른 이유는 대부분 시시콜콜한 내용으로 대구로 직접 와야 할 만큼 중요하지 않은 내용들이었다. 허태영의 충성심을 테스트해보는 데 큰 비중이 있었다.

이렇게 두 사람의 관계가 악화되어 허태영이 가까운 사람을 만나면 김창룡을 죽여 버리겠다는 말을 거리낌 없이 내뱉는 지경에까지 이르렀다.

허태영의 적개심은 개인적 불만에 머무르지 않고 주변 동료들에게 항명을 선동하는 양상으로 높아져 갔다.

허태영이 2사단 파견대장으로 보임 받았을 때 전임은 장윤식 소령이었다. 장 소령은 김창룡 부대장에게 정직하게 보고하지 않았다는 이유로 보직이 바뀌었다. 허태영은 장윤식에게 "김창룡 부대장이 뭐가 그토록 무섭느냐? 왜들 주위에서 겁을 먹고 부대장한테 꼼짝 못하는지 모르겠다. 장 대장도 김창룡 부대장한테 대들어 봐라! 죽을죄를 진 것도 아니지 않느냐."라며 맞설 것을 부추겼다(이대인, 2011: 275). 장윤식은 허태영의 사주에 고무되어 김창룡 면전에서 목에 차고 있던 특무대 메달을 내동댕이치는 행패를 부렸다.

김창룡과 육사 3기 동기인 차호성은 1953년 육군 대령에 승진된 후 그 당시 장군으로 진급하기 위해 필수 코스인 미국 군사유학을 준비했다. 그 시절 정부에서는 유능한 장교들을 선발하여 미국 육군참모대학 등에 유학을 보내고 있었다.

차호성은 1955년 8월 구술시험과 신체검사에 합격했으나 특무대의 신원조사를 통과하지 못해 유학이 어려운 지경에 빠지게 됐다. 이 사실을 안 후 차호성은 김창룡을 아홉 차례나 찾아가 선처를 요청했으나 이루어지지 않았다.

차호성은 분한 마음에 허태영을 만나 하소연했다. 허태영은 "분하고 억울하면 한번 만나서 1 대 1로 싸워 볼 것이지…. 총은 무엇에 쓰는 총인데…."라며 충동했다. 허태영의 충동질에 고무된 차호성은 김창룡과 동기생이라는 점을 믿고 1955년 9월 2일 아침 식사 때 고량주를 마시고 김창룡을 찾아가 유학을 보내달라며 대들었다.

이에 김창룡은 부하들을 불러 차호성을 부대장실 밖으로 끌어내라고 시켰다. 김창룡의 냉대에 화가 난 차호성은 상의를 벗어 던지며 덤벼들 것 같은 기세를 보였다.

이러한 태도를 본 김창룡은 다시 부하들에게 긴급 구속영장을 써오라고 지시하고 어딘지 전화를 걸려고 하는 것을 차호성이 "전화를 걸어서 어찌하겠다는 거냐?" 하면서 통화를 못 하게 방해했다. 김창룡이 "이놈!" 하고 오른손을 들자 차호성은 왼손으로 김창룡의 오른손을 제지했다.

이러한 행동이 "강압하여 행동을 불능케 하는 등 공무집행 중에 있는 상관에게 폭행을 감행하였다."라는 죄목이 됐다. 결국 차호성은 6월 징역형을 살고 군복을 벗었다.

사사건건 반목을 보이던 허태영은 1954년 6월 1일부로 중령으로 진급되면서 육군본부 정보국으로 전속됐다. 허태영을 전보시킨 김창룡의 표면적 이유는 "허태영이 전투병과로 돌아야 장군까지 진급한다. 그리고 특무부대엔 대령 TO가 없다."라는 것이었다.

당시 특무부대 간부들은 일반 부대로 전출되는 것을 곧 군에서 전역되는 것으로 간주했다. 일반 부대로 전출되면 그 부대에서 특무부대 출신이라고 역감시하고 소외시키기 일쑤였다. 일반 부대로 전출간 장교들은 이러한 분위기를 견디다 못해 전역지원서를 내곤 했다.

허태영도 일반 부대로 전속되는 데 상당한 충격을 받았다. 김창룡에게 전속 신고를 마치고 특무부대장실을 빠져나오자마자 차고 있던 권총을 뽑아 특무대장실을 향해 권총 1발을 쐈다(이대인, 2011: 276).

훗날 암살사건을 예고하는 듯한 장면이었으나 물의가 일 것을 우려한 부관에 의해 권총 오발사고인 양 은폐 처리됐다.

허태영이 김창룡의 면전에서 죽여 버리겠다고 협박하는 것을 목격한 사람도 있었다. 정일권 참모총장의 부관을 지내다 뒤에 서울지구 헌병대장을 지낸 모 씨는 이런 사례를 소개했다.

"김창룡이 암살당하기 2년 전쯤으로 기억합니다만… 어느 날 종로통의 호수그릴(당시 유명한 양식집)에 저와 허태영이 점심을 먹으러 갔지요. 조금 앉아 있으려니 김창룡이 들어오며 허태영과 눈이 마주쳤는데… 곧바로 서로 삿대질을 하는 겁니다. 허태영이 흥분해서 김창룡을 향해 '새끼야, 너 배떼기는 바람 안 날 줄 알간!'이라며 마구 고함을 치데요. 그래서 저는 그 자리를 피해버렸지요. 두 사람 다 저와는 친했거던요. 그러니 입장만 난처해질 판국이었고… 그때 두 사람은 한 하늘 아래 같이 살 수는 없을 것 같다는 생각을 저는 문득 했습니다. 뭔가, 막연하게 두 사람 사이에 큰일이 터질 것 같다고 느꼈지요.(서병욱, 1991: 24)"

　　김창룡에 대한 허태영의 원한은 암살 하수인들을 부추기는 장면에서 보다 적나라하게 드러난다. 기소장에 따르면 허태영은 신초식에게 "이대로 가다가는 그 손에 나도 죽고 너도 죽는다. 김창룡을 없애버리고 나는 HID 대장이 되어 너희들을 현지 입대시켜 홍콩 등지에서 근무하게 할 뿐 아니라 후임 특무대장이 될 이진용 대령과 국회의원 도진희와도 내통되어 있다. 김창룡은 군의 고급장성들이 모두 미워하고 그를 내가 살해하려고 하는 것을 누구나 다 잘 알고 있다."라고 선동했다(태윤기, 1983: 179).

　　신초식은 해방 후 북한에서 내려와 특무대 문관으로 고용되어 허태영과 함께 근무하다 1955년 중순경 해고된 후에는 직업도 없이 허태영의 집에서 기거하고 있었다. 군에서는 심복 부하였고 제대 후에도 민생고를 신세 지고 있던 신초식으로서는 허태영의 사주를 피하기 어려웠다.

애국적 행위로의 포장

　허태영은 범행 직후 하수인들을 도피시키고 은밀히 수사내막을 파악하는 데 분주했다. 그러다 체포된 후 수사 과정에서 하수인들의 자백으로 범행전모가 드러난 이후에는 범행의 정당성을 내세우며 의인으로 행동했다.

　특히, 1956년 3월 27일 개최된 첫 재판을 앞두고는 「김창룡 중장 저격 거사 동기서」를 작성하여 공개했다. 이 동기서에서 그는 자신의 범행이 개인적 원한관계가 아니라 국가와 민족을 위한 애국적 동기였다고 강변했다.

　그리고 첫 재판 후 3월 28일에는 추가로 동기서를 작성했다. 허태영은 동기서에서 김창룡을 죽인 이유에 대해 ① 김창룡이 일제 강점기 헌병을 지내며 많은 애국독립투사를 감옥에 넣었고 ② 해방 후에는 군 정보기관에 근무하며 대통령의 신임을 얻기 위해 사건을 고의적으로 허위조작 또는 침소봉대하였으며 ③ 본래 업무인 군내의 방첩과 군사 안전보장책은 망각하고 정치군인화되어 여야 정객과 접촉, 정치적 혼란을 조성할 뿐만 아니라 ④ 직속상관인 국방부장관, 각 참모총장 등을 위시하여 군내 고급 장성 대부분을 모함 또는 협박, 군 통수권을 유린했으며 ⑤ 최근에는 대통령 선거를 앞두고 군 내부에 자기와 반목이 있는 장병을 모두 야당 또는 족청계로 몰아 숙군할 계획을 추진 중에 있었던 사실 등을 들었다. 그러면서 김창룡이 허위 조작 및 침소봉대했다고 주장하는 사건 20개, 사리사욕과 물질적 의혹이 있는 사건 11가지를 나열하고 자신의 범행이 국가 민족의 장래, 이 대통령 각하, 국군 전체의 사기 등을 위한 애국적 동기였다고 쓰고 있다.

그가 쓴 동기서 가운데 살인 동기 부분을 옮겨 본다.

… 자기의 본래 업무인 군내의 방첩과 군사 안전보장책은 전연 망각하고 정치군인화되어 여야 정객과 접촉, 공작하며, 법조계에 이르기까지 종횡무진으로 활약하여 정치적 혼란을 조성할 뿐만 아니라, 직속상관인 국방부장관, 각 참모총장 등을 위시하여 군내 고급 장성 대부분을 모함, 또는 협박, 항명, 이간, 월권 등 안하무인격으로 군 통수권 또는 지휘권을 유린하며, 군 조직을 파괴하는 불법 횡포한 행위를 감행하여 군 전체적인 사기를 저하시켜 전투력의 약체화를 초래할 우려성을 가지게끔 되어 있습니다.

특히, 최근에 이르러서는 대통령 선거를 앞두고 이 대통령께 조력하여 신임을 획득하겠다는 개인의 공명뿐으로, 정치 관여라는 명목으로 군 내부에 자기와 반목되어 있고 감정이 있는 장병은 모두 야당 또는 족청계라고 하여 숙군하며, 동시에 야당을 탄압하여 정치적인 혼란을 조성해 버릴 계획을 추진 중에 있던 것입니다 … 이 지경에 처하여 본인은 대한민국의 경제요인, 군 수뇌부 또 군 수사기관의 미온적이고 무능함을 통탄하며 본인의 정의감과 애국심에서 분개하고, 일방 국가민족을 위하여 생명을 바쳐 국토방위를 본분으로 한 군인의 본래 사명에 입각하여 백만의 외적보다 한 명의 간신이 국가를 망치기 쉽다는 선현들의 전설에 순응하여 암살, 제거하는 최후 수단밖에 없다고 결심하고 있던 중 … 신초식과 송용고 양 군에게 김 중장의 망국적인 행동으로 인하여 국가 장래가 위험하다는 사실을 설명하였더니, 송, 신은 본인 이상으로 분개한 나머지 … (태윤기, 1983: 157~160)

법정은 개인적 원한으로 판단

　군사재판에 회부된 허태영과 이유회는 1956년 8월 17일 사형을 선고받았다. 허태영의 변호인들은 재판과정에서 허태영의 범행이 살인이든 살인방조든 살해 동기가 개인적 원한이 아닌 국가·사회적인 것으로 인정되므로 이를 참작하여 사형을 언도할 것이 아니라, 7년 내지 10년형에 처하여 군법회의의 새로운 역사를 창조해야 한다고 변론했다.

　그리고 김창룡 중장이 반공이라는 이름 밑에서 군대를 억압하고 민주주의 발전을 방해했다고 보아 이를 시정코자 하였으므로 허태영이 김 중장을 살해한 것은 정당방위라고 볼 수 있다는 논리를 폈다.

　여기에 대해 검찰관은 피의자들이 개인적인 원한에 의한 살해가 아니고 공분의 발로라고 주장하고 있으나 조사결과 모두 공소사실과 틀림없이 개인적 원한이었다고 지적하고 특무대장의 살해는 어느 개인의 살인과도 달라 우리 국군 정보관계 고급 장성을 공공연하게 살해함으로써 국기를 문란케 한 엄연한 중죄가 있다고 단정하면서 허태영과 운전수 이유회에게 사형을 구형했다.

　사형 구형 후 최후진술에 나선 허태영은 "이번 사건은 하나에서 열까지 모든 책임이 내게 있다. 또 일반 국민에게 사과드리는 바이나, 검찰관이 지적한 바 내가 사원으로 김 중장을 살해하였다는 논고에는 그가 검찰관의 자격이 없다고 생각할 수밖에 없으며 ⋯ 이것으로 국군의 암적 존재가 제거되었으니 앞으로 우리 국군이 오랜 숙원인 남북통일을 이룰 것과 전 국군의 무운을 빌 뿐이다."라고 말했다(태윤기, 1983: 176~177).

한편, 유재흥 재판장은 8월 17일 최종공판에서 "허태영 피고인이 김 중장을 살해한 것은 어디까지나 사원에 의한 것으로서 상관에 대한 복종과 명령의 준수를 그 생명으로 하는 우리 군대에서는 도저히 관용 받지 못할 범행이다."라며 허태영과 이유회에게 사형을 언도했다. 군사재판은 단심이었으므로 이로써 허태영과 이유회의 사형은 확정됐다.

그때 민간인 신분이었던 송용고와 신초식에 대한 재판은 1956년 5월 22일 서울지법에서 시작됐다. 변호인들은 "김 중장을 나쁘다고 판단한 것이 속단이겠지만 어떤 치정이나 금욕에서 출발한 살인사건이 아닌 이상 확고한 신념 아래 살해한 것이니 정치범이며, 과거의 예가 좋다고는 믿지 않지만 김구 선생이나 송진우 씨, 장덕수 씨 등을 살해한 범인들이 무기 내지 유기징역을 받았다는 것은 뚜렷한 판례인데 양 피고인만을 사형에 처할 이유가 나변에 있느냐? 김창룡 중장이 과거에 피살당했던 명사들보다 자격이나 인격이나 지위가 높다면 모르되, 하필 이 두 피고인에게만 전례 없이 사형에 처한다면 부당한 판결을 면치 못할 것이다."라는 요지로 변론했다.

이에 대해 강서룡 검사는 "수사기관의 장이 범행을 적발했다고 해서 죽일 수는 없는 것이고, 또한 상대방을 모략하는 일방적인 비방은 살인자의 지나친 특권이다. 자기들의 생각으로 사람을 살해한 것이 아니고 남이 시키는대로 경솔히 사람을 죽였다는 점과, 또 수사기관원이 어떤 원한으로 노상피살을 당할 수 있다면, 현재 우리나라 수사기관원은 불안하여 못 살 것이 아닌가…."라는 요지로 논고를 끝내고 이들에 대해 사형을 구형했다.

그러나 이들에 대해서는 무기징역이 선고됐다. 허태영의 심판에 1주일 앞서 8월 10일 열린 선고 공판에서 김홍규 재판장은 "국군 장성을 공공연하게 백주에 저격한 죄과를 본다면 마땅히 극형에 처해야 할 것이나, 동 사건 군 피고인 허 대령의 사주에 의하여 범한 하수범이라는 점을 참작하여 극형에는 처하지 않는다."라는 판결문을 낭독하며 무기징역을 언도했다.

그 후 피고인들은 서울고법에서도 무기징역을 선고받았다. 그러나 대법원에서는 이들에 대해 사형을 내렸다. 대법원의 판결 이유서는 사형이 불가피한 이유를 다음과 같이 적고 있다.

문란한 사회에서 각종 살인사건이 허다하였지만 이 사건처럼 백주 서울의 한복판에서 자기의 상관을 죽이는 데 가담한 행위는 법률을 파괴하고, 사회를 파괴하고, 민주주의를 파괴한 행위가 아닐 수 없으며, 특히 공산주의자와 싸우고 있는 우리나라에서 이는 자기 세력의 부식과 개인적 욕망을 달성하기 위한 행위이므로 검사의 상고이유를 인정한다.

송, 신 양 피고인이 김 중장을 살해한 것은 국가적인 견지에서 애국하는 마음으로 암살하였다고 주장하여 왔으나, 수사기관에서의 일건(一件) 기록을 토대로 검토하여 볼 때 애국적이란 하나의 변명에 지나지 않고, 사실은 김 중장을 제거한 후에 이 사건에 관련된 사람들은 모두 군부의 어떤 직위를 각자가 맡기로 사전 협의까지 되었다는 것으로 미루어 보아도 이것은 애국적이란 변명을 인정할 수 없는 것이다. 따라서 피고인들은 법치국가에 있어서 백주에 군용차를 당당히 몰고 군기(軍器)를 들고 대로를 막으면서 사람을 쏘아 죽였다는 것은 보통 살인으로 볼 수가 없다. 이러한 행동은 사회질서를 파괴한 것으로서 그들은 법을 파괴한 것이어서 도저히 용납될 수 없는 범행이므로 살려둘 수가 없다.

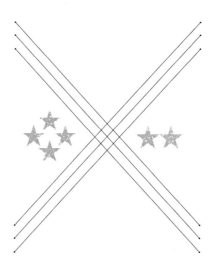

8장

암살의 배후는 정일권 육군참모총장

정일권 배후 의혹의 발단

'개인적 원한에 의한 살인인가.' 아니면 '애국적 동기에 의한 살인인가.'로 압축되던 재판은 사건 당시 육군 참모총장이던 정일권이 배후에서 개입했다는 의혹이 일어나면서 다시 새로운 국면을 맞게 된다.

1956년 3월 27일 재판이 시작된 후 몇 개월 사이 재판에 영향을 미칠 수 있는 시국의 변화가 있었다.

그해 5월 15일 정부통령 선거가 실시되어 대통령에는 이승만이 다시 당선되고 부통령에는 야당인 민주당의 장면 후보가 당선됐다. 여당 부통령 후보였던 이기붕은 장면에게 패하여 낙선했다.

대통령 선거에서도 야당 후보였던 신익희가 유세 도중 사망하는 사건이 발생하여 자연스럽게 이승만이 당선됐으나 무효표가 20.5%에 달했다는 것은 이승만의 지지도가 퇴락하고 있었다는 것을 반증하고 있다.

대통령 지지율의 하락, 야당 후보의 부통령 당선과 같은 정치적 변화는 김창룡 암살범들의 영웅심을 부추길 수 있는 요인들이었다.

정부통령 선거가 끝난 후 한 달여 뒤인 6월 27일에는 정일권 육군 참모총장과 이형근 연합참모본부 총장(현 합참의장)이 서로 자리를 맞바꿨다. 정일권의 보직 변경은 암살사건에 대한 지휘 책임의 성격이 강했다.

이러한 변화에 영향을 받아 이진용 피고인의 변호인은 정일권 연합참모본부 총장의 관여 문제를 제기하기 시작했다. 이진용이 단독으로 범인을 은닉한 것이 아니라는 점을 부각시켜 이진용의 형량을 경감시켜보려는 변론이었다. 이진용의 변호인은 정일권을 정식 증인으로 신청했다. 이진용이 수사기밀을 염탐한 후 정일권에게 알려준 것을 확인하려는 절차였다. 재판이 새로운 국면을 맞기 시작했다.

　그 이전 수사 과정에서 이진용은 정일권의 관여 여부를 전혀 진술하지 않았었다. 그에 대해 심판부가 "지금까지 이 사실을 왜 말하지 않고 있었느냐"라고 심문하자 이진용은 "정 대장은 당시의 직접 상관이었고 또한 사건과는 직접적인 관련이 없기 때문이었다.", "자기는 증인 신청을 원하지 않으나 변호인 측이 사실은 사실대로 밝혀 법적 적용을 하여야 한다."라고 주장함으로써 언급하게 됐다고 진술 배경을 밝혔다(《동아일보》, 1956.7.28.).

정일권의 변명

　정일권의 증언은 그해 7월 30일 연합참모본부 회의실에서 이루어졌다. 현직 대장의 신분을 존중하여 심판관과 검찰관, 변호인이 그의 집무실을 찾아 청취했다.

　이날 증언에서 정일권은 수사기밀을 특무대 특무처장 장보형 중령으로부터 듣게 됐다고 밝혔다. 1956년 2월 22일 오전 국방장관실을 방문했는데 장보형 중령이 특무대장 살해 혐의자로 허태영을 지목하는 것을 들었다고 진술했다.

　그리고 그날 오후 다른 업무를 보고하기 위해 자기 사무실에 온 이진용에게 "허태영이 용의자로 등장한 모양인데 어떻게 생각하느냐."라고 묻자 이진용이 "알아보겠다."라고 말한 후 그날 밤 자기 관사로 찾아와서 그런 것 같지 않다고 보고했다고 증언했다.

　그러나 이진용은 이때 허태영을 아서원으로 불러내 장보형과의 대화를 엿듣도록 주선했던 것이다. 이러한 정황으로 미루어 정일권이 이진용으로부터 허태영이 연관되지 않은 것으로 보고받았다는 진술은 사건에 연루되는 것을 회피하기 위해 지어낸 말로 사실과 다른 내용이다.

　그리고 "왜 그런 문제를 이진용에게 말하였는가"라는 심판부의 물음에 정일권은 "이진용은 특무대 출신이므로 이와 같은 문제에 밝은

줄 알았기 때문"이며 "허태영은 자신이 2사단장으로 있을 때 자신의 사단 특무대장으로 있었기 때문에 알게 됐고 그 후 그가 서울지구 병사구 사령관으로 근무할 때 친하게 지냈다."라는 친분 관계를 밝혔다.

"이러한 인연으로 인해 허태영이 만약 범인이라면 김창룡과 사이가 좋지 않았던 자기가 모략 많은 세상에서 무슨 일이 또 생길지 몰라 두려워서 확실한 것을 알고자 했던 것"이라고 증언했다(《동아일보》, 1956.8.1.).

이날 정일권의 증언은 이진용의 진술과 일치하는 것으로 간주되어 연루 혐의를 벗어났다. 이진용은 범인은닉죄로 실형을 선고받았다.

범인 도피자금의 출처

허태영은 특무대에 체포되기 직전 자기 집에 숨겨두었던 하수인들을 도피시키면서 도피자금으로 6만 환을 주었다.

이 자금의 출처에 대해 많은 의혹이 제기됐다. 그 가운데는 정일권으로부터 지원받았다는 설도 있다. 그에 대해 20여 년이 지난 1987년 2월 정일권은 신동아 기자와 인터뷰 때 그에 대해 해명했다.

신동아 강성재 기자가 "김창룡 암살사건이 일어난 지 30년이 지나 공소시효고 뭐고 완료된 만큼 이제 진상을 한번 밝혀보시지요."라고 촉구하자 정일권은 그 경위를 다음과 같이 술회했다.

수사가 진행되고 있던 중 하루는 이진용 대령이 김형일 (육본) 정보국장을 찾아와 한 30만 환가량 꾸어달라고 요구한다고 해요. '이 대령이 허 대령과 가까운데 위험하지 않겠느냐'는 김형일 장군의 말에, 믿을 만한 사람이니 동립산업 함창희 사장에게 얘기해서 20만 환을 주도록 한 일이 있지요. 그런데 이 수표가 허 대령에게 전달됐고, 허 대령이 이 수표를 현금으로 바꿔 하수인들에게 주었던 모양입니다. 수표를 추적한 수사요원들은 내가 범인 도피자금을 준 것으로 대통령에게 보고하고 조사를 하러 왔어요. 그래서 돈을 좀 꾸어달라고 해서 주었을 뿐이지, 그 돈을 어디에 쓸 것인지 물어보지도 않았고, 또 알 필요도 없었다고 답변해 줬지요. 이 사실은 당시 일반에 알려지지 않았기 때문에 그 후에 내가 돈을 준 사실을 전해 들은 인사들이 어떤 추측을 할 수도 있고 또 의혹을 가질 만도 하지요(≪신동아≫, 1987년 2월호).

정일권은 직속 부하인 김형일 정보국장의 보고를 받고 이진용 대령에게 20만 환을 주도록 지시했다고 밝히고 있다.

그러나 그 이전 재판 당시 사건 관계자들은 이와는 다른 진술들을 남겼다. 이 사건에 연루된 현역 국회의원 도진희의 변호사였던 태윤기가 1983년 발간한 『권력과 재판』이란 책자에는 범인들의 도피자금이 강문봉 중장으로부터 나온 것으로 쓰여 있다.

그 당시 태윤기는 도진희 변호인으로서 피고인 및 증인 진술서, 수사결과 보고서 등을 자유롭게 열람할 수 있는 위치에 있었다. 이 책자에 따르면 국방부에서는 1956년 7월 28일경 특별심사위원회를 구성하여 극비리에 도 의원이 모 4성 장군 또는 3성 장군으로부터 130만 환의 범행차량 구입 자금을 지원받았다는 사실에 관해 조사했다.

한 달여간 조사 후 국방부장관에게 보고된 도진희의 범죄 내용은 다음과 같다.

1956년 2월 2, 3일경 김창룡 중장 살해범인 허태영으로부터 동인이 김 중장을 살해하였다는 고백을 듣고, 동시(同時)경 허태영의 배후인물로 알려져 있는 육군 중장 강문봉을 서울특별시 성동구 신당동 소재 동 중장 자택을 심방하여, 동 허태영의 범행을 말한 후 범인도피, 증거인멸 등 사후 수습비가 필요하니 2, 3백만 환을 요청하고, 같은 달 7일경 동강 중장이 앞의 요청에 의하여 현금 130만 환을 피고인 자택에 가지고 온 것을 피고인은 그의 처 이봉선을 통하여 수취한 후 서대문구 옥천동 소재 허태영의 집을 심방하여 130만 환을 강 중장으로부터 사후 수습비 조로 받았다는 취지를 말한 후 직접 허태영 본인에게 전달하고, 그 후 허태영으로 하여금 같은 달 22일경 김 중장 살해의 직접 하수인인 신초식, 송용고 두 사람에게 6만 환을 주어 동인 등이 동시부터 약 1주일간 동대문구 용두동 소재 신초식의 삼촌의 집에서 도피 생활을 하는 비용에 사용케 함으로써, 살인범 신초식, 송용고를 도피하게 한 허태영의 행위를 방조한 것이다(태윤기, 1983: 238).

이처럼 강문봉이 도진희의 요청에 따라 범인도피, 증거인멸 등 사후 수습비에 사용하도록 130만 환을 지원한 것으로 조사되어 있다. 허태영이 하수인들에게 준 6만 환이 도진희의 주선에 따라 강문봉으로부터 나온 것으로 기재되어 있다.

강문봉은 함북 출신으로 1942년 4월 만주군관학교 졸업 후 일본 육사에 편입하여 1945년 6월 졸업하였으며 8·15 해방 후 귀국하여 1946년 1월 15일 군사영어학교를 졸업하고 조선경비대 총사령부 작전처장, 육군본부 작전교육국장, 제1사단장, 제3군단장, 제2군 사령관 등을 역임한 인물이다. 강문봉은 재판 과정에서 국방부 조사결과와 같은 진술을 남겼다.

본건 살해사건이 발생한 후 도 의원이 말하기를 김창룡 중장 살해는 허 대령이 한 것같이 생각되는데, 허 대령이 대단히 곤란을 받고 있는 것

같으니 이런 때에 도와주어야 할 것이라고 하므로 증인은 그와 같은 사건 발생 후에 허 대령을 도와준다는 것은 좋지 못하지 않나 생각이 되었으나, 도 의원에게 대하여는 얼마나 필요한가 하고 물었더니 2, 3백만 환은 있어야 할 것이라고 하므로 증인은 그렇게 많은 돈은 할 수 없다고 하였는데, 2월 5, 6일경 육군본부에서 우연히 이진용 대령을 만나게 되어 동인에게 대하여 증인은 말하기를, 금반 김 중장 살해는 허 대령이 한 것이 아닌가 하고 물었더니 아무런 대답도 하지 아니하고 있으므로 그것으로 허 대령이 범행한 것으로 추측을 하였고, 재차 이 대령에게 묻기를 도 의원이 허 대령을 도와주어야 하겠다고 하니 시간적으로 보아 무관할까 하였더니 무관할 것이라고 대답하므로 2월 7일경 전달한 사실이 있다(태윤기, 1983: 239).

또, 검찰관이 작성한 허태영의 조서에도 같은 내용이 들어 있다.

본인이 김창룡을 살해한 후인 1956년 2월 7, 8일경인데 도진희가 현금 130만 환을 가지고 와서 하는 말이, 범인도피 기타 정리비가 필요할 것이라고 강 중장에게 말하여 이 돈을 받아왔다고 하기에 본인도 그런 줄로 알고 받았으며, 그 돈은 도진희에게 30만 환, 허 중위에게 지프차 대금으로 30만 환을 각각 주고, 그밖에 이리저리 사용하였는데, 그 돈 중에서 같은 달 22일 신초식, 송용고 두 사람에게 3, 4일 피해 있으라고 하면서 6만 환을 준 사실이 있다(태윤기, 1983: 239).

국방부 조사결과 및 강문봉, 허태영의 진술이 일치하고 있는 것으로 미루어 도진희가 허태영에게 지원한 130만 환이 강문봉으로부터 나온 것이 드러났다.

이런 점을 감안할 때 정일권이 훗날 언론 인터뷰를 통해 언급한 20만 환이 허태영에게 전달되는 과정이 의문으로 남는다. 강문봉이 도진희를 통해 허태영에게 지원한 금액에 이 금액이 포함되었는지 어떤지가 미궁으로 남아있다.

다만, 정일권·강문봉·도진희·이진용 등이 사건 수습비용을 지원하기 위해 움직인 것은 분명해 보인다.

현역 의원 도진희의 증거인멸 혐의

특무대 출신 국회의원 도진희는 범인 도피자금을 지원하고 범행에 사용된 차량을 매입하여 타고 다니다 증거인멸, 공문서 위조 등 6개 혐의로 기소됐다.

기소장에 따르면 도진희는 1949년 6월 10일 육군본부 정보국 제3과(방첩대)의 육군 2등 상사로 입대하여 근무하다 1949년 10월 중순경 독직상해치사로 육군 고등군법회의에서 징역 3년을 언도받고 복역 중 6·25 사변이 일어나자 1950년 6월 25일 가출옥되어 형집행정지 상태에서 합동수사본부 및 육군 특무대에서 문관으로 다시 근무하다가 1954년 5월 20일 민의원 선거 때 본적지인 경북 성주군에서 입후보하여 당선된 인물이다.

김창룡 대장의 부하로 일하며 김창룡과 허태영 모두와 친분이 깊었던 도진희는 사건 직후인 2월 2일 허태영으로부터 범행에 사용된 지프차를 감추어달라는 부탁을 받게 된다.

범인 체포 직후 범행 차량이 도진희에게 넘어간 사실을 알게 된 수사진은 도진희의 소환이 불가피했으나 현역 의원의 신분이었으므로 국회의 체포구금 동의가 필요했다.

그에 따라 국방부 장관 명의로 '김 중장 살해범들과 공모한 혐의가 있으며 지프차를 사용하고 있다는 물적 증거를 가지고 있으므로 동의하여 달라'라는 요지의 체포구금 동의 요청서가 2월 29일 국회에 제출됐다.

이 동의안은 정당한 규정 절차를 밟지 않았다는 이유로 1차 반려되었으나 3월 2일 다시 대통령 명의로 제출되어 3월 3일 가결됐다.

도진희는 처음 "내가 미친놈이 아닌 이상 암살에 사용된 지프차를 돈 주고 사서 타고 다닐 리가 있는가?"라고 반문하며 증거인멸 혐의를 강경히 부인했다.

태윤기 변호사는 군에서 법무장교로 근무하다 군복을 벗을 때 도진희의 도움을 받은 인연으로 평생 긴밀한 친분을 맺고 있었다. 지금과 달리 그때는 전쟁이 끝난 직후라 군복을 벗기가 매우 어려운 실정이었다고 한다.

암살사건 후 15여 년 시간이 흘러 사건이 잊힐 즈음인 1972년 4월 도진희는 자신의 변호인이었던 태윤기에게 사건에 연루된 경위를 다음과 같이 털어놨다.

허태영 대령은 그전부터 김 장군을 해치운다고 입버릇처럼 말하고 있었는데, 살해 당일 "오늘 아침에 해치웠다."라는 첫마디가 담긴 전화가 왔다. 살해했다는 소리에 아찔했다. 그 후 "나는 사람도 죽였는데 그 지프차 하나 처리하여 주지 못하겠소? 친구 좋다는 것 다 뭐요. 도 의원이 맡아 주어야겠소." 하는 거의 협박조의 절망과 애원에 못 이겨 현직 국회의원으로서 말려 들어가게 되었다.

허태영 집에서 미리 각본대로 대기 중이던 허병익 중위로부터 차를 인수한 다음, 아무것도 모르는 운전수 이무근에게 타고 온 「서울 관 258

호」차를 자기 집에다 갖다 놓고 번호판만 떼어다 범행의 차에 달게 한 후 12시 20분경 허 대령 집을 나섰다. 이 지프차에 함께 타고 있던 김재권으로부터 1천 환을 얻어 지프차 포장을 수리하도록 운전사에게 주었다. 그 후 호위 순경 박용준을 시켜서 지프차의 엔진 번호를 새로 k 2857로 새기도록 한 후 2월 12일 오후 4시경 종로구 효제동 80 도장업을 하는 이시철의 집에서 지프차 빛깔을 변색시켰다(태윤기, 1983: 240).

사사오입 개헌의 합법성 논쟁

국회에서 도진희 의원 구속동의안이 3월 3일 가결될 때 동의요청 사유는 도 의원이 살인 행위를 공모하고 범행 지프차를 숨겨주었다는 두 가지였다. 그런데 3월 30일 기소장에는 공모 혐의는 없고 증거인멸 등 혐의만 기재되어 있었다. 그에 따라 국회에서는 도진희를 즉시 석방할 것을 요구했다.

그에 대해 국방부는 5월 17일 도진희에 대한 고희두 사건 잔형 2년 3개월을 재집행하라고 명령을 내렸다. 그에 따라 도진희는 김창룡 사건의 공판 여부와 관계없이 형무소에서 계속 복역하게 됐다.

그러자 국회에서는 살인 공모 혐의로 구속된 도 의원을 법적 근거도 애매한 잔형 집행을 이유로 계속 구속하는 것은 불법 조치라고 규탄하며 도진희의 석방을 다시 요구했다.

도진희 자신도 고희두 사건으로 복역 중 1950년 6·25사변이 일어나자 그 직후 6월 26일경 자기는 잔형 면제처분을 받고 그날로 원대에 복귀했다고 주장했다. 잔형 면제처분을 받았다면 잔형을 집행받기 위해 구금되어있을 필요가 없는 것이다.

이 논란은 1년 넘게 계속되다 국회에서 도진희의 의원 자격을 상실시키는 결정을 내리는 것으로 결론이 내려졌다.

국회 징계자격위원회는 도 의원이 과거 고문치사사건으로 복역

하다가 6·25 사변을 계기로 합법적인 절차를 밟지 않은 채 출옥하여 5·20 선거에 입후보, 당선되었다는 점을 인정하고, 도 의원은 금고 이상의 형을 받고 그 집행이 종료된 후 3년을 경과하지 않은 자는 피선거권이 없다는 국회의원 선거법 제5조와, 의원이 법률에 규정된 피선자격이 없을 때에는 퇴직한다는 국회법 제78조 2항에 따라 의원자격의 상실이라는 결정을 내리고 본회의에 보고했다.

본회의에서 여야 간 장시간 논의 끝에 대부분의 야당의원이 퇴장한 가운데 표결 결과 도진희 의원 자격 상실안은 가결됐다(태윤기, 1983: 234~235).

도진희의 의원자격 상실은 사사오입 개헌의 유효성이라는 새로운 문제를 낳았다. 국회가 도진희의 국회의원 입후보 자격을 문제 삼아 의원 자격을 상실시킨 만큼 그의 국회활동은 모두 무효가 되어야 하고 그럴 경우 사사오입 개헌도 무효이고 이 개헌을 바탕으로 3선에 출마한 이승만의 당선도 무효가 되어야 한다는 논리였다.

1954년 5월 20일 선거에 의하여 자유당이 원내 절대다수를 차지하자 이승만 정권은 이승만의 3선을 가능하게 하기 위한 개헌안을 1954년 9월 8일 제출했다.

초대 대통령에 대한 중임제한 규정의 철폐, 순수한 대통령제로의 환원 등이 요지였다. 1954년 11월 17일 민의원에서 표결한 결과 재적의원 203명 중 135표로써 헌법 개정에 필요한 3분의 2에 1표가 부족했다. 그래서 국회는 처음 부결을 선포했으나 사사오입 이론을 도입하여 이틀 후에 가결로 번복·결의했다. 이것이 유명한 사사오입 개헌이다.

도진희의 의원자격 상실에 따른 개헌의 유효성 문제는 일과성 주장에 그치고 말았으나 역사적 정통성과 관련된 문제인 만큼 당시 신문 사설에 게재된 논설을 여기 소개한다.

　도 의원이 원래가 국회의원으로서의 자격이 없는 사람이라고 하면, 그 국회의원으로서의 효과가 나지 않을 것이다. 말하자면 지금까지 도 의원의 국회활동은 모두가 무효가 되고 말 것이다. 그렇다고 하면 도 의원은 원래부터가 제3대 국회의원이 아니기 때문에, 제3대 민의원의 재적수는 2백 3명이 아니라 2백 2명이 될 것이요, 제3대 국회가 지금까지 행한 표결 중에서 도 의원의 투표는 모조리 무효가 되어야 할 것이다. 따라서 지금까지의 모든 표결의 유효무효가 재검토되어야 할 것이다. 특히, 사사오입 개헌의 유효성이 문제가 될 것이다. 사사오입의 개헌에 있어서 개헌 찬성표 수는 1백 35표이었다. 그런데 그때 재적의원을 2백 3명으로 잡고 그 2백 3명의 3분지 2는 1백 35명과 3분지 1(0.33)이었는데, 사사오입의 이론에 따라 그 3분지 1을 잘라 버리고 1백 35명으로 2백 3명의 3분지 2로 삼았던 것이다. 이런 해석이 공전절후의 무법 행동임은 천하가 공인하는 바이거니와, 이제 와서는 사사오입 이론 자체조차 성립될 수 없게 됐다. 도진희의 피선 자격상실이 확실시된 이상, 개헌 당시에 있어서의 재적의원은 2백 2명일 것이요, 그 3분지 2는 1백 34명과 3분지 2(0.66)이다.

　그런데 개헌 찬성 1백 35표 중에는 당시 자유당 의원이었던 도 의원의 1표가 들어 있을 것이니 도 의원의 투표를 무효로 하면 결국 1백 34표의 찬성투표밖에 없는 것으로 된다. 2백 2명의 3분지 2는 1백 34명과 3분지 2이고 보니 그것을 사사오입하면 1백 35명이 되므로 결국 1백 34명의 찬성만으로는 개헌을 할 수 없게 될 것이다. 그리 되고 보면 도 의원이 자격상실되면 개헌도 무효가 되고 말 것이다. 이와 같은 문제는 도 의원 일신상에만 미치는 것이 아니고 지금까지 모든 국회활동의 능 력에까지 중대한 영향을 가져오는 것이 많으리라는 것을 생각하면 자 유당은 스스로 커다란 딜레마를 마련해 놓은 셈이다(《경향신문》, 1957.9.7.).

허태영 부인의 배후 폭로

수사과정에서 정일권, 도진희, 이진용 등이 허태영에게 하수인 도피자금을 지원하고 범행 차량의 은닉을 시도한 정황이 드러났다. 이에 따라 특무대 수사관들은 허태영의 단독 범행이 아니라 그의 배후에 암살을 선동한 세력이 있다고 보고 이에 대한 보강수사를 벌였다.

수사관 최렬과 조서길은 서울 형무소로 허태영을 찾아갔다. "허형, 이젠 다 털어 놓으시구래, 내레 평양사람, 당신두 평양사람 아니오, 대동강 건너 전차 타고 학교 다닐 때도 서로 보지 않았오. 당신의 배후만 드러나면 당신, 살 수 있을지도 모르오."라며 설득했다(서병욱, 1991: 37~38).

하지만 허태영은 배후는 없다며 단독 범행이라고 고집했다. 그러는 동안 이승만 대통령이 1956년 10월 4일 허태영과 이유회에 대한 사형집행을 결재했다. 사형을 언도받은 날로부터 2개월도 채 지나지 않은 시점이었다. 이승만 대통령으로서는 사형을 빨리 집행함으로써 군 내부의 갈등과 사회적 파문을 조기에 봉합하려는 의도가 있었을 것이다. 사형 집행일은 11월 12일로 결정됐다.

그런데 사형 집행일 하루 전인 1956년 11월 11일 허태영의 부인은 대통령, 국회의장, 대법원장, 언론사 등 관계 요로에 탄원서를 보냈다.

탄원서는 ① 김창룡 중장 살해사건이 발생한 후 그의 남편이 체포되는 날까지 3차에 걸쳐 243만 환을 받은 사실이 있다는 것. 그중 현금 100만 환은 도진희 의원이 당시 제2군 사령관 강문봉 중장이 보내는 것이라고 전하며 가져왔고, 은행보증수표 143만 환은 이진용 당시 육군본부 정병감이 상관이 전하는 것이라 하며 보내온 것으로 알고 있다는 것.

② 11월 초순경 남편의 동생 허태석이 하수인인 신초식을 서대문 형무소에서 면회할 때 신초식으로부터 "사건 발생 전 강문봉 중장이 자택에서 공국진 준장과 허태영을 부르므로 수행하였는데 세 사람이 회합하는 동안 차 안에서 대기한 사실이 있고 그 후 남산 밑 소재 요정 「신성」에서 강 중장의 지시에 따라 강 중장과 회식하는 김창룡 중장을 살해하러 갔다가 미수에 그친 사실이 있다."라고 말했다고 자기에게 전한 바 있다는 것.

③ 지난 11월 5일경 자기가 시내 청파동 자택으로 강 중장을 방문한 바 있는데 그 당시 강 중장이 이 사건과 직접 관련이 되었다는 것을 자인함에 따라 그다음 날 서대문 형무소로 남편을 면회하고 강 중장과 면담한 내용을 말한즉 남편의 말이 "강 중장이 그러더냐." 하며 그 내용을 긍정한 사실이 있다는 것 등을 담고 있었다(《경향신문》, 1956.11.13.).

11월 13일부터 신문에 보도된 탄원서에 대해 황운하는 사건 발생 전 수차에 걸쳐 남편 허태영이 대구 또는 서울에서 고위층에 불려갔다가 돌아와 심한 고민에 잠겨 잠도 이루지 못하던 모습으로 미루어 남편은 김 중장 살해사건의 주범이 될 수 없고 상관의 명령이나 압력에 의하여 관련되었다고 주장했다.

허태영의 사형으로 수습될 것 같던 암살사건은 그 부인의 배후 폭로에 따라 더욱 증폭되는 국면에 접어들게 된다. 허태영과 이유회의 사형 집행은 연기되고 탄원서에 대한 진상조사가 시작됐다.

암 살	범인 검거	허태영 사형 언도	배후 폭로
(56.1.30)	(56.2.27)	(8.17, 단심, 형 확정)	(11.11)

김창룡 특무대장 암살사건 해부

정일권은 다치지 않도록 각별히 조심

허태영 부인의 탄원에 대해 이승만 대통령은 즉각 진상조사 지시를 내렸다. 이 대통령의 지시를 받고 국방부에서는 처음 백인엽 중장을 조사위원장으로 지명했다. 중장인 강문봉을 조사하는 만큼 중장 이상을 조사위원장으로 임명해야 하는데 유재흥 중장은 이미 재판장으로 사건을 처리한 만큼 백인엽이 적임이라고 보았다.

백인엽은 백선엽 대장의 친동생이다. 이에 대해 조사대상자인 강문봉은 이형근 참모총장에게 조사위원장을 유재흥 중장으로 교체해 주도록 요구했다. 백인엽이 백선엽의 친동생이라는 점을 의식, 자신에게 불리한 조사가 이루어질 것을 우려했던 것으로 보인다.

이형근은 고급 장성이었던 강문봉의 의견을 존중, 이를 받아들였다고 회고했다.

강문봉의 요구로 조사위원장을 맡은 유재흥은 강문봉에게 유리한 방향으로 조사를 마무리하려고 했다. 그는 훗날 자신의 회고록에서 그 당시 주범이 아닌 관련자들을 모두 무기징역 수준의 처벌을 받도록 유도하려고 노력했다고 밝히면서 조사가 끝나던 날 강문봉과 단둘이 만나 "내가 해야 할 임무는 너를 살리는 거다. 너는 음모를 했지만, 이 말은 누구에게도 하지 말라. 그렇게 되면 총살되니까. 조사는 끝났다. 너를 살리는 데 최대의 노력을 다하겠다."라는 말을 했다고 밝혔다(유재흥, 1994: 362).

11월 30일까지 진행한 조사결과 탄원 내용은 대부분 사실인 것으로 드러났다. 그와 함께 정일권이 깊이 관련되어 있다는 물적 증거도 밝혀졌다.

이형근 참모총장은 유재흥 조사위원장을 데리고 경무대를 방문하여 유재흥 위원장에게 조사결과를 보고하게 했다. 유재흥 위원장으로부터 조사결과를 들은 이승만 대통령은 "지금 오키나와라 불리는 유구(琉球)는 과거 일본이 강제로 점령했지만 원래는 독립된 나라였네. 그래서 내가 정 대장을 그곳에 대사로 보낼 생각일세. 그러니 정 대장을 이 문제로 다치지 않도록 각별히 조심하게."라고 지시했다.

그에 대해 이형근은 "각하, 이 사건 조사과정에서 정 대장의 관련 사실이 드러나게 된 것은 군을 위해서나 동료의 입장에서나 실로 불행한 일이고 또한 죄송스럽게 생각합니다. 그렇지만 이 사건은 결코 어느 개인의 문제가 아니라 기강과 단결이 생명인 국군의 사활문제입니다. 이 일을 처리함에 있어 공명정대하지 못하고 윗사람은 비호하면서 아랫사람들에게만 벌을 준다면 법의 형평원칙에 어긋날뿐더러 군기의 확립이나 사건의 발본색원은 불가능하게 될 것입니다. 아울러 외람되오나 제가 알기로는 유구는 현재 미군 점령하에 놓여있고 독립국이 아닌 줄로 알고 있습니다. 따라서 그곳에 한국대사를 보낸다는 것은 현실적으로 어려울 것으로 생각합니다."라며 정일권에 대한 사법조치의 불가피성을 건의했다.

그러나 이승만은 "대사 임명은 내가 알아서 할 것이니 걱정할 필요 없네. 제너럴 이, 생각 좀 해보게. 제너럴 정은 널리 알려진 사람이고 미국 사람들도 잘 알고 있는 터인즉 지금 그 사람이 이런 일에 관련됐다고 처벌을 받게 되면 국제적으로 얼마나 창피한 일인가. 그러니 내 말을 잘 삭여서 듣고 제너럴 정은 다치지 않도록 각별히 조심해주게. 이것은 대통령으로서 명령하는 것이니 그리 알고 나라의 위신을 생각해서 내 말대로 처리해주기 바라네."라며 정일권의 체포를 말렸다(《월간중앙》, 1992년 8월호).

대통령에 대한 보고를 마친 이형근은 김용우 국방장관에게 대통령의 사건처리 방침과 지시내용을 전달하며 "나로서는 김창룡 암살사건에 관련된 것으로 나타난 장교 중에서 정 대장만 조사에서 제외하는 것은 법의 형평주의에 어긋나는 일이며 대외적으로 설득력이 없을까 염려됩니다. 개인적으로는 동료에 대해 이같이 말하는 것이 몹시 괴롭습니다."라며 정일권에 대한 사법조치의 불가피성을 설명했다.

김용우 국방장관도 이형근의 방침에 동의를 표시하며 그다음 날 대통령을 만나 건의했으나 이승만은 정일권을 비호하겠다는 뜻을 굽히지 않았다.

한편, 이형근은 조사기간 중 정일권이 몇 번이나 초췌한 모습으로 찾아와 "김창룡 암살을 지시한 일이 없으니 인간적으로 부디 선처해주기 바란다."라고 간곡하게 부탁했다고 한다.

그와는 달리 정일권은 조사위원장과의 접촉은 피했다. 유재흥 조사위원장이 강문봉에게 사형은 면하도록 노력하겠다고 밝힌 후 정일권에게도 똑같은 말을 하려고 정일권의 집에 전화를 걸었으나 전화를 받은 부인이 "전화로 말씀 듣고 싶지 않다고 하십니다."라고 말한 후 일방적으로 끊어버렸다(유재흥, 1994: 362).

유재흥으로부터 자신을 어려운 처지로 몰고 갈 얘기가 나올 것으로 오해했던 것이다.

김창룡 특무대장 암살사건 해부

정일권 빼고 강문봉 이하만 기소

허태영의 부인이 배후를 폭로함으로써 그에 대한 사형 집행은 일단 연기됐다.

탄원서의 사실관계를 규명하지 않고 사형을 집행할 경우 걷잡을 수 없는 혼란이 발생할 수 있는 상황이었다. 허태영의 배후로 강문봉이 등장함에 따라 두 사람의 관계에 대한 규명도 절실했다.

정일권을 보호하라는 대통령의 지침에 따라 국방부는 1956년 12월 7일 정일권을 빼고 강문봉을 살인죄로 그리고 강문봉에 협력한 공국진 준장 등 4명을 살인음모죄 등으로 기소했다.

이형근은 훗날 "대통령과 국방장관의 명령을 거역하면서까지 내 주장만을 내세우며 정 대장을 입건한다는 것은 오히려 일을 더 소란스럽게 할 우려도 있었고, 내가 라이벌인 정 대장을 해치려 한다는 오해를 불러일으킬 가능성도 짙었다."라며 정일권을 기소하지 않은 배경을 밝혔다(《월간 중앙》, 1992년 8월호).

허태영 이외의 사건 관계자들이 추가로 기소된 만큼 이제 공정한 재판절차가 중요한 현안으로 떠올랐다. 별 세 개인 중장을 심판해야 하는 만큼 그에 걸맞은 고위 장성들을 재판관으로 구성해야했다.

또한, 군사재판은 삼심제가 아닌 단심으로 운영됐으므로 재판관의 선임은 더욱 큰 의미를 지니고 있었다.

그 당시 정일권, 이형근, 백선엽 등 3명의 대장은 3대 군벌의 수장이었다. 3대 군벌의 한 축이었던 이형근은 재판을 공정하게 진행하기 위한 재판부 구성에 고심했다.

 탄원서 사건 이후 탄원서에 대한 진위여부를 조사하는 과정에서도 군벌 간 파벌을 의식하여 조사의 공정성을 의심하는 일들이 계속되고 있었다. 심지어 이승만 대통령까지 조사의 공정성을 의심했다.

 탄원서에 대한 조사가 진행 중이던 어느 날 중간보고를 위해 경무대를 찾아간 이형근에게 대통령은 "조금 전에 백선엽이가 다녀갔는데, 나한테 말하기를 자네와 정일권이 사이가 나빠서 이런 사건이 벌어지고 있어서 걱정이 된다고 하더구먼. 이게 사실이 아닐 테지? 싸우면 어부지리를 바라는 사람이 반드시 있는 법일세. 어부지리라는 뜻이 무엇인지 잘 알지?"《월간 중앙》, 1992년 8월호)

 대통령의 말을 듣고 화가 난 이형근이 백선엽에게 사실 여부를 따졌으나 백선엽은 "그런 말을 한 적이 전혀 없다."라고 부인했다. 아마 이승만이 조사의 공정성을 강화하려고 백선엽을 끌어들여 이형근을 압박한 것으로 보인다.

 3대 군벌 간 대립과 조정을 통해 군을 장악해온 이승만의 수법이 드러나는 한 대목이다.

 재판부 구성에 고민하던 이형근은 대통령에게 백선엽을 재판장으로 건의했다. 자신과 정일권 사이의 갈등을 의심하던 백선엽을 재판장에 앉힘으로써 자신의 중립성을 보장받을 수 있다는 판단에서였다.

 그와 함께 피고의 계급이 중장이므로 중장급 이상을 재판관에 앉혀야 하고 대장은 백선엽과 정일권 두 명이었으나 정일권은 사건에 연루된 혐의를 받고 있었으므로 백선엽을 앉히는 것이 불가피했다.

이승만은 백선엽을 직접 불러 재판장으로 임명했다. 심판관은 후방에 근무하던 중장급 이상 전원을 임명했다. 파벌을 초월하여 중장급 이상을 전원 심판관에 임명함으로써 파벌 간 갈등을 봉쇄하려는 의도였다.

백선엽을 재판장으로 이종찬, 최영희, 장도영, 양국진, 강영훈 등 5명의 중장이 심판관으로 선임됐다. 그 시기 신문에서는 별들이 많아 야간재판을 열어도 전깃불이 필요 없을 정도라고 썼다.

재판은 그해 12월 15일 시작되어 총 55회의 공판이 진행되면서 공박을 벌이다 강문봉 피고의 자백으로 종결됐다. 1957년 4월 17일 개정된 언도 공판에서 백선엽 재판장은 강문봉 피고에게 살인죄를 적용하여 사형, 공국진에게 살인 예비죄를 적용하여 징역 5년을 언도했다.

당시 군법회의 규정은 심판관 전원이 무기명 투표를 통해 '사형'을 기입해야만 사형이 성립되도록 규정하고 있었다. 그중 한 사람이라도 사형에 반대할 경우 사형판결을 내릴 수 없게 되어 있었다.

강문봉의 사형은 재판장은 물론 심판관인 5명의 중장이 모두 사형판결에 동의했다는 것을 의미한다. 재판 결과를 보고받은 이승만은 강문봉에 대한 사형을 무기징역으로 경감시켰다. 6·25 전쟁에서의 공훈 등을 참작한 배려였다.

2여 년간 계속된 재판은 허태영과 이유회가 1957년 9월 24일 대구 근처 육군정보학교 훈련장에서 총살되고 신초식과 송용고도 1958년 5월 20일 서대문형무소에서 교수형에 처해짐으로써 일단락됐다.

9장

결자웅의 배경과 후과

이승만 정부 붕괴 후 영웅이 된 강문봉

개인적 원한에 의한 살인으로 종결될 것 같던 사건은 그 배후의 등장으로 정일권 군벌과 김창룡 세력이 맞부딪친 암투로 드러났다. 김창룡과 허태영 사이의 일대일 결투를 넘어 보다 광범위한 조직과 조직이 대립한 투쟁이었다.

피고인 강문봉의 기소장에는 적대적인 상대방 조직의 수장을 죽임으로써 조직간 갈등을 해소하려는 목적이 개재되어 있었다는 사실이 적나라하게 기재되어 있다.

이 사건에는 그 당시 우리나라의 지도급 정치인, 군인들이 많이 개입되어 있다. 그리고 이승만 정권이 무너진 후 그때 사건에 연루됐던 사람들이 이승만 독재체제를 무너뜨린 민주인사로 자신들의 행위를 미화하는 글들을 남겼기 때문에 사건의 성격을 올바로 이해하는 데 많은 어려움이 있다.

무기징역을 선고받고 복역 중이던 강문봉은 1960년 4·19 혁명이 발생한 후 정치범으로 간주되어 그해 10월 1일 석방됐다. 이듬해인 1961년 3월 15일에는 복권되어 완전한 자유인이 되고 사건에 가담하여 유죄판결을 받았던 다른 사람들도 모두 복권됐다.

강문봉은 석방된 직후 한 책자의 서문에서 "이 정권의 악화일로를 추진하는 기관차였고 이승만 씨의 개인 야욕의 주구로서 살인을 위주로 하는 만행을 자의로 하든 김창룡 씨를 제거함에 그 생명을 바친 허태영 대령 이하 고인 제위는 비록 이름 없이 쓰러진 가련한 존재였기는 하지만 틀림없이 우리나라 민주화를 위한 제일가는 애국적 선구자였다"고 썼다(지헌모, 1961: 10).

대구형무소에서 복역 중이던 강문봉이 석방되어 서울역에 도착했을 때 많은 학생이 몰려 마치 개선장군처럼 박수와 만세를 불렀다고 당시 언론은 보도하고 있다.

강문봉은 서울역장실에서 "여러분들이 정면으로 정의를 위해 싸운 그것과 같이 싸우지 못하고 불법적 방법으로 김 중장을 제거하였다는 데 대하여 스스로 자괴심을 느낀다."라는 소회를 피력했다(지헌모, 1961: 94).

죽은 자들은 말이 없고 산 자들은 자신들의 행위를 변명할 기회를 누렸다. 그에 따라 죽은 자와 죽인 자의 중간에 서서 사건의 본질을 정확하게 짚어볼 필요가 있다. 그 당시의 많은 정황과 전후 관계를 조사한 후 작성한 군·검찰의 기소장, 그리고 기소장의 내용을 심리하여 재판한 판결문에 기재된 내용이 현재로서는 가장 객관적이고 가치중립적인 사실을 담고 있다.

아래에서는 기소장, 판결문을 중심으로 범행동기, 범행 모의와 실행 과정 등을 구체적으로 살펴본다.

특무대장의 월권과 횡포가 우리의 표적

강문봉의 기소장에는 살해 동기를 다음과 같이 기록하고 있다.

피고인은 평소 고 김창룡 중장이 업무한계를 무시하고 장성급을 포함한 고급장교의 사소한 비행을 들어 조사 처단함으로써 고급장교의 사기를 저하시키는 것이라고 판단하고 특히 1955년 9월경 피고인이 특히 총애하는 공국진 준장이 모종 사건으로 조사를 받음과 동시에 헌병사령관직을 해임되었을 뿐 아니라 같은 해 10월 초경 공 준장의 부관 권호창 대위가 모종 혐의로 특무부대에 연행되자 당시의 참모총장 정일권 대장의 석방지시가 있었음에도 불구하고 이에 불응하였음은 명령 불복종이라 하며 극도로 흥분되어 여하한 방법으로든지 고 김 중장을 제거하여야 한다고 결의하고 … 《동아일보》, 1956.12.9.)

위의 기소장에 나타난 바와 같이 강문봉이 김창룡을 죽이기로 마음먹은 이유는 김창룡과 그가 이끌고 있던 특무부대에 대한 불신과 원한 때문이었다. ① 업무한계 무시, ② 고급장교의 사소한 비행 조사처단, ③ 참모총장의 명령 불복종 등이 불만의 핵심 내용이다.

강문봉도 1957년 2월 20일 있었던 구형 공판에서 최후진술을 통해 특무부대의 개조가 범행의 주요한 목적가운데 하나임을 분명히 했다. "… 나는 이 기회에 육군 특무부대가 개조될 것을 희망하며 여기 있는 심판관들이 그것을 단행하여야 할 것이다. 고위 장성 간의 알력이 해소될 것을 희망하며 특히 3대장 간의 화목은 육군의 장래를 위해 필요할 것이요. 재판장인 백 대장이 연결체가 되어야 할 것으로 생각한다."라고 진술했다(《동아일보》, 1957.2.22.).

특무부대에 대한 강한 적개감을 보이고 있다. 오랫동안 진행된 재판을 통해 최종 확정된 판결문에는 강문봉의 범행동기를 다음과 같이 판정하고 있다.

> 피고인 강문봉은 1955년 9월 초순경 공국진 준장이 모종 혐의로 헌병감직을 해임당함에 이는 당시의 특무부대장인 김창룡 소장의 압력에 기인한 것이라고 생각하여 이에 대한 불만을 포지하고 있던 차에 같은 해 10월 초순경 2군 참모장으로 보직된 공 준장 부관 권호창 대위를 특무대에서 구속하였을 때 당시의 참모총장 정일권 대장이 석방하라는 명령을 하였음에도 불구하고 예하 부대장인 김창룡 소장이 이에 불응하게 되자 군의 지휘계통을 확립하고자 그 시정책으로 상부에 건의하여 보았으나 여의치 않은 것을 깨달은 피고인은 차제에 김창룡 소장을 제거하는 것만이 군기를 확립하는 유일책이라고 속단한 나머지 적당한 시기에 김창룡 소장을 제거할 것을 내심 기도하고 있던 중 … (《경향신문》, 1957.4.18.)

강문봉은 재판 중 매부에게 보내는 옥중수기를 남겼는데 그 수기에서도 특무대에 대해 강한 불만을 쏟아놓고 있다. 그 수기에서 강문봉은 먼저 방첩부대의 성격에 대해 설파하고 있다.

… 원래 미국식 군대의 방첩 업무는 시종일관 군대 내 방첩이 임무인 것이오. 외부에서 침입하는 간첩을 막는 것도 필요하나 그것은 대공에 망을 치는 격이고 어떻게 하면 우리 군대 비밀이 흐르지 않도록 부대 자체가 노력하는가 하는 것이 더욱 가능성 있는 방첩방법인 것이고 미국식 군대는 그 점에 전력을 하는 CIC가 생기게 된 것이오. 예를 들면 사단 정보처에는 사단 방첩장교가 있고 그 사단 방첩장교의 지휘를 받는 방첩대가 사단에 배속되는 것이오. 전평시를 막론하고 사단에 배속된 방첩대는 사단작전 계획 중에 구비하여야 할 방첩 계획을 수행하는 것으로써 사단장 명령에 의하여 부대 기밀누설을 방지하기에 전력을 다하는 것이오.

이렇게 방첩대의 원조인 미국 방첩대에 대해 설명한 다음 한국 방첩대의 변질된 활동 방식을 비판했다.

즉 미국 방첩대는 결코 우리 방첩대와 같이 사단 부근에 가서 사단장 이하 전우 군 장병을 감시 위협하는 소련 등 군국주의 독재주의하의 비밀경찰적인 역할을 하는 것은 아니라는 것을 나는 명백히 하고자 항상 노력하였소. 이것이 곧 국군 각급부대의 단결을 파괴하는 원인이고 지도관이 활기 있는, 혁신성 있는 두뇌에 의하여 작전 수행을 못하는 원인이 되고 있는 것을 우리 군인은 무시할 수 없소. 어느 사단장이나 다 죄수와 같이 감시 하에 있고 그 감시도 군대 계급 중에서 상상할 수 없는 위관급 이하의 하사관에 의하여 당한다는 것이 곧 국군의 군기를 교란하는 데 박수를 가한다는 것이오 … 모든 미식으로 편제된 군대에 단 하나 일본 육군헌병 상등병(그것도 고등계) 한 명이 그 일본 헌병령과 일본 고등수사원의 직능을 가지고 민주적 군대 내에 존속할 수 없을 것은 불을 보듯 뻔한 사실이 아니오. 우리 군대는 사병 분대장 소대장 중대장 대대장 연대장 사단장 군단장 군사령관 그 직위의 여하를 막론하고 비밀경찰의 감시하에서 비밀경찰과 불의의 타합을 하기에 군대통솔에 필요한 이외의 각종 정력과 노력이 물심양면으로 증가하였고 그것이 군대 내에 각종 부정을 유발하게 되었소(지헌모, 1961: 98~100).

강문봉은 감옥에서 나온 후 2공화국에서 윤보선 전 대통령의 권유로 야당에 입당하는가 하면 5·16 정변 이후에는 박정희 정부에 가담하여 스위스 대사를 지내고 유정회 국회의원을 역임하는 등 부침을 거듭하는 인생을 보냈다.

그는 출감 후 20여 년 동안 그 사건에 관해 일체 언급을 피해오다 1983년 한 언론 인터뷰에서 말문을 열었다. 그 인터뷰에서 그는 다시 그 사건의 본질이 김창룡의 월권과 횡포에 대한 저격이었음을 재확인했다.

… (이승만 대통령이) 정보가 필요했다면 그런 기구를 만들어야 했는데 경험이 없기 때문에 그런 걸 클리에이트할 능력이 없었습니다. 정치를 해보니 야당이 말썽 부리는 것도 골치 아프고 사전 정보는 필요한데… 그

린 때 부상한 것이 육군 특무부대장 김창룡이었습니다. 이 대통령은 경찰보다도 그의 정보를 더 믿었어요. 특무부대는 방첩부대 아닙니까. 카운터 인텔리전스 코어(CIC), 다시 말하면 정보 대항부대지요. 나는 헌병이라는 말도 '군기병'이라고 했으면 했는데, 채병덕 총장 등이 헌병이라고 해야 한다고 주장했었습니다. 아무튼 이 대통령의 정치 역량이 커지면서 거기에 아부하는 세력이 생겼습니다. 그리고 특무대의 월권행위가 드러나기 시작한 거지요. 김창룡에게 부탁하면 뭐든지 다 되는 판국이었습니다. 당연히 헌병대와 특무대 간에 마찰이 생기고 그러다가 일어난 것이 김창룡 사건이었습니다. 간단히 말하면, 내가 그 사건에 말려든 것은 애국을 너무 순수하게만 받아들인 것이 잘못이었는지도 모르지요. 세상을 살아가자면 야합도 하고 부정부패와 영합도 해야 하는데(《신동아》, 1983년 5월호).

특무대장의 육참총장에 대한 도전

암살사건이 일어나던 시점 김창룡은 이미 육군참모총장의 권위에 맞먹는 영향력을 가진 인물로 성장해 있었다. 그 힘의 바탕은 대통령에 대한 직접적인 대면보고와 대통령의 신임이었다.

그 당시 특무대는 조직 편제상 육군 참모총장이 지휘하는 육군본부 정보국의 통제를 받는 기관이었다. 군 조직 위계로 볼 때 특무대장은 참모총장의 지시에 복종해야 하는 구조였다.

그러나 대통령이 김창룡 특무대장을 직접 불러 비밀 지시를 내리고 특무대장이 그에 복명하는 관행이 지속되면서 참모총장의 입지가 곤란해졌다.

거기에는 군권이 어느 특정인에게 집중됨으로써 일어날 수 있는 군부의 대통령에 대한 도전을 예방하기 위해 군을 여러 기관과 인맥으로 분리하여 관리하면서 다양한 세력과 직접 대면하며 세력 간 균형과 견제를 도모하려는 대통령의 의지가 담겨있었다.

2차 대전 후 새로 독립한 국가들에서는 군부가 쿠데타를 통해 취약한 정부를 무너뜨리고 정권을 장악하는 일이 유행처럼 번지고 있었다. 이승만으로서도 6·25전쟁을 통해 급격히 팽창된 군부가 정부를 전복하는 쿠데타를 일으키는 것을 방지하는 대책이 절실했다.

김창룡이 이끄는 특무대를 통해 군부의 동향을 파악하고 그것을 바탕으로 군부를 통제하는 방식이 정착단계로 접어들고 있었다.

이러한 군 통수방식이 안정적으로 운영되기 위해서는 특무대의 절제된 정보수사 활동이 뒷받침이 되어야 한다. 대통령의 정보 수요에는 부응하되 참모총장의 지휘권이 훼손되지 않도록 유념하는 사려 깊은 행보가 필요했다.

대통령의 신임을 군의 현실에 맞추어 조화시킴으로써 대통령의 통치권도 강화하고 군의 단결과 화합도 도모하는 고도의 전문성과 고차원적 정보판단이 요청되고 있었다.

더욱이 그 시기는 대통령이 정권 연장을 위해 정치적 무리수를 둠으로써 사회세력간 갈등이 고조되는 시점이었다. 1954년 5월 20일 선거에서 자유당이 원내 절대다수를 차지하자 이승만은 장기 집권의 길을 모색하기 시작했다.

자신의 3선을 가능하게 만들기 위해 헌법을 고치는 작업에 들어갔다. 초대 대통령에 한해 중임제한을 철폐하는 개헌안을 1954년 11월 17일 국회에서 무리하게 통과시켰다. 다음 해인 1956년 5월 15일에는 정부통령 선거가 예정되어 있었다.

이러한 민감한 시기에 김창룡은 정일권의 지휘권에 정면 도전하는 행보를 보이게 된다. 정일권의 최측근인 공국진 육군 헌병사령관이 대량의 탄피를 일본으로 밀수출하려 시도했다는 혐의를 잡고 이를 정보보고서로 만들어 대통령에게 보고했다. 보고를 받은 대통령은 정일권 총장에게 즉각 공국진을 포살하라고 명령했다.

조사 결과 이 사건은 공국진 산하 광주 범죄수사대(CID, Criminal Investigation Command)에서 광주 탄약대대의 탄피 불법 유출을 조사하는 과정이 왜곡된 것으로 드러났다. 광주지역 국회의원 이정휴가 1955년 7월 공국진을 찾아와 '광주 CID 파견대가 민간인이 합법적으로 불하받은 탄피를 압수하여 안 내주고 있으니 광주 CID 대장 앞으로 탄피를 내주라'는 메모를 써달라고 공국진을 졸랐다.

이에 공국진은 광주 CID 측에 파악한 결과 탄피 압류는 합법적이라는 사실을 확인하고 권호창 부관에게 지시하여 '이정휴 의원이 자기 선거구민이 억울한 일을 당하고 있다고 호소하니 각종 증거를 제시하여 납득이 가도록 설명하라.'라는 서신을 타자로 찍어 주었다. 이 서신이 탄피를 내주라고 공국진이 지시한 것으로 바뀐 것이다.

대통령으로부터 공국진 포살을 명령받고 당황한 정일권은 이응준 참모차장을 위원장으로 하는 조사위원회를 구성하여 실체 파악에 나섰다. 이응준 참모차장은 김창룡과 공국진을 불러 대질신문을 벌였다.

이 자리에서 공국진은 대통령에 대한 정보 보고를 직속상관인 참모총장을 경유하지 않고 보고한 것의 부당성, 민간인 탄피유출사건을 '공국진 헌병사령관 대일 탄피 밀수사건'으로 왜곡하여 보고한 것의 잘못, 이정휴에게 준 메모가 변질된 문제 등을 따지며 대통령에게 무고로 진정하겠다는 입장을 밝혔다.

이에 대해 김창룡은 "제가 경무대 경호관 곽 총경을 경유하여 제출하는 상례적인 주말 정보보고서에 담긴 정보를 자세히 분석하지 않고 기타 정보와 일괄 제출한 것이 문제를 복잡하게 한 것 같다. 제가 올라가 사태를 수습하겠으니 이 이상 이 자리에서의 갑론을박을 피했으면 합니다."라고 해명하며 사건을 확대시키지 않을 태도를 보였다(공국진, 2001: 246~247).

그러나 공국진은 1955년 9월 1일 자로 육군 헌병사령관에서 해임되고 말았다. 더욱이 공국진이 정일권의 명령으로 대구에 주둔하고 있던 2군 사령부 참모장으로 부임하기 위해 그해 10월 초 대구역에 도착한 순간 특무대는 공국진의 부관 권호창을 연행해갔다.

보고를 받은 정일권은 권호창을 석방하라는 지시를 내렸다. 그러나 특무대는 지시에 응하지 않았다. 정일권과 김창룡의 전쟁이 시작된 것이다.

육참총장, 대통령에 특무대장 해임 건의

　권호창의 연행에 격분한 강문봉 2군 사령관은 정일권 총장에게 "이것은 통수권에 대한 정면 도전이며, 총장에게 결투장을 들이댄 거나 진배없습니다. 이 대통령을 찾아가 일련의 부정행위와 탄피 밀수 사건의 날조와 국군통수권에 대한 허위보고 사건을 들어 해임과 동시에 의법 처단해야 군 기강이 바로 선다는 것을 역설하여 쌓이고 쌓인 군의 암적 존재를 수술해야 합니다."라고 건의했다(공국진, 2001: 249).

　강문봉의 건의를 받은 정일권은 진해 별장에서 휴양 중이던 대통령을 함께 방문하기로 약속하고 정일권은 서울에서, 강문봉은 대구에서 각각 비행기를 타고 진해로 갔다. 두 사람 모두 공국진 부관을 체포한 데 대해 극도의 흥분상태에 빠져있었다.

　군 검찰의 기소장에는 두 사람의 진해 방문 사실이 빠져있다. 아마 대통령이 정일권을 보호하라는 지침을 내려놓았기 때문에 정일권을 사건에 끌어들일 수 있는 정황을 뺀 것으로 보인다. 그리고 정일권도 그가 운명을 달리할 때까지 이날 대통령을 만난 사실을 언급하지 않았다.

　공국진의 증언에 따르면 휴양 중인 대통령을 찾아간 두 사람은 대통령에게 김창룡을 특무대장에서 해임하도록 건의했다. 김창룡이 체계적인 군사교육을 받지 못해 여러 가지 군내 분란을 일으키고 다른 기관과 자주 충돌하고 있으므로 미국 정보학교에서 교육받을 수 있도록 1년여간 파견하는 것이 좋겠다고 건의했다(공국진, 2001: 249).

그리고 정일권은 대통령을 찾아가기에 앞서 주한 미8군 측으로부터 김창룡을 미국 교육기관에 파견시켜주겠다는 약속을 받았다고 공국진은 기록하고 있다. 정일권과 강문봉의 건의를 받은 이승만은 권호창 부관을 즉시 석방하도록 조치하고 김창룡을 미국으로 보내는 것은 보류하라고 답변했다. 권호창은 풀려난 후 곧바로 미국 헌병학교로 파견됐다.

공국진의 증언과 달리 강문봉은 그날 흥분한 상태에서 대통령을 찾아간 것이 아니라 허태영과 함께 상당히 사려 깊은 검토 후 대통령을 찾아갔던 것으로 대통령 면담내용을 묘사하고 있다.

강문봉은 암살사건 후 재판과정에서는 진해에서 이 대통령을 면담할 때 '특무대장의 행동이 군대에 해를 미치는 점을 지적하고 특무대의 직무 범위를 명시해야 된다는 진언을 했다.'라고 진술했다.

그리고 그와 같은 진언을 하게 된 것은 '특무부대가 방첩업무를 이탈하고 정치와 경제 분야에 이상한 관심을 가지고 있다는 것은 절대적으로 잘못이며 그와 같은 특무대는 개편되어야 한다.'라고 믿었기 때문이라고 건의 배경을 설명했다(도재은, 2000: 121).

형을 마치고 나서 20여 년이 지난 후인 1983년 한 언론과의 인터뷰에서 강문봉은 진해를 찾아간 배경과 그 내용에 대해 다음과 같이 술회했다.

허 대령은 특무대에 근무했기 때문에 사정을 잘 알고 있었어요. 별의별 것이 다 있었습니다. 그러다가 김창룡 밑에서 특무처장을 지낸 이진용 대령과 의기가 투합되었지요. 나는 그런 자료를 가지고 참모총장에게 진언을 했습니다. 총장 각하, 이렇게 된 마당에 보고만 계시겠습니까. 대통령에게 갑시다. 특무대장의 목을 자르겠다면 옳은 대통령이고, 아니면 국가가 망하는 사태가 올지도 모릅니다. 그래서 정일권 총장과 내가 진해로 휴양 가 있는 이 대통령을 만나러 갔지요. 비행기를 타고 갔었습니다. 나는 그분이 국부시고 훌륭한 대통령으로 믿었던 것입니다. 우리는 대통령에게 '이 사람을 영전을 시키시든지 말든지 그것은 각하의 마음대로이다. 아무튼 다른 지휘관으로 보내서 정보수집하는 일만 못 하게 해주십시오'하고 말했지요. 그랬더니 이 대통령은 '그래.' 하고 승낙을 합디다. 우리는 기뻐서 부산으로 돌아와 저녁을 같이했습니다. 그런데 김창룡과 줄이 닿아 있던 경무대 비서들이 우리가 부산에 도착하기 전에 이미 정보를 흘렸습니다. 아무개가 다녀갔으니 빨리 와서 이 대통령에게 읍소를 하라 이런 뜻이었겠지요. 그 말을 들은 김창룡이 곧 달려가서 자기는 대통령에 대한 충성심밖에 없고 목숨을 내걸고 일하고 있다고 하소연을 한 모양입니다. 그러니까 이 대통령의 마음이 다시 약해져서 그대로 일하라 이렇게 되었지요(《신동아》, 1983년 5월호).

강문봉은 김창룡의 유임이 자신들에 이어 곧바로 대통령을 찾아간 김창룡의 읍소 때문이었다고 밝히고 있다.

그러나 공국진은 다른 증언을 하고 있다. 당시 이 대통령은 김창룡이 중대국사를 다루고 있기 때문에 전보시킬 수 없다고 그 자리에서 밝혔다는 것이다. 그리고 그 중대사건이란 조봉암 사건이라고 공국진은 쓰고 있다(공국진, 2001: 259).

공국진의 주장에는 다소 신뢰성이 떨어지는 부분이 있다. 조봉암은 김창룡이 암살된 후 2년이 지난 1958년 1월 간첩 양명산을 통해 북한으로부터 지령과 자금을 받았다는 간첩 혐의로 전격 구속됐다.

그 사건이 김창룡이 살아있을 때부터 내사가 시작되었는지 어떤지 확인하기는 어렵지만 이승만이 김창룡 유임의 이유로 내건 중대사건이 조봉암 사건이라고 유추하는 것은 지나친 추측으로 보인다.

김창룡 특무대장 암살사건 해부

육참총장 측 사람들의 인간관계

육참총장과 특무대장이 대립하는 과정에서 정일권과 한편이 됐던 강문봉, 공국진은 모두 군내 작전 분야에 근무했던 작전통이었다. 특히, 정일권과 강문봉은 같은 함경도 출신에다 만주군, 일본 육사의 선후배 관계였다.

정일권은 군이 창설될 때 과거 만주군에서의 경력을 인정받아 대위로 출발했다. 제1연대 B중대장, 제4연대장 등을 잠시 지낸 후 1947년 9월 국방경비대 총참모장을 역임하고 1948년 8월부터 육군본부 작전참모부장을 맡았다.

강문봉은 소위로 임관되어 1946년 5월 1일 경비사관학교가 개교될 때 교수부장으로 임용됐다. 그 후 1947년 가을부터는 육군본부 전신인 조선경비대 총사령부 작전교육처장을 겸임했다.

이렇게 작전업무를 고리로 정일권과 강문봉은 긴밀해졌다. 게다가 당시 경비대총사령관 송호성이 광복군 출신으로 군사영어 등 근대적 군사 지식이 부족했던 관계로 자연히 정일권과 강문봉이 단짝이 되어 모든 업무를 주관했다고 한다.

6·25전쟁이 일어날 때까지 참모총장이 4번 갈리고 그때마다 인사, 정보, 군수국장이 수시 교체되었으나 두 사람은 계속 그 자리를 지키며 국군의 편성, 훈련, 작전 업무를 지휘했다. 이러는 사이 두 사람의

관계는 형과 아우와 같은 관계로 깊어졌다.

전쟁이 일어났을 때는 개전 초기 육군 참모총장과 작전국장으로서 전쟁 전반을 기획하고 집행하는 중심축이었다. 이승만은 전쟁이 일어난 지 닷새 만에 정일권을 육군 참모총장으로 임명했다. 전임 채병덕은 임시 편성군 사령관이란 직책으로 밀려나 있다 7월 26일 하동 전투에서 전사했다.

정일권과 강문봉은 1951년 7월 미국 육군참모대학에 1년간 함께 유학하면서 그 관계가 더욱 돈독해졌다. 미국 유학 시기의 강문봉에 대해 정일권은 그의 회고록에서 극찬을 아끼지 않았다.

"미국의 우방 각국에서 파견돼 온 유학 장교들이 많았다. 그 가운데서 머리 좋고 영어 능한 강문봉 장군이 발군의 성적으로 선망받았다 … 미 참모대학을 마치고 1년 만에 귀국했다 … 경무대의 호출을 받고 강문봉 장군과 함께 귀국 신고를 했다. 이 대통령은 강 장군의 우수한 성적을 여간 기뻐하지 않았다. 국군 장성급의 우수성을 떨치게 했다면서 강 장군의 나이를 물었다. 장군은 이때 29세였다."(정일권, 1996: 406~407).

한편, 공국진도 1946년 12월 경비사관학교 2기 졸업 후 육본 작전교육국에 근무하면서 정일권, 강문봉과 연을 쌓게 된다.

김창룡 특무대장 암살사건 해부

살해방법 공모

강문봉은 대통령에게 김창룡을 해임시켜달라고 요구했으나 거절 당하자 곧 김창룡을 살해하는 것으로 제거 방법을 전환하게 된다. 자 신과 정일권이 대통령을 찾아가 해임을 건의한 것이 김창룡에게까 지 노출된 이상 이제 자신이 살기 위해서는 김창룡을 죽이는 방법밖 에 없는 지경에 이르게 됐다. 공국진의 비리 조사로 시작된 싸움이 결국 죽느냐 죽이느냐의 극한투쟁으로 치닫게 된 것이다.

기소장에 따르면 강문봉이 살해의 뜻을 처음 밝힌 인물은 백학규 중령이었다. 부산에 출장 간 틈을 이용, 부산 인쇄공창장으로 근무 중 이던 백학규를 불러 김창룡을 죽일 수밖에 없는 이유를 몇 가지 설명 하고 그 실행방법을 연구하라는 뜻을 알렸다. 강문봉이 제시한 살해 의 명분은 김창룡의 월권행위, 참모총장의 명령 거역, 고급장성 사이 이간 등이었다.

백학규에게 속내를 밝힌 후 1955년 10월 25일경 서울에서 공국진 준장, 허태영 중령을 만났다. 이 자리에서도 김창룡을 어떻게 하든지 제거하여야 하겠다며 허태영에게 김창룡을 합법적으로 제거할 수 있는 김창룡의 비행을 상세히 조사하도록 지시했다. 여기에서 '제거 하겠다.'라는 의미는 '죽이겠다.'라는 뜻보다는 특무대장에서 물러나 도록 만들겠다는 의미였다.

그로부터 일주일 정도 지난 후 10월 30일 대구에 있던 강문봉의 관사에서 세 사람은 다시 만났다. 이 자리에서는 합법적 제거의 가능성에 대해 논란이 있었다.

하지만 허태영은 즉시 살해할 것을 주장했다. 강문봉은 김창룡의 비행을 대통령에게 보고하여 합법적으로 제거하는 방법과 살해하는 방안을 함께 준비할 것을 제시했다.

그리고 살해하는 방안을 택할 때에는 백학규 중령과 자신의 부관인 최창준 소령을 동원하는 방법, 허태영이 지휘하는 신초식과 송용고를 하수인으로 택할 것, 김창룡을 저격에 용이한 장소까지 유인하는 것은 자신이 맡을 것 등을 모의했다.

11월 1일에는 서울에서 세 사람이 다시 모임을 갖고 제거 방법을 논의하다 허태영의 주장으로 결국 살해하는 방법을 택하기로 결정했다. 살해 방법이 선택되자 다음 날 2일 다시 모여 살해 하수인을 선정하는 방법을 놓고 논란을 벌이다 허태영의 요청에 따라 신초식과 송용고로 결정됐다.

강문봉은 다음 날 11월 3일 18시 요정 '신성'에서 회식하자며 김창룡을 유인했다. 김창룡이 약속을 받아들이자 신초식이 요정 입구에 잠복해 있다가 김창룡이 요정으로 들어가는 기회를 포착하여 권총으로 저격하기로 실행방법을 정했다.

만약 요정 입구에서 저격할 기회를 놓치면 김창룡을 저격하는데 적합한 실내 정면에 앉도록 유도하고 최창준의 안내에 따라 김창룡의 위치를 재확인한 후에 발사하여 살해하기로 결정했다.

그러나 이날 신초식이 김창룡이 회식 중이던 방을 찾지 못해 암살에 실패했다. 김창룡의 안전을 위해 늘 신경 쓰던 김창룡의 부관이 식당에 도착하자마자 이미 예약된 방을 다른 방으로 바꾸도록 식당 측에 조치한 결과였다.

이날 밤 집에 돌아온 김창룡은 자신의 아내에게 "신성에서 자신을 가운데 자리에 앉히고 강문봉 중장이 자리를 바꾸어 앉는 등 자신의 옆자리를 모두 피하려 드는 것이 이상했다."라며 뭔가 기분이 좋지 않은 느낌이 온다고 식사 분위기를 전했다(이대인, 2011: 263).

허태영은 11월 4일과 8일 두 번에 걸쳐 강문봉을 찾아가 요정 '신성'에서의 실패를 사과하고 한 번만 더 기회를 만들어주면 꼭 성공하겠노라고 간청했다. 허태영의 간청에 따라 강문봉은 이성가 소장과 김창룡이 12월 하순경 회식하는 기회를 만들어주었으나 이날도 허태영과의 전화 연락이 잘못되어 실패했다.

강문봉이 만들어준 두 번의 기회를 놓친 허태영은 1956년 1월 24일 송용고가 부산에서 찾아오자 송용고와 신초식에게 김창룡이 탄 출근 지프차를 가로막고 있다가 살해하라는 지시를 내리고 1월 27일 이들에게 권총을 내주며 1월 28일 아침 현장으로 내보냈으나 김창룡의 지프차가 다른 방향으로 통과함으로써 뜻을 이루지 못했다.

그 후 1월 30일 똑같은 방법으로 송용고·신초식을 시켜 살해의 목적을 이루었다. 이상이 기소장에 나타난 김창룡 살해의 과정이다. 1955년 11월 3일과 12월 하순 그리고 1956년 1월 28일 세 번에 걸쳐 김창룡은 죽음의 위기를 넘겼던 것이다.

특무대장의 육참총장 비리 포착

공국진 부관 권호창을 연행해간 김창룡은 권호창을 직접 심문하며 '공국진 사령관이 쓰는 기밀비와 정보비는 얼마나 되며 어떻게 쓰는가? 공 사령관이 단골로 다니는 요정은 어디이며 요식대는 한 달에 얼마나 지불했으며 주로 초청되는 인사는 누구 누구인가? 공 사령관이 허태영 대령에게 한 달에 정보비를 얼마나 주는가? 정병감 이진용 대령에게 한 달에 정보비를 얼마나 주는가?' 등을 추궁했다(공국진, 2001: 250).

심문의 내용에서 공국진의 비리를 찾으려는 의도를 읽을 수 있다. 그러나 이 계획은 대통령의 권호창 석방지시로 무산되고 말았다.

반격의 기회를 노리던 김창룡에게 새로운 기회가 찾아왔다. 군 지휘부가 연루된 국방부 원면(原綿)사건이 언론에 공개되기 시작한 것이다. 미국으로부터 원조받은 원면을 시중에 팔아 10억 환(舊貨) 이상의 이익자금을 마련해 당시 집권당이었던 자유당의 고위층에게 갖다 바쳤다는 의혹이 제기됐다.

1956년 5월 15일로 예정됐던 정부통령 선거를 앞두고 자유당이 선거에 쓸 정치자금으로 조성했을 것이란 의혹이 일어났다.

야당과 자유당 비주류의 정치공세가 드세어지자 국회 국방위는 1955년 6월 1일 국방부 도입 원면 부정사건 조사위원회를 구성하여 조사 활동을 벌였다. 그해 10월에 완성된 조사보고서는 1955년 11월 14일 국방위원회에 상정되어 심의한 후 1956년 1월 20일 보고서 내용 전체를 본회의에 상정키로 결의했다.

조사보고서가 본회의에 올라가면서 일부 조사내용이 언론에 보도되기 시작했다. 의혹이 사실이라면 국방장관은 물론 육군참모총장 등 군 수뇌부가 공동 책임을 져야 하는 문제였다.

김창룡은 정일권을 육군 참모총장 자리에서 몰아낼 목적으로 이 문제를 정치 쟁점화시키는 데 골몰했다. 그 시기 정치 실세였던 이기붕의 만류에도 불구하고 원면사건을 계속 들추었다.

특무대 출신 도진희 의원은 암살사건 후 법정 진술에서 그 당시 김창룡으로부터 '국회에서 원면사건을 크게 떠들도록 부탁받았다.'라고 진술했다(김교식, 1984: 204). 정부·여당에 큰 부담을 주는 일이었으나 정일권을 쫓아내는데 집착한 나머지 권력의 핵심이 권력 깊숙한 곳에 감추어져 있던 비리를 들추어내는데 앞장서는 역설적 행태를 보였다.

이와 같이 김창룡이 정세를 오판한 데는 부통령 후보를 놓고 저울질하던 이승만의 의중을 잘못 읽은 데서 나왔다는 것이 김창룡 측근들의 시각이다. 그 당시 자유당에서는 1956년의 정부통령 선거에 대통령 후보는 이승만, 부통령 후보에는 이기붕이 나서는 것을 당연시하고 있었다.

그러나 이승만은 건강이 좋지 않았던 이기붕을 대신할 다른 사람을 은밀히 물색하고 있었다고 한다. 이승만은 경무대를 방문한 김창룡에게 "이기붕이는 민의원 의장 자리도 과분한 사람이다. 부통령에

누가 좋겠느냐"라고 물은 적이 있다고 한다(김교식, 1984: 205). 이 시기 이승만은 이형근 합참의장에게도 이기붕은 대통령감이 아니라는 의중을 밝혔다(이형근, 1993: 106).

김창룡은 이때부터 이승만의 마음이 이기붕에게서 떠난 것으로 보고 이기붕에게 큰 부담을 줄 수 있는 원면사건을 지나치게 깊게 캐기 시작했다. 정일권에 대한 개인적 감정과 함께 이기붕은 이미 끝난 사람이라고 보고 배를 갈아탈 준비를 서두른 것으로 보인다.

군에서 원면사건의 문제점을 처음 대통령에게 보고한 사람은 이형근 당시 합참의장이었다. 사건을 인지한 이형근은 자신의 소관 업무가 아니었지만 미국으로부터 군사원조를 받는 데 나쁜 영향을 줄 것 같다는 생각이 들어 대통령을 찾아가 보고했다.

좀 더 소상하게 조사해 다시 보고하라는 지시를 받은 이형근은 합참은 조사 권한이나 기능이 없으므로 조사 권한이나 기능을 갖춘 기관에 조사를 명령하도록 건의했다(이형근, 1993: 105). 이렇게 해서 특무대가 국회조사와는 별도로 대통령의 지시에 따라 직접 원면사건을 조사하게 됐다.

김창룡이 대통령으로부터 원면사건 조사를 지시받은 것은 그가 암살당하기 3일 전이었다. 그해 1월 28일 토요일 오후 경무대를 방문했다가 돌아온 김창룡은 부하들을 급하게 불러놓고 3가지 사항을 지시했다.

첫째, 원면사건이 국회에서 말썽이 되고 있다. 하태환 의원이 표면적으로 주동 인물이나 실제로는 아닌 것 같다. 실제 주동 인물이 누구인지 조사할 것. 둘째, 그 주동자의 의도가 무엇인지 규명할 것. 셋째, 손원일 국방장관이 홍콩에 외화 3만 달러를 빼돌렸다는데 그 사실 여부 그리고 사실이라면 도피 경로를 확인하라는 것이었다(서병욱, 1991: 31~32).

김창룡이 암살당한 1956년 1월 30일 아침은 특무대에서 조사해온 원면사건에 대한 최종 수사결과를 대통령에게 보고하기로 계획된 시간이었다. 암살 당시 김창룡은 원면사건 수사결과 보고서가 담긴 봉투를 손에 들고 있었다. 원면사건이 그의 암살과 깊은 관련이 있다는 것을 읽을 수 있는 대목이다.

김창룡은 암살당하기 전날인 1월 29일, 일요일인데도 출근해서 대통령에게 직접 보고할 브리핑 자료를 마무리했다. 일요일 밤늦게 브리핑 자료를 끝낸 김창룡은 수사를 주도해온 간부들을 위로하는 술자리를 간단히 가진 후 헤어졌다.

김창룡이 준비했던 원면사건 수사 보고서의 내용은 알려져 있지 않다. 그러나 그 정황으로 미루어 정일권에게 결정적으로 불리한 내용을 담고 있었을 것으로 보인다.

보고서 내용에 대해 정일권 육참총장이 심복인 강문봉 2군 사령관을 시켜 시장에서 높은 가격으로 거래되는 미국산 고급원면을 인도산 저급 원면인 것처럼 서류를 꾸며 처분함으로써 그 차액을 비자금으로 조성했을 것으로 보는 시각도 있다.

특무대가 한국은행 검사 1국을 상대로 내사하면서 미국산 고급원면을 인도산 저급원면으로 바꿔치기하면서 거래한 5억 환의 수표를 찾아내고 강문봉이 사령관으로 있던 2군 사령부에서 보관 중이던 허위 서류인 인도산 원면장부를 확보했다는 사실을 예로 들고 있다(이대인, 2011: 257).

또한, 당시 합참의장이었던 이형근은 뒷날 그의 회고록에서 당시 군 수뇌부가 미국으로부터 월동용 군 피복과 군용 이불을 만들기 위해 도입된 미화 약 50만 달러 어치의 미국산 원면을 군용으로 쓰지 않고 민간업자들과 결탁해 1955년 이를 부정 처분한 후, 이 돈을 정치자금으로 자유당 중앙위원회 의장인 이기붕에게 헌납했다고 증언했다(이형근, 1993: 104).

한편, 국회에서 채택한 조사보고서에는 원면사건을 보는 조사위원회의 견해가 다음과 같이 기록되어 있다.

1. 국방부 장관 손원일은 FOA 자금으로 도입된 민수용 원면 47만 8,997 달러에 해당하는 물량(1달러당 180환)을 1954년도 3군 장병 월동용 긴급 군수물자라는 명목으로 1953년 11월 9일부터 1954년 6월 24일 사이 수차에 걸쳐 기획처, 상공부, 방직협회 등에 압력을 가하여 긴급 군수물자로 잘못 믿도록 하였고 그에 따라 기획처는 FOA 당국의 시종 반대에도 불구하고 비밀리에 할양하도록 방직협회에 지시하였고 상공부, 방직협회 등은 일선 장병 월동용 긴급 군수물자라는 대의명분상 부득이 민수용 원면을 군수용으로 유용토록 할양치 않을 수 없게 하였으며

2. 자금 없는 업자를 돕기 위하여 한국은행과 한국상업은행에 압력을 가하여 금액의 85%인 7, 327만 4천 환을 융자하였으므로 금융계 혼란에 박차를 가하였으며

3. 업자 지정에 있어서는 재정법과 내규를 위반하여 3군의 의견을 전적으로 무시하여 국방부 일방적으로 지정하였을 뿐 아니라 7개 업자 가운

데 3개 유령업자를 포함 지정하였으므로 원면이 국내에 도착도 되기 전에 일반시장에 1달러당 370환 이상으로 예매하는 결과를 초래케 한 점으로 보아 당초부터 군수용으로 사용할 목적 유무를 판단키 곤란하며

4. 기획처와 방직협회 및 은행 등에 약속한 여러 조건을 전적으로 위반하여 업자 자유 처분을 묵인하였으므로 이미 전량이 시장에 암매되었고 그 결과 비밀이 폭로되어 OEC 조사관의 조사보고에 의하여 FOA 당국으로부터 주미 한국 대사관 및 외무부를 통하여 FOA 자금으로 도입된 원면 일부가 당초의 구매요청서에 명시된 용도를 벗어나 군수용으로 유용된 분에 대한 대가 반환 요구가 있는 등 국제적인 신용을 상실케 함으로써 무형적인 국가적 손실을 초래케 하였으며

5. 재무부 당국에 압력을 가하여 관세 862만 1,948환과 국채 651만 4,360환을 면제토록 하여 유형적인 국가 세입에 손실을 가하였으며

6. 방직업자의 생명인 원료를 감소케하여 방직업자들에게 손해를 가함으로서 직물 시가에 악영향을 미치게 함으로서 인플레 조장에 박차를 가하였으며

7. 국방부 장관은 1954년 11월 대구 한미회담에서 예산이 삭감된 것을 이유로 내세우나 그는 부당함. 왜냐하면 3군 장병의 동계 피복용으로 불가피한 긴급 군수물자라면 예산이 삭감될 리가 없으며 또 예산이 삭감됨과 동시에 즉시 방직협회에 반환하여 원래의 목적대로 사용케 하여야만 온당한 처사임에도 불구하고 업자가 자유 처분함을 묵인하여 업자에겐 부당한 폭리를 주는 반면 국제적인 신용을 상실케 한 점 등으로 보아 정치적 책임 및 행정적 책임을 면할 수 없다고 사료함.

이승만의 군벌 해체

  민과 군의 관점으로 나누어 살펴보면 이승만 시대는 군에 대한 문민 우위의 원칙이 유지된 시기였다. 이승만 시대에는 군사 쿠데타가 일어나지 않았다. 2차 대전 후 아시아, 아프리카의 신생 독립국에서 군사 쿠데타가 폭발적으로 일어났던 것과는 비교되는 대목이다.

  전후 신생국가는 56개국이었다. 이 가운데 1/3이 군부에 의해 전복되었으며 군부 쿠데타 없이 건국 10주년을 맞은 국가의 비율은 50%를 넘지 못했다(이동희, 1982: 138).

  특히, 한국은 6·25전쟁을 겪으면서 군사력이 급작스럽게 팽창했다. 그리고 전쟁 전후 비상계엄 상태가 장기화되면서 군부의 영향력이 정치·경제·사회 등 모든 부문에 광범위하게 미치고 있었다. 그에 따라 군부가 정부를 전복할 기회가 많았다.

  그럼에도 불구하고 이승만 시기 군사 쿠데타는 일어나지 않았다. 그 큰 원인은 이승만의 군부 리더십에 있었다. 군을 확실히 장악하려는 이승만의 통치술에 힘입어 문민 우위의 원칙이 유지된 것이다. 거기에는 대통령만 우직하게 따른 김창룡 특무대장의 공도 컸다.

  미국 상원 외교위원회는 콜론 연구소에 연구용역을 주어 1945년부터 1959년까지 한국정치와 미국의 외교정책을 조사한 보고서를 만들었다. 그 당시 콜론보고서로 널리 알려진 이 보고서는 1960년대 국내 지식인 잡지였던 「사상계」 1960년 1월호에 실렸는데 이 보고서는 한국군과 이승만 정부의 관계에 대해 다음과 같이 평가하고 있다.

… 현재 한국군에는 커다란 정치적 신망이나 조직력을 가진 군인은 없다. 육군에는 야심가는 많이 있으나 지금까지 육군은 정부의 주인이 아니라 그 도구에 불과했다. 그것은 부분적으로 자유당 정부 특히 이승만 대통령의 군부 조종의 기술 때문에 그렇게 된 것이다. 정적이 될 위험성이 많은 사람은 실각당했고 강력한 독립성을 가진 지휘관은 냉대받았다. 이런 상황에서 파벌투쟁과 이승만 대통령에게 잘 보여 그의 의중 인물이 되려는 획책만이 성행했다. 만일 정당정부가 완전히 실패하게 되면 언젠가 한 번은 군부 지배가 출현하리라는 것은 확실히 가능한 일이지만 가까운 장래에 그런 일이 일어나리라고는 생각할 수 없다 …

김창룡 암살사건이 마무리되면서 이승만은 군내부의 파벌을 해체하는 수순을 밟게 된다. 군부를 적절히 통제하기 위해서 전략적으로 파벌을 만들어 관리해온 그동안의 방식을 정리하기 시작한다. 김창룡 사건을 계기로 군벌간 알력과 다툼이 심각한 수준에 이르렀다는 것을 인식하기 시작했다.

이승만은 자신의 충복이었던 김창룡이 암살된 상황에서 3대 군벌간 암투가 계속될 경우 그 화가 자기에게 직접 미칠 것을 우려했다. 이승만이 백선엽, 정일권, 이형근 대장을 동시에 퇴역시킨 후 해외로 보낼 구상을 한 데는 이러한 배경이 있었다.

1957년 5월 이형근 대장을 주영 대사, 정일권 대장을 주 터키 대사로 발령했다. 정일권은 발령 즉시 대사로 부임했으나 이형근은 발령을 거부하고 군에서 퇴임했다.

김창룡 특무대장과 정일권·이형근 대장이 물러난 이후 군 내부에서는 새로운 파벌이 떠오르고 있었다. 만주군 출신인 정일권이 해외로 떠나면서 그를 따르던 만주군 출신들이 소외됐다.

거기에다가 3대장 파벌에 끼일 수 없었던 박정희를 중심으로 한 경북 출신 군인들, 6·25전쟁에서 많은 희생을 치르고도 진급에 밀려 생계까지 위협받는, 어려운 경제생활을 겪고 있었던 육사 5기, 8기 출신들이 새로운 파벌을 형성하고 있었다. 이렇게 형성된 새로운 군벌이 5·16정변의 주체로 성장하게 된다.

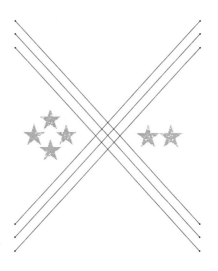

10장

김창룡 사후 그에 대한 인물평

사람의 마음을 움직이는 능력이 있었다

  이형근 초대 합참의장은 1956년 6월 육군참모총장에 임명됐다. 김창룡 특무대장 암살사건이 일어나고 5개월 지난 뒤였다. 그는 정일권의 후임으로 육군참모총장에 임명되어 김창룡 암살사건 재조사와 군사재판을 처리했다.

  이형근은 1952년 1월부터 1954년 2월까지 동부전선 최전방 1군단에서 군단장으로 근무할 때 이른바 동해안반란사건 의혹을 받아 곤욕을 치른 적이 있다.

  당시 이승만의 정적이었던 조봉암에게 이형근이 군용기를 내주어 초청하고 그와 공모해 이 대통령을 시해한 다음 조봉암을 대통령으로 당선시킬 계획을 꾸미고 있다는 것이 동해안 반란사건의 골자였다.

  김창룡 특무대장이 그와 같은 방향의 보고서를 이 대통령에게 계속 올리고 있다는 얘기가 이형근의 귀에까지 들어갔다.

  이형근은 사건의 줄거리가 사실과 다르다는 점을 해명하기 위해 1953년 6월 23일 서울로 올라와 이 대통령을 찾아갔다. 대통령을 만나자마자 "김창룡 특무대장으로부터 제가 대통령 각하를 시해하려 한다는 보고를 받은 일이 있으시냐."라고 물었다. 대통령은 "그런 일이 있네."라며 부인하지 않았다.

  이형근은 격분한 나머지 "각하! 시해 운운함은 언어도단의 모함이며 저에게는 적과 싸우다 죽을 용기는 있어도 그와 같은 대역죄를 저지를 만한 용기는 없습니다."라고 말하며 군에서 사퇴하겠다는 의사를 밝혔다.

그에 대해 이승만은 "사퇴라니. 그게 무슨 말인가? 나는 김창룡의 말을 듣기는 하지만 무조건 믿지는 않네."라고 말했다. 더 나아가 곧 대장으로 진급시켜주겠다며 열심히 근무하라고 격려했다. 그 후 6개월여 지난 1954년 2월 이형근은 대장으로 진급했다.

이런 일을 겪은 후 이형근이 대장으로 진급하여 초대 합참의장에 보임되자 김창룡은 몇 번에 걸쳐 이형근을 찾아와 사죄하며 용서를 빌었다(이형근, 1993: 139).

이러한 악연이 있었던 이형근은 김창룡에 대해 "김창룡은 과오도 많은 사람이었지만 부정과 사치 그리고 축첩 등에는 단호했다."라며 자신의 회고록에 다음과 같은 인상을 남겼다.

그가 생전에 상사의 신임을 두텁게 받을 수 있었던 이면에는 수단과 방법을 가리지 않고 일을 하고, 때로는 꾸미고 했다는 사실은 이미 세상에 잘 알려진 일이다. 그렇지만 반공에 관한 한 그의 업적은 결코 과소평가될 수 없다. 한마디로 공도 컸지만 과오도 적지 않았던 것으로 생각된다. 그는 겉모습과는 달리 눈치가 빨랐다. 그는 나에게도 치명상을 입히려 했지만 그 후 내가 요직에 앉자 나에게 극히 겸허해져 그의 죽음을 애도하지 않을 수 없도록 사람의 마음을 움직이는 능력도 있던 인물이었다(이형근, 1993: 140).

초면에 벌써 집요하고 무서운 강기(剛氣)가 번뜩였다

김창룡이 전북 이리에 주둔하고 있던 3연대에 사병으로 입대할 때 그의 모습을 기록으로 남긴 사람이 있다.

이한림. 박정희와 만주군관학교, 일본 육사 동기였으나 5.16 정변 때 정변에 반대하는 길을 걷다 체포되어 군복을 벗은 사람이다.

이한림은 김창룡이 3연대를 찾아온 시기를 1946년 6월말로 기억했다. 6월 25일이나 26일쯤으로 추정되는 어느 날 김창룡이 자신을 찾아왔다. 이한림도 함경도 출신이었다. 허름한 군복 차림에 운동화를 끌고 머리를 빡빡 깎은 모습이었다. "나는 영흥 사람인데 이 부위님을 찾아왔습니다. 무슨 일이건 좋으니까 공산당 때려잡는 일만 맡겨주신다면 생명을 아끼지 않겠습니다."

같은 고향에다 공산당이 싫어 월남했던 이한림은 공산당을 때려잡겠다는 점이 마음에 들어 그날로 김창룡을 입대시켰다. 그때 이한림은 본부 중대장을 겸한 대대 부관직을 수행하고 있어 인사권이 있었다.

김창룡이 관동군에 근무할 때 상관이었던 박기병의 주선으로 인사권자인 이한림을 찾아갔던 것으로 보인다. 이한림은 "초면에 벌써 그의 특색인 집요하고 무서운 강기(剛氣)가 여지없이 번뜩였다."라는 인상을 받았다고 했다(이한림, 1995: 64~65).

철저한 반공주의자였으나 합리적인 사람은 아니었다

1공화국 시절 국방장관, 5공 시절 국무총리 등을 역임한 김정렬은 1949년 2월 육군 항공사관학교가 창설된 후 초대 교장으로 근무할 때 김창룡과 만난 적이 있었다. 직속 부하였던 박원석 교수부장이 좌익 혐의로 방첩대에 체포됐다. 여순반란 사건 직후 구속된 박정희의 세포라는 죄명이었다.

김정렬은 김창룡을 찾아가 박원석이 좌익일리 만무하다며 석방을 요청했다. 그러나 김창룡은 빨갱이가 틀림없다며 거부했다. 그에 따라 김정렬은 박정희의 세포이므로 박정희의 좌익 혐의가 벗겨지면 박원석도 석방이 가능하냐고 김창룡에게 문의하여 가능하다는 답을 받았다.

김창룡의 약속을 믿고 박정희 구명에 나선 김정렬의 노력 등으로 박정희와 박원석이 풀려났다. 이때 김창룡을 경험한 김정렬은 그에 대한 평을 이렇게 썼다.

김창룡은 일제시대 만주에서 일본군 헌병보로서 중국 공산당 관계 사상범을 다루었던 사람이었다. 또한 해방 직후 북한에서 소련군과 북한 공산주의자들에게 체포되어 상당한 고초를 당하기도 하였다. 이러한 경험도 있고 해서 그는 철저한 반공주의자가 되었다. 그러나 합리적인 사람은 아니었다.

 김창룡은 모든 사람을 빨간 렌즈를 통하여 투시하여 보는 사람이었
다. 그의 눈에는 모두가 빨갱이었다. 그래서 일단 모든 사람을 빨갱이로
보고, 의심하고 두들겨 보는 사람이었다. 그러다가 어쩌다 진짜 빨갱이
가 잡히게 되면 그것이 그의 공적이 되었다. 또한 그는 군(軍) 서열과 계
급을 무시하고 안하무인격으로 행동하였는데, 그래서 그에게는 '스네
이크(뱀)'라는 불명예스러운 별명이 따라다니기도 하였다(김정렬, 2010:
102).

김창룡이 박정희를 살려주자고 했다

조갑제 기자가 쓴 박정희 전기에는 박정희를 처음 살려주자고 건의한 사람이 김창룡이었다고 기록되어 있다. 이를 증언한 사람은 숙군 당시 김창룡의 직속상관이었던 김안일이다. 김안일은 박정희와 경비사관학교 2기 동기였다.

전국적 규모로 벌어지고 있던 숙군 수사를 총괄하고 있던 것은 육본 정보국 특무과장 김안일 소령이었다 … 김안일은 김창룡이 박정희를 살려주자고 하자 그를 지금의 조선호텔 근방에 있던 특무과 사무실로 불러 직접 신문했다. "그는 자포자기도 하지 않았지만 그렇다고 특별히 생에 애착이 있는 것 같지도 않았습니다. 의식적으로 태연한 척하는 것도 아니고. 그래서 내가 백선엽 국장에게 살려주자는 제의를 했습니다. 자기 조직을 털어놓은 공산주의자는 거세된 환관과 같아 풀어주어도 안심할 수 있다고 판단한 겁니다."

백선엽 국장은 김안일의 건의를 받아들여 박 소령을 면담하기로 했다. 김안일이 수갑을 찬 박정희를 데리고 정보국장실로 들어와서 백 국장 옆에 앉았다 … 박정희는 "저를 도와주십시오."라며 백선엽 국장에게 애원조로 말했다. 백선엽은 박정희의 그 말에 무심코 "도와드리지요."라고 대답하고 말았다. "그 말이 결국 그를 살린 것입니다. 도와주겠다고 약속해놓고는 '어떻게 살리나' 하고 고민을 많이 했습니다 … 그분이 살아난 것은 간단합니다. 저와 직접 대면했기 때문입니다 …"

　김안일의 기억에 따르면 김창룡이 박정희 구명 사유서를 겸한 신원보증서를 적어 자신과 함께 백선엽 국장에게 갔다고 한다. 백 국장은 "너희들도 여기에 도장을 찍어"라고 하여 세 사람이 박정희의 신원 보증인이 되었다. 붉은 색 안경을 쓰고 세상을 보던, 저승사자 같은 김창룡이 박정희를 살렸다는 것 - 우리 현대사의 뒤안길에서 벌어졌던 수많은 기구한 인연 중의 하나다(조갑제, 2006: 56~57).

그 직책이 갖는 속성 때문에 희생됐다

백선엽은 대한민국 수립 전후 육본 정보국장으로 재임하던 시기, 그리고 휴전협정 전후 육군 참모총장으로 일하던 시기 김창룡을 직속 부하로 데리고 일했다. 그러한 인연으로 백선엽은 그 당시 대장 세 명 가운데 김창룡과 가장 가까운 사이이기도 했다. 김창룡 암살 사건 때는 재판장을 맡아 재판을 진행했다. 재판과정을 통해 본 사건의 성격을 그는 이렇게 남겼다.

김창룡 특무부대장은 그 직책이 갖는 속성 때문에 희생됐다고 볼 수 있다. 그는 대통령의 신임 아래 권한을 행사하는 과정에서 적지 않은 직권남용을 저지른 것이 판명됐다. 또한, 많은 고급장교의 비위에 대한 정보를 확보하고 있었다. 피고인들은 김창룡 특무부대장의 월권으로 인한 지휘 계통의 2원화를 들어 범행의 불가피성을 강조했다. 강문봉 피고인이 4·19 후 석방된 것은 그들의 거사가 '의거'였다는 재평가를 민주당 정권이 내린 것으로도 해석할 수 있다.

그러나 피고인들 역시 김창룡에게 모종의 비위 사실이 탐지됐었던 증거가 확보됐던 것 또한 사실이다. 동기야 여하했더라도 '살해'라는 방법으로 문제를 해결하려 했던 피고인들의 행위가 절대 용서할 수 없다는 것이 나의 변함없는 생각이다(백선엽, 1990: 318~319).

성격이 욱하긴 했어도 남을 무턱대고 깔보지는 않았다

김창룡이 부대 내에서 가장 신임하던 사람은 1948년 10월의 여순 사건 직후 숙군을 단행할 때 1연대 수사관이었던 최렬, 김춘근 등이었다. '김창룡 사단'이라고 불리었던 1연대 출신 가운데 최렬은 평안도 출신으로 평양 사범학교와 평양공전을 다닌 엘리트 출신이었다.

김창룡은 학식이 자기보다 월등하고 사려 깊은 최렬을 '상관과 부하' 관계보다는 '조연자', '선생'으로 우대했다. 최렬은 생전 한 언론과의 인터뷰에서 강한 평안도 사투리를 섞어가며 상관이었던 김창룡에 대해 이렇게 평가했다.

부대장님은 세상 누구가 뭐래도 돈과 여자는 멀리했시오. 술집에 간혹 가더라도 마시러 가는 '단순 목적'은 절대 없었디 … 특무부대장 자리가 돈 관계가 깨끗하딜 못하면 목이 열 개라도 부지 못 하는 자리 아닙네까. 그쯤 되니깐 그만한 자리에 오른 거이고 … 한 번은 부대장님의 군화가 너무 낡아 제가 권해 새 군화로 바꾼 적이 있었시오 … 부대장님은 성격이 욱하긴 했어도 남을 무턱대고 깔보지는 않았디 … 반공정신만은 골수에 박힌 사람 아닙네까. 그 많은 빨갱이를 잡지 않은 채 6·25가 터졌다 생각하면 정말 아찔하디요(서병욱, 1991: 40~41).

솔직 담백한 면이 있는 반면에 출세욕도 대단했다

유재흥은 6·25 전쟁 중인 1951년 1월부터 1956년 9월까지 네 번에 걸쳐 육군 참모차장으로 근무했다. 김창룡 암살사건이 일어난 후에는 조사위원장을 맡아 허태영, 강문봉 등 가해자들을 심문한 경력이 있다.

그는 훗날 회고록에서 조사가 끝나던 날 강문봉과 나눈 얘기를 남겼다. 강문봉과 단둘이 만날 기회를 만들어 "내가 해야 할 임무는 너를 살리는 거다. 너는 음모를 했지만, 이 말은 누구에게도 하지 말라. 그렇게 되면 총살되니까. 조사는 끝났다. 너를 살리는 데 최대의 노력을 다하겠다."라고 말했다.

이에 대해 강문봉은 "고맙습니다." 하고 머리를 숙였다고 썼다. 조사위원장으로서 다소 편파적인 모습이다. 유재흥은 김창룡에 대해서는 이렇게 말했다.

김창룡 소장은 참모를 믿은 나머지 허점을 드러내곤 하였다. 김 소장은 반공에 관한 한 철저했으며 그 공로는 누구도 인정하는 바여서 나는 그를 만날 때마다 "계속 잘해 달라. 내가 도와 줄 것이 없느냐"고 격려하곤 하였다.

그래서 김 소장은 사소한 사건도 나에게 자세하게 보고했었다. 그러던 어느 날, 새로운 사건을 적발하였다고 하면서 어떤 인물 사진을 제시하였다. 그런데 그 인물은 10여 일 전에 다른 사건에 관련된 인물이라고 제시했던 사진임을 기억하고 "사진은 동일 인물인데 사건 내용이 다른 것은 어째서냐. 어떻게 된 거냐."라고 물었더니 김 소장은 당황하면서 돌아갔다. 공을 세우기 위해 죄를 만드는 것이 아닌가 하고 의심을 하기 시작하다 그 후 또 한 번 똑같은 일이 있었음을 확인하고, 공을 앞세우기 위해 한 사건을 이중, 삼중으로 우려먹는다는 것을 알게 되었다. 그 후로는 김 소장이나 특무부대를 색안경을 끼고 보게 되었다 …

솔직 담백한 면이 있는 반면에 출세욕도 대단했었다. 그가 비명에 가고 내가 조사위원장이 됐을 때 '아까운 인재가 죽었다. 나는 그 배후를 철저히 규명하여 원혼을 풀어주는 것이 너에 대한 보답이요, 의무다.'라고 다짐했는데 그 배후는 예상 외로 엄청났다(유재홍, 1994: 363).

빨갱이 올가미를 씌우려던 자를 마구 후려갈겼다

6·25 당시 종군기자였던 박성환은 부산 피난 시절 좌익 혐의로 몰려 특무대에 체포된 적이 있었다. 특무대원이 피난 온 젊은 여인에게 개인적인 연정을 품고 꾸민 계략에 말려들었다가 무죄로 석방되었다. 며칠 조사를 받고 박 기자의 혐의가 벗겨지자 김창룡 대장은 박 기자가 보는 앞에서 특무대원을 호되게 꾸짖으며 사과했다.

삼 일이 되던 날이었다. 흑백은 가려졌다. 미스 김도 우리도 모두가 빨갱이가 아니었다는 것이 나타났다. 김 중령은 "참으로 미안했소. 과학적인 수사가 채 되지 못해 이런 실수를 저질렀소. 그리고 이 일을 처음 담당한 자가 사심에서 했다는 것이 밝혀졌소. 그자를 잡아넣겠소." 하고 사과하는 것이었다. 소파에는 미스 김이 흐느끼고 있었다. 그리고는 이 사건을 처음 담당한 자 즉 나를 처음 취조하던 자를 불러들이더니 각목으로 마구 후려갈기는 것이었다. "이 자를 영창에 집어넣고 곧 군법회의에 돌려." 호령하는 것이었다(박성환, 1965: 341).

버러지 같은 놈

1952년 5월 말 부산 정치파동 때 대통령의 파병지시를 거부한 이종찬은 군의 정치 중립을 강조하는 훈령을 모든 장병에게 내리면서 공사를 불문하고 대구 이남으로 내려가지 않도록 명령했다.

'대구 이남'이란 표현은 부산에 가지 말라는 뜻이었다. 부산으로의 병력이동을 막으려는 의지였다. 당시 육군본부와 특무대 본부는 대구에 위치하고 있었다. 그에 따라 김창룡 특무부대장도 정치파동 때 대구에 묶여 부산으로 내려가지 못했다는 것이 당시 육본 정보국장이었던 김종평의 회고이다(강성재, 1986: 83).

대통령의 명령을 거부한 이종찬과 육군본부 간부들은 당시 이종찬이 암살을 당할까 우려하고 있었다. 대통령이 유재흥 참모총장에게 '이종찬을 포살하라'라고 지시했던 만큼 암살될 수도 있다는 걱정이었다. 그에 따라 이종찬은 안방에다 이부자리를 펴놓고 다른 방을 옮겨가며 잠을 잤다고 한다.

그 당시 이종찬 주변에서는 김창룡 특무대장이 암살을 기도할 수 있다고 내다보고 있었다고 한다. 이종찬이 김창룡 대장에 대해 심한 모멸감을 준 적이 있었기 때문이다.

이종찬은 어떤 사건이 조작된 것으로 드러나자 어느 날 김창룡을 총장실로 호출했다. 그 자리에서 이종찬은 "전깃불로 심한 고문을 하면 어떤 놈이 거짓 자백을 하지 않고 배길 수 있겠느냐"라며 "이 버러지 같은 놈." 하고 호통쳤다고 한다(강성재, 1986: 85). 1979년 10.26 사건 때 김재규 중앙정보부장이 차지철 경호실장을 저격하며 내뱉은 말과 같다.

휴전 문제로 북과 내통한 자에 대한 김창룡의 훈계

해방 후 남로당 경북도당 간부를 지낸 박진목은 6·25 전쟁 때 남북을 오가며 종전 운동을 벌이다 간첩 혐의로 체포된 인물이다. 영남폭동 사태 이후 경찰 추적을 피해 대구에서 서울로 피신해있던 박진목은 1·4후퇴 때 남으로 내려가지 않고 인민군 치하에 남았다.

그 시기 월북했던 남로당 경북도당 인물들을 통해 1951년 1월 25일 서울에서 이승엽 서울시 인민위원회 위원장을 만났다. 인천 출신인 이승엽은 해방 후 조선공산당 기관지 해방일보 주필을 지낸 공산주의자였다.

박진목은 독립운동가 최익환과 함께 이승엽을 만나 전쟁을 끝낼 것을 호소했다. 최익환은 3·1운동 직후 전협과 함께 비밀결사인 대동단을 조직했고 해방 후에는 민주의원을 지냈다.

박진목·최익환의 종전 제의에 대해 이승엽은 김일성에게 보고한 후 이들을 다시 만나 김일성도 동의하였다면서 이승만 대통령이나 미국 정부의 신임장을 받아오면 정식회담을 열겠다고 답변했다(박진목, 1994: 208).

소련 부외상 겸 유엔대표 말리크가 미국 CBS 방송을 통해 미국 측에 처음으로 휴전을 제안한 것이 1951년 6월 23일이었다. 소련의 제안이 있기 5개월여 전의 일이다.

이러한 얘기가 오가던 중 인민군이 다시 서울을 버리고 북으로 후퇴하면서 이승엽도 평양으로 올라갔다. 서울에 남아있던 박진목과 최익환은 다시 미국 측 인사들과 연결되어 종전 문제를 협의했다.

휴전을 바라고 있던 미국 측으로서는 북한군 핵심부의 진정한 정전 의지를 확인해볼 필요성이 있었다. 박진목은 자신들이 접촉한 미국 측 인사가 미국 정보기관 사람인지 여부를 밝히지 않았다.

미국 측의 요구로 최전방 전선을 통해 박진목은 북으로 올라갔다. 1951년 7월 28일 미군이 운전하는 지프차를 타고 최전방으로 안내됐다. 이승엽을 만나 북측의 정전 의지를 재확인한 후 10일 이내로 돌아오라는 것이 미국 측 요구였다.

북으로 넘어간 박진목은 사회안전성에 붙잡혀 조사받느라 이승엽을 만나는 것이 늦어졌다. 40여 일 만에 만난 이승엽은 박진목이 이승만 대통령이나 미국 측의 신임장이 없이 자신을 만나러 온 데 대해 큰 실망감을 보였다.

그러면서 "지금도 우리는 변함없이 정전을 원하고 있소. 남으로 가거든 정전이 되도록 노력하시오. 그리고 합의가 되거든 10일 이내에 사람을 보내서 판문교에서 기(旗)를 흔들도록 하시오. 그러면 그것이 합의된 표시인 줄 알겠소."(박진목, 1994: 259).

그러나 박진목은 남쪽으로 내려오면서 군 수사당국에 붙잡혀 조사받고 자신을 보낸 미국 측 인물들과 연결되는 시간이 늦어져 이승엽과 약속한 10일 기한을 넘기고 만다.

그리고 임시수도가 있던 부산에 내려가 조봉암 국회 부의장을 만나 평양에 갔던 얘기를 하며 대통령과의 면담 주선을 요청하는 등 정전 운동을 계속했다. 그 당시 대통령은 남북분단이 고착화될 것을 우려하여 휴전에 반대하는 입장을 고수하고 있었다.

그에 따라 정전에 동조하는 것은 곧 국가안보정책에 정면 위배되는 행동이었다. 결국 박진목은 1952년 5월 1일 특무부대에 연행되어 조사받은 후 1년간의 실형을 살았다. 특무부대에서 조사를 받을 때 김창룡은 박진목에게 이렇게 훈계했다

당신이 한 일은 남이 처음 들을 때는 민족을 위하는 일 같고 또 군인들이 들으면 호감이 갈만해. 그러나 구체적으로 분석해보면 전쟁을 하는 군인은 이겨야 돼. 그것이 애국이고 군인정신이야. 그 정신에 비해 볼 때 당신의 행위는 전쟁하는 나라의 국민정신을 흐리게 하고 군인들의 사기를 떨어뜨리는 이적행위에 틀림이 없어. 그리고 당신을 고등간첩으로 보는 것이 옳다고 생각해. 가장 무서운 전술을 쓰고 있어. 그리고 이런 시기에 특무대장인 나는 이적으로 보이는 자를 용서할 수도 없고 이해해서도 안 된다는 것을 알아야 해. 판단을 잘못하는 애국자들이 동조할 수 있는 일이기도 해. 그러나 그 정신 자체가 결과적으로 이적이야. 전쟁을 누가 일으켰으며 수많은 동포를 죽게 한 것이 누구야, 바로 공산당이야. 공산당이 정전을 하려 해? 그것이 진정이라면 총을 놓고 전 국민 앞에 사과부터 해야 돼(박진목, 1994: 330).

꼬리말

특무대장을 암살한 세력은 그 이유를 크게 세 가지로 제시했다.

첫째, 특무대가 보안방첩이라는 본래의 목적을 벗어나 군 고위층 감시, 군 부정부패 수사, 정치권 첩보수집까지 관여하고 있었다는 것이다.

암살자 허태영은 "김창룡이 군내의 방첩과 군사안전 보장책은 전면 망각하고 정치 군인화되어 여야 정객과 접촉, 공작하며, 법조계에 이르기까지 종횡무진으로 활약하여 정치적 혼란을 조성했다."라고 비판했다.

강문봉 역시 "이승만 박사는 훌륭한 분이나 결함도 있었다. 정보가 필요했다면 그런 기구를 만들어야 했는데 경험이 없었기 때문에 그런 걸 만들어낼 능력이 없었다. 정치를 해보니 야당이 말썽부리는 것도 골치 아프고 사전(事前) 정보는 필요한데… 그런 때 부상한 것이 육군 특무대장 김창룡이었다. 이 대통령은 경찰보다도 그의 정보를 더 믿었다."라고 비난했다.

둘째, 군 통수권을 위협한다는 점이었다. 당시 특무부대는 육군 참모총장 관할 부대였다. 그러나 이승만 대통령이 지시하는 특명사항을 비밀리 수행하면서 육군 참모총장을 배제하고 대통령에게 직접 지시를 받아 복명하는 사례가 많았다. 이런 관행은 육군 참모총장의 지휘에 혼선을 빚었다. 강문봉은 당시 옥중수기에서 이 문제점을 이렇게 지적했다. "미국식 군대의 방첩 업무는 시종일관 군대 내 방첩이 임무다. 전시와 평시를 막론하고 사단에 배속된 방첩대는 사단 작전에 필요한 방첩활동을 수행하며 사단장 명령에 전력을 다해야 한다. 우리 방첩대와 같이 사단 부근에 가서 사단장 이하 군 장병을 감시하는 비밀경찰적 역할을 해서는 안 된다. 국군 각급부대의 단결을 파괴하고 활기있는, 혁신성 있는 두뇌에 의하여 작전 수행을 못 하는 원인이 되고 있다."

셋째, 대통령의 신임을 얻기 위해 공안사건을 조작했다는 것이다. 김창룡이 처리한 많은 사건이 왜곡 과장됐다고 주장했다.

해방공간에서 반공검사로 유명했던 선우 종원(鮮于 宗源)도 특무대에서 처리한 관(棺)사건은 조작된 사건이라는 증언을 남겼다. 관 사건이란 6·25전쟁 때 지리산 공비들이 부산에 몰래 들어와 무기를 사 가지고 관에다 넣은 후 상여처럼 위장하여 지리산으로 옮기려다 발각된 사건을 말한다.

김창룡 암살세력의 주장에는 자신들의 범행을 정당화시키기 위해 특무대의 위상과 역할을 폄하하려는 의도도 개입되어 있다.

그들의 주장에 비해 백선엽, 이형근 등 이승만 정부시기 육군 수뇌부는 김창룡이 잘못도 많았지만 국가안보에 기여한 공로도 큰 것으로 평가하고 있다.

백선엽은 자신의 책임하에 김안일, 김창룡이 실무를 지휘했던 숙군작업이 끝난 지 1년 후 6·25전쟁이 터졌으나 비록 병사가 인민군에게 투항한 사례는 있어도 집단적으로 투항한 사례는 단 한 번도 없었는데 이것은 전쟁 이전 군내 좌익을 척결한 결과라고 봤다.

동해안 반란사건으로 한때 김창룡과 대립했던 이형근도 김창룡의 깨끗한 사생활, 그리고 헌신적 업무태도와 실적을 높게 평가했다.

반공(反共)에 관한 한 그의 업적은 결코 과소평가될 수 없으며, 자신에게 치명상을 입히려 했으나 자신이 요직에 앉자 자신에게 극히 겸손해져서 그의 죽음을 애도하지 않을 수 없도록 사람의 마음을 움직이는 능력도 있었다는 평을 남겼다.

이처럼 김창룡 특무대장의 공과에 대해서는 많은 논란이 있다. 그럼에도 그가 암살당하고 그를 암살한 측의 주장들만 기록으로 남아 있기 때문에 그 기록들이 김창룡 특무대를 평가하는 기준이 되어왔다. 그에 따라 그 기록과 논평들의 편향성을 배제하기 어렵다.

이승만 정부는 이승만의 재임기간을 기준으로 전기(1948-1952), 중기(1952-1956), 말기(1956-1960)로 나눌 수 있다. 특무부대는 이승만 정부 중기 실질적으로 국가정보기관의 역할을 수행하는 정보기관이었다.

대한민국 최초의 국가정보기구였던 대한관찰부가 5개월여 만에 해체된 것이 주요한 원인이었다. 그와 함께 미 방첩대가 철수하면서 그 기능을 인수받은 데다 정부수립 전후 신생정부를 부정하는 반체제사건이 잇따라 일어나 준전시 상태가 지속되면서 비상계엄이 수시 선포되어 군사정보기구의 입지가 강화됐다.

또한, 국가보안법이 제정되어 방첩대의 법적 권한이 확대되고, 이러한 법률을 바탕으로 군에 침투한 좌익을 색출하는 수사를 주도해나간 것이 특무대의 위상을 크게 높이는데 작용했다.

더구나 6·25전쟁이 일어나 민간인에 대한 군의 통제를 강화하는 비상법령이 공포되고 전쟁 초기 3개월여간 북한인민군에 협조했던 부역자들을 선별하는 역할을 수행하면서 군 보안방첩 기능은 더욱 확장됐다.

이러한 정보환경의 변화에 따라 군은 1950년 10월 21일 육군본부 정보국의 보안방첩 기능을 분리해서 특무부대라는 독립부대를 창설했다.

특무대는 군사보안이라는 고유 업무 이외 대통령의 특명을 지시받아 처리하고 정치정보, 군내 비리까지 수집해서 대통령에게 보고했다.

특무대가 수집한 정보를 바탕으로 군부를 통치하는 이승만의 통치술도 특무대의 기능을 팽창시킨 주요한 요인이었던 것이다.

6·25전쟁을 겪으면서 군부가 가장 영향력이 큰 사회집단으로 성장하고 대통령의 통치권까지 위협하는 수준에 이르자 이승만은 군내 파벌을 조성해서 서로 경쟁시키고 자신에 대한 충성심을 유도하는 통치술을 구사했다.

백선엽파, 정일권파, 이형근파 등 3대 군벌이 군지도부를 형성하고 있었다. 이러한 군벌을 효율적으로 통제하기 위해서는 군 내부에 대한 정확한 정보가 필요했다.

이승만은 특무대를 활용해서 그러한 정보를 수집, 통치권 행사에 활용했다. 그러한 이승만의 군부 통치술이 김창룡 특무대장에 대한 군벌의 적개심을 불러일으키는 주요한 원인으로 작용했다.

이처럼 이승만 정부 중기에 이르러 김창룡 특무대장의 개인적 캐

릭터와 함께 그에게 그러한 권한을 부여해준 법률적·제도적 요인이 중첩되어 특무대의 기능이 팽창하고, 그 결과 군의 지휘권이 작전 권한과 정보 권한으로 이원화되면서 결국 두 권한이 충돌하여 김창룡 특무대장이 암살되는 사건을 낳았다.

국가최고통치권자인 대통령에게 필요한 정보를 범정부 차원에서 종합하여 보고하고, 부문정보기관을 통합조정하는 권한을 가진 별도의 국가정보기관이 없었던 당시의 국가정보구조적 결함이 그를 죽음으로 몰아넣은 중요한 요인으로 작용했다.

연표

1941년)

7월.	미국 최초 해외정보기구 정보조정관실(COI) 창설
12. 7.	일본군, 하와이 진주만 기습, 태평양 전쟁 발발

1942년)

6월.	미국, COI를 전략정보국(OSS)으로 개편
8. 1.	소련군, 제 88 특별 정찰여단(약칭: 88여단) 창설

1945년)

8. 26.	소련군, 평양에 경무사령부 설치
9. 19.	김일성, 원산항 통해 입북
9. 20.	스탈린, 소련군에 친소정권 수립 지령
9. 21.	소련 인민위, KGB 북한지부장에 발라사노프 임명
10. 1.	미국, OSS 해체
10. 16.	이승만, 미국에서 환국
11. 23.	김구, 중국에서 환국
11월	김창룡, 소련군에 피검. 1차 사형 선고
12. 5.	미군정, 군사영어학교 설립(1946. 4. 30 폐교)
12. 29.	정일권·백선엽, 북한 탈출 서울 도착

1946년)

1월	조선국방경비대 창설
3. 20.	제1차 미소 공동위 개회(1946. 5. 8 무기 휴회)
4. 1.	주한 미 방첩대(CIC), 단대호 '971 CIC'로 통합

김창룡 특무대장 암살사건 해부

4. 11.	소련군, 김창룡에 2차 사형선고
4. 19.	김창룡, 취조하던 소련군 살해 후 탈옥
5. 1.	미군정, 조선경비사관학교 설립
5월	미군정, 조선 공산당 불법화
5. 15.	미군정, 조선정판사 위조지폐사건 발표
5. 18.	미군정, 좌익신문 해방일보 등 정간 조치
6. 3.	이승만, 단독정부 수립 주장(정읍 발언)
7. 2.	미 군정, KGB 요원 샤브신 북으로 추방
7. 24.	박헌영, 조선 정판사 위조지폐사건 조작 비판
9. 7.	미군정, 박헌영 체포령
9. 23.	전평, 전국 총파업 돌입
10. 1.	대구사태 발생('영남 폭동'으로 비화)
10. 6.	박헌영, 월북
11. 23.	남조선 노동당(남로당) 결당대회

1947년)

1월	김창룡, 경비사관학교 3기 입교(1947. 4. 19 졸)
10. 20.	제2차 미소공동위원회 결렬
11. 16.	유엔총회, 총선거 실시를 통한 정부수립 후 남북 외국군 동 시 철수 결의안 등 의결

1948년)

1월	유엔 한국임시 위원단 입국
4. 3	제주 4·3 사태 발생
4. 11	백선엽, 통위부 정보국장 보임
5. 10	남한지역 총선거
5. 27	통위부 정보국과 조선경비대 정보처 통합
7월	대한관찰부 창설(1949. 3월 해체)

9월	주한미군 철수 시작
9. 27 - 10. 30	미 방첩대, 특별조사과 요원 교육 * 김창룡, 김안일, 이세호 등 41명
10. 19.	여순 10·19 사건 발생
11. 1.	육본정보국 특별조사과, 특별정보대(SIS, Special Intelligence Service)로 개칭
11. 11.	박정희, 특별정보대에 피검
12. 1.	국가보안법 제정
12. 30.	대구 6연대 반란

1949년)

2. 8.	고등군법회의, 박정희에 무기징역·파면 선고
3월	사정국 창설(1949. 6 해산)
5월	주한미군 방첩대 철수
7. 14	김창룡, 특별정보대장 취임(중령 승진)
9. 27	특별정보대, 우익 거물 고희두 간첩혐의 체포
9. 28	고희두, 조사 도중 사망
10. 1.	김창룡, 특별정보대장 해임(고희두 사망 책임)
10. 10.	김창룡, 군경 합동수사본부장 취임
10. 21.	특별정보대, 방첩대(CIC)로 개칭
10. 22.	고희두 고문치사 혐의 도진희에 징역 3년 선고

1950년)

6. 25.	대통령, 긴급명령 제1호 「비상사태하 범죄 처벌에 관한특별 조치령」(특조령) 공포
6. 30.	정일권, 육참총장 겸 3군 총사령관 취임
7. 7.	유엔 안보이사회, 한국군 참전 결정
7. 13.	대통령, 유엔군 사령관에 군 작전지휘권 이양
8월.	김창룡, 경남지구 방첩대장 보임

9. 28.	김창룡, 서울 수복과 동시 서울 복귀, 부역자 처리
10. 4	군검경 합동수사본부(본부장: 김창룡) 설치
10. 21	특무부대 창설
12. 21	국민방위군 설치법 제정·공포

1951년)

3. 25.	첩보부대(HID) 창설
4. 11.	맥아더 사령관 해임
4. 29.	국회, 군검경 합동수사본부 해체 결의 * 5. 23 해산
4. 30.	국회, 국민방위군 설치법 폐지안 결의
5. 9.	이시영 부통령, 국민방위군 사건 책임지고 사임
5. 15.	김창룡, 특무부대장 취임
6. 22.	이종찬, 육군참모총장 취임
6. 23.	유엔 주재 소련 대표, 휴전 제의
7. 1.	정일권·강문봉, 미 육군 참모대학 연수 * 1952. 7 귀국
11. 28.	대통령, 대통령 직선제 개헌안 국회 제출

1952년)

1. 18.	국회, 대통령 직선제 개헌안 부결
3. 29	신태영, 신임 국방장관 취임
4. 17	국회, 내각책임제 개헌안 제출
4. 20	장택상, 국무총리 취임
5. 10	이용문, 선우종원 은밀 방문, 쿠데타 제의
5. 24	부산, 경남, 전남북 지역 비상계엄 선포
5. 26	이종찬 육참총장, 군 정치중립 공문 전군 하달
5. 27	이승만 대통령, 이종찬 육참총장 호출, 파병거부를 항명으로 보고 질책
5. 30	이승만 대통령, 유재흥 육참차장에 이종찬 육참총장 포살

지시 * 유재흥의 설득으로 대통령 무마
7. 4	대통령 직선제 개헌안 국회 통과
7. 22.	이종찬 육참총장 해임
7. 23.	백선엽, 육참총장 취임
7. 28.	부산지역 계엄령 해제
8. 5.	이승만, 대통령 연임 성공

1953년)

1. 31	백선엽, 한국군 최초 4성 장군 승진
3. 22	헌병총사령부 설치
6. 18	반공포로 석방
7. 27	휴전협정 조인

1954년)

2. 14	정일권·이형근, 4성 장군 동시 진급 * 정일권 육참총장, 이형근 연합
	참모본부 의장, 백선엽 제1야전군 사령관 보임
6. 1	허태영, 특무대에서 육본 정보국으로 전출
9. 8	이승만, 3연임 개헌안(초대 대통령 중임제한 폐지) 제출
10. 25	허태영, 서울지구 병사구 사령관 보임
11. 17	연임 개헌안 가결(사사오입 개헌)

1955년)

| 9. 1 | 공국진, 육군 헌병감 해임 |
| 10. 15 | 허태영, 서울지구 병사구 사령관 해임 |

1956년)

| 1. 30. | 김창룡 특무부대장 피살 |
| 2. 27 | 육군 특무부대, 저격범 7명 체포 발표 |

김창룡 특무대장 암살사건 해부

3. 27	김창룡 암살사건 첫 공판
5. 15	정부통령 선거(이승만 당선, 이기붕 낙선)
6. 27	이형근, 육참총장 부임 * 정일권, 연합참모본부 의장 전보
8. 10	송용고·신초식 무기징역 선고(대법원, 사형 판결)
8. 17	허태영·이유회 사형 선고(군사재판, 단심)
10. 4	대통령, 허태영·이유회 사형집행 재가
11. 11	허태영 부인, 허태영 배후 폭로
12. 7	강문봉·공국진, 김창룡 암살사건 배후로 피소

1957년)

4. 17	강문봉 사형, 공국진 징역 5년 선고 * 대통령, 강문봉 무기징역으로 감형
5. 18.	백선엽, 육참총장 취임 * 이형근 육참총장, 주영 대사 부임 거부
5. 18.	정일권, 터키대사 부임
9. 24.	허태영·이유회 총살형

1958년)

5. 20	송용고·신초식 교수형
8. 16	이형근, 현역 퇴임

참고 문헌

단행본

강성재. 1986. 『참군인 이종찬장군』. 동아일보사.

강창성. 1991. 『일본/한국 군벌정치』. 해동문화사.

공국진. 2001. 『한 노병의 애환』. 원민 Publishing House.

국군보안사령부. 1978. 『대공 삼십년사』. 국군보안사령부.

국방부전사편찬위원회. 1967. 『한국전쟁사 제1 권 해방과 건군』. 국방부.

김국후. 2008. 『비록 평양의 소련군정』. 한울.

김무용. 2015. 『한국 계엄령 제도의 역사적 기원과 변천』. 선인.

김정렬. 2010. 『한국의 경종』. 대희.

김종필. 2016. 『김종필 증언록 1』. 미래엔.

김찬정. 1992. 『비극의 항일 빨치산』. 동아일보사.

김창순. 1961. 『북한 15년사』. 지문각.

김학준. 1996. 『해방공간의 주역들』. 동아일보사.

_____. 2008. 『강대국 권력정치 아래서의 한반도 분할과 소련의 북한군정 개시(1863년~1946년 1월)』. 서울대학교 출판부.

김형욱·박사월. 1985. 『김형욱 회고록 제2부 한국중앙정보부』. 아침.

남시욱. 2006. 『보수세력 연구』. 나남.

대한민국 국방부정훈국 전사편찬회. 1951. 『한국전란 1년지』. 국방부

도재은. 2000. 『물보라 빛 세월 속에』. 원민.

동아일보사. 1975. 『비화 제1공화국 제4부』. 홍우출판사.

리영희. 2010. 「역정」. 『리영희 저작집 6』. 한길사.

문정인·김세중. 2004. 『1950년대 한국사의 재조명』. 선인.

박성환. 1965. 『파도는 내일도 친다 - 박성환 기자 20년의 공개수첩(제1부)』. 동아출판사.

박진목. 1994. 『내 조국 내 산하』. 계몽사.

백선엽. 1990. 『군과 나』. 대륙연구소.

. 2010.『조국이 없으면 나도 없다』. 월간 아미.

사사키 하루. 강창구 역. 1978.『한국전비사 상권 건군과 시련』. 병학사.

서병욱. 1991.『태평로 0시 59분』. 동해.

선우종원. 1993.『사상검사』. 계명사.

아사히 신문. 1983. 동경재판 기자단 엮음.『동경재판』(하). 노병식 옮김. 태종출판사.

유재홍. 1994.『유재홍 회고록 격동의 세월』. 을유문화사.

이대인. 2013.『대한민국 특무부대장 김창룡』. 기파랑.

이동희. 1982.『민군관계론』. 일조각.

이덕주. 2007.『한국현대사비록』. 기파랑.

이석제. 1995.『각하, 우리 혁명합시다』. 서적포.

이영근. 2003.『오봉산을 향한 여로』. 경화출판사.

이정식. 2006.『대한민국의 기원』. 일조각.

이한림. 1995.『이한림 회상록 세기의 격랑』. 팔복원.

이형근. 1993.『군번 1번의 외길 인생』. 중앙일보사.

장도영. 2001.『망향』. 숲속의 꿈.

정규진. 2013.『한국정보조직』. 한울.

정영진. 1990.『폭풍의 10월』. 한길사.

정일권. 1996.『정일권회고록』. 고려서적(주)

조갑제. 2006.『박정희』전13권의 2. 조갑제닷컴.

조병옥. 1986.『나의 회고록』. 해동.

조선일보사. 1982.『전환기의 내막』. 조선일보사.

중앙일보 특별취재반. 1992.『비록 조선민주주의 인민공화국』(상). 중앙일보사.

. 1993.『비록 조선민주주의 인민공화국』(하). 중앙일보사.

지헌모. 1961.『왜 강중장은 사형수가 되었던가』. 한일평론사.

짐·하우스만/정일화. 1995.『하우스만 증언 한국 대통령을 움직인 미군대위』. 한국문원.

차지철. 1978.『암살사』. 대통령경호실.

채명신. 2010.『채명신 회고록 : 베트남전쟁과 나』. 팔복원.

태윤기. 1983.『권력과 재판』. 삼민사.

하리마오. 1999.『살아있는 전설 하리마오』. 새로운사람들.

한용원. 1984.『창군』. 박영사.

한재덕. 1965. 『김일성을 고발한다』. 내외문화사.

C.A.ウィロビ-.『GHQ知られざる謀報戰-新版·ウィロビ-回顧錄』. 東京: 山川出版社. 2011.

Maochun Yu. OSS in China : prelude to Cold War. New Haven and London : Yale University Press. 1996.

Truman, Harry S. Year of Decisions volume one. New York: DOUBLEDAY & COMPANY. 1955.

US Army Intelligence Center. History of the Counter Intelligence Corps Volume ⅩⅩ Ⅹ - CIC During the Occupation of Korea. Maryland: Fort Holabird. 1959.

Willoughby, Major General Charles A. and John Chamberlain. MacArthur 1941-1951. New York: McGraw-Hill Book Company. 1954.

논문, 언론자료 등

"강문봉 언론 인터뷰". 1983. 5. 《신동아》.

"강중장 등 기소장 전문". 1956. 12. 9.《동아일보》.

"강중장, 눈물의 최후진술". 1957. 2. 22.《동아일보》.

기광서. "소련의 대한반도-북한정책 관련 기구 및 인물분석: 해방~1948.12," 경남대학교 북한대학원, 『현대 북한연구』(1998년, 창간호).

김교식. 1984.10. "이승만정권의 특무대장 김창룡 사건의 배후는 이렇다!".《마당》.

김득중. 2010. 「한국전쟁 전후 육군방첩대(CIC)의 조직과 활동」. 《사림》, 제36호.

김학재. 2007. 「한국전쟁 전후 국가정보기관의 형성과 활동 - 미 국립문서보관청 NARA 소재 한국군 CIC 관련문서를 중심으로 -」, 『제노사이드 연구 제 2 호』(2007.8).

"김종필 증언록 소이부답". 2015. 6. 1. 《중앙일보》.

"김중장 암살범 군인관계 기소장". 1956. 3. 28.《동아일보》.

"김창룡 비밀수기 ⑦~⑨". 1957.3.5~1956.3.7. 《경향신문》.

박성진·이상호. 2012. 「대한민국 국가정보기구의 탄생과 이승만」. 고려대학교 아세아문제연구소.《아세아연구 55(2)》.

스티코프 비망록. "반세기만에 밝혀진 북한정권 비사 발굴 스티코프 비망록". 1995. 5. 9.《중앙일보》.

스티코프 비망록. "46년 남한 좌익 3당 합당 소군정서 직접 지휘". 1995. 5. 11. 《중앙일보》.

스티코프 비망록. "남로당 창당 막전막후-3당 합당 ㉥". 1995. 5. 16. 《중앙일보》.

유원식 회고. 1983년 9월호 《정경문화》.

이경남. "실록 정치장군 원용덕". 1982년 12월호. 《신동아》.

"이대통령의 애도사". 1956. 1. 31. ≪조선일보≫.

"이대령과 만났다. 정대장, 김중장사건 군재서 증언".

1956.8.1. 《동아일보》.

"죽음의 길을 밟은 '해골의 행렬' 국민방위군". 2015.7.21.

≪노컷뉴스≫.

전현수. 1995.12. "소련군의 북한진주와 대북한정책". 『한국독립운동사연구 9』.

정병준.1998. 「이승만의 정치 고문들」. 『역사비평』통권 43호.역사문제연구소.

"정일권 체포, 이승만이 말렸다". 1992.8월. 《월간 중앙》.

정주진. 2019. 「정부수립 전후 국가정보체계 형성과정」. 한국국가정보학회. 『국가정보연구』 제12권 2호.

"채택여부는 미정, 정대장 등을 증인신청". 1956.7.28. 《동아일보》.

"도 의원 자격상실로써 사사오입 개헌은 무효다". 1957.9.7.《경향신문》.

한인섭. 2008. 「한국전쟁과 형사법」. 한국법사학회 엮음. 『한국 근현대의 법사와 법사상』. 민속원.

"허태영의 부인 황씨, 요로에 사형재심 탄원". 1956.11.13. 《경향신문》.